AF369839

ADÉLAÏDE D'ORLÉANS

ADÉLAÏDE D'ORLÉANS

(1777-1847)

D'APRÈS DES DOCUMENTS INÉDITS

PAR

RAOUL ARNAUD

OUVRAGE ORNÉ DE PORTRAITS

PARIS

LIBRAIRIE ACADÉMIQUE

PERRIN ET Cⁱᵉ, LIBRAIRES-ÉDITEURS

35, QUAI DES GRANDS-AUGUSTINS, 35

1908

Il a été imprimé 10 exemplaires numérotés sur papier de Hollande Van Gelder.

MADAME ADÉLAÏDE,

miniature de MEURET d'après WINTERHALTER.

Musée Condé (Chantilly).

MADAME ADÉLAÏDE,
par William Ross.
Miniature inédite. Musée Condé (Chantilly).

LA PRINCESSE ADÉLAÏDE,

d'après le tableau de Mlle Marie-Amélie Cogniet.

Musée Condé, Chantilly.

MADEMOISELLE D'ORLÉANS, VERS 1790.
Miniature inédite. Musée Condé (Chantilly).

MADEMOISELLE D'ORLÉANS, VERS 1782,

par LA CHAUSSÉE.

Miniature inédite. Musée Condé (Chantilly).

BOITE A MUSIQUE EN MALACHITE,
représentant le duc d'Orléans, sa femme, sa sœur et ses enfants.
Reproduction inédite. Musée Condé (Chantilly).

LES DEUX PRINCESSES D'ORLÉANS,
d'après une gravure du temps.
(Bib. Nat. Cab. des Estampes.)

MADAME ADÉLAÏDE,
d'après une gravure allemande de l'époque.
(Bib. Nat. Cab. des Estampes.

ADÉLAÏDE D'ORLÉANS

PREMIÈRE PARTIE

LA NAISSANCE ET L'ÉDUCATION

CHAPITRE PREMIER

Un jour de fête à Paris en 1777. — La rue. — La séance à l'Académie. — Le salon de peinture. — Les cafés. — Le Palais-Royal. — Naissance des deux princesses d'Orléans.

Le 25 août 1777, le jour de la Saint-Louis, Paris fut éveillé de très bonne heure par la sonnerie des cloches, « appelant les fidèles à venir écouter dans les églises le panégyrique du Roi canonisé[1] ».

Elles carillonnaient à l'unisson, les cloches, elles confondaient leur bourdonnement, se répondaient d'un quartier à l'autre, se taisaient, puis reprenaient avec plus de force, en une gamme échevelée, leur chant d'allégresse.

1. MERCIER, *Tableau de Paris.*

Le soleil baignait de sa joyeuse clarté[1] les rues tortueuses, bientôt égayées par une foule endimanchée, ne se souvenant plus des plaisirs de la veille[2], prête à s'amuser encore et à profiter de réjouissances gratuitement offertes.

On avait annoncé, pour ce jour-là, une fête à Trianon. Au dernier moment, cette fête a été contremandée ; le roi a refusé d'y assister, estimant exagérée une dépense de 180.000 livres, alors qu'il se prive, par économie, du voyage à Fontainebleau[3]. Et les Parisiens seraient déçus qui se proposaient d'aller contempler de loin le magnifique appareil de la cérémonie, s'ils ne se réjouissaient de la leçon que le roi a donnée à la reine.

Marie-Antoinette n'est pas populaire. Les prudes et Mme de Marsan, les vicieuses de l'ancienne cour et les puissantes familles[4] qu'elle indispose chaque jour par des faveurs trop largement distribuées à un petit nombre d'amis, ont commencé à « travailler la ville[5] ». On sait, à Paris, que Louis XVI vient de payer, sur sa cassette personnelle, les dettes de la reine s'élevant déjà à 487.000 livres. On ne pardonne pas à la fille de Marie-Thérèse sa prodigalité, son carac-

---

1. Cf. BACHAUMONT, *Mémoires secrets.*
2. Le 25 août 1777 était un lundi.
3. Cf. BACHAUMONT.
4. Les Noailles, les Montmorency, les Civrac, etc.
5. Cf. FUNCK-BRENTANO, *le Collier de la reine.*

tère frivole, son indifférence et surtout ce complet oubli de l'étiquette qui a scandalisé tout le monde. Aussi, tandis qu'il va aux Tuileries, au Temple, à la foire aux pains d'épices, le Parisien a déjà cette chanson aux lèvres :

> Petite reine de vingt ans,
>
> .   .   .   .
>
> Vous repasserez la barrière.

La fête à Trianon n'ayant pas lieu, c'est Versailles qui viendra à Paris pour assister à la séance de l'Académie et à l'ouverture du Salon de peinture. Et si quelques Parisiens sont partis au matin pour Saint-Mandé, pour Bicêtre, pour Vincennes, chez Mondhare, si d'autres « ont pris la galiotte jusqu'à Sèvres pour courir à pied à Versailles où le château leur est ouvert [1] », le plus grand nombre est resté à Paris, dont les rues sont encombrées de promeneurs en grande toilette. Les ouvrières en modes se rengorgent comme de petites maîtresses dans leur robe à panier tronqué et les garçons de boutiques, vêtus, malgré la chaleur, d'un lourd « frac de ratine et d'une culotte de droguet, bien poudrés, rasés de frais, frisés, pomponnés, font sonner leur épée à poignée d'acier comme de véritables gentilshommes [2] ».

1. MERCIER, *Tableau de Paris.*
2. RESTIF DE LA BRETONNE.

Nombreux sont les buveurs dans les guin-
guettes. Ils affluent à la Nouvelle-France et surtout dans la basse courtille des Porcherons, chez
Ramponneau [1] ; on y boit un petit vin frais à trois
sous la demi-pinte, on y chante et la *course* [2] y
est endiablée.

Sur la place Dauphine, la foule écoute le boniment du charlatan français, applaudit musiciens et chanteurs ambulants, et, sur la place
Louis XV, à la foire aux pains d'épices, on se
bouscule pour voir de plus près la parade des
bateleurs.

Le jardin des Tuileries, ouvert ce jour-là au
« petit peuple [3] » , est envahi. Les cris des
marchands s'entrecroisent « rauques, aigus et
sourds [4] », coupant le brouhaha de la foule qui
s'amuse à saccager pelouses et parterres. Un
petit homme sordide, couvert d'une ample houp-
pelande, la jambe serrée dans des guêtres de
toile, vend des moulins. Celui-ci offre des ci-
seaux, des peignes, celui-là des lacets, un autre
des lanternes. La chaleur est accablante, le
soleil impitoyable et le marchand de tisane ne
peut servir ses nombreuses pratiques. Il porte
sur le dos, comme une hotte, un tonneau garni

1. L'église de la Trinité se trouve à l'emplacement de ce
cabaret.
2. « Cinq à six cents personnes se tenaient par la main et
couraient autour de la salle. » (Mercier.)
3. MERCIER, *Tableau de Paris*.
4. MERCIER, *Tableau de Paris*.

d'étoffe et surmonté d'un dais de plumes ; un robinet, en forme de cou de cygne, est à portée de sa main ; sur sa poitrine pendent, maintenus par de petites chaînes d'acier, quatre ou cinq verres qu'il emplit de son mauvais coco surchauffé en ne laissant pas de crier : « A la fraîche, qui veut boire, deux coups pour un liard. » Les enfants courent après le marchand d'images , les femmes se font offrir un bel œillet et l'on fait cercle autour du « joueur d'orgue de Barbarie ou plutôt d'Allemagne[1] ».

Sur le quai des « Galleries du Louvre », le peuple, « badaud à l'excès[2] », est allé voir ceux qui se rendent à l'Académie ou au Salon de peinture. Le magistrat en habit noir passe dans une vieille berline ; le prélat s'enfonce dans ses coussins, et le maître à danser fait des grâces dans son cabriolet ; le prince, précédé de gros chiens et de petits hommes, semblablement parés de fleurs et de clochettes d'argent, « court à six chevaux » dans sa voiture anglaise « comme s'il était en rase campagne[3] ». Vis-à-vis à la Polignac, berlines à ressorts en tire-bouchons, désobligeantes, cabriolets, trois-quarts à la française, diligences à l'anglaise, s'entrecroisent, se heurtent. C'est à qui passera l'autre[4].

1. Cf. LACROIX, *le Dix-huitième siècle.*
2. MERCIER.
3. Mme DE GENLIS, *Dictionnaire des étiquettes.*
4. Cf. MERCIER.

L'humble vinaigrette se glisse entre deux carosses et le piéton se presse pour n'être pas « roué ». Dans sa belle voiture à sept glaces, la dame de qualité, luisante de rouge, étale ses diamants. Le petit maître, dont le « diable » est arrêté par un embarras de voitures, se fâche : « Eh bien ! maraud, cela finira-t-il ? » Et on lui rit au nez, quand, narquoise, une marchande lui jette son cri : « Il brûle, il brûle... ! [1] » Ce sont des gâteaux froids qu'elle vend.

Sur l'Esplanade du Louvre, agrémentée cette année de gazons, on se répète l'épigramme :

> Des favoris de la Muse française,
> D'Angeviller [2] rend le sort assuré ;
> Devant leur porte il a fait mettre un pré,
> Où désormais ils pourront paître à l'aise.

L'aspect du palais du Louvre est lamentable ; d'ignobles baraques, construites de plâtras, détruisent l'ordonnance majestueuse de la cour d'entrée. L'auguste monument, qu'on continue de réparer sans hâte, s'effrite, tristement délaissé.

A l'Académie, on décerne le prix d'éloquence ; « bien des personnes de qualité se sont passées de dîner [3] » pour assister à la séance. Dans « le local

---

1. Cf. Mme DE SARTORY, *le Petit tableau de Paris.*
2. Directeur et ordonnateur général des bâtiments de Sa Majesté. D'Alembert le nommait l'ange Gabriel.
3. GRIMM, *Correspondance.*

étroit », un petit homme sautillant court de l'un à l'autre et, « l'air heureux, va, vient, ouvre les tribunes, commande aux suisses [1] ». C'est D'Alembert. Les assistants écoutent en silence, et sans trop montrer d'ennui, l'éloge du chancelier de l'Hospital, par l'abbé Rémy, le lauréat du prix, et la lecture de D'Alembert : « Éloignez-vous, importune dignité de l'éloquence... [2] » dont le style ample et très académique contraste avec le ton grêle, un peu ridicule.

Au Salon de peinture, la foule parfumée se presse autour des tableaux. Il y a moins de portraits que les années précédentes, mais, subventionnées par le ministère, les grandes compositions sont plus nombreuses et ont obtenu le privilège du *milieu*.

L'histoire romaine, l'histoire grecque ont inspiré de vieux professeurs comme Hallé [3] et La Grenée [4] et de jeunes académiciens comme Ménageot qui a envoyé une toile [5], large de quinze pieds, d'une facture un peu lâche, mais intéressante dans les détails et d'un effet pittoresque.

La mythologie est largement représentée ; on

1. GRIMM, *Correspondance.*
2. *Ibid.*
3. « Simon l'Athénien invite le peuple à entrer librement dans ses jardins ». (*Catalogue du Salon de* 1777).
4. « Fabricius refuse les présents que Pyrrhus lui envoie. » (*Catalogue du Salon de* 1777).
5. Polixène.

loue fort le *Triomphe d'Amphitrile* par Taraval,
généralement préféré à *Aurore et Céphale*, de
Vanloo.

L'Histoire de France est. retracée par Brenet [1],
par Barthélemy qui a billebarré de couleurs éclatantes un épisode grand et simple du siège de
Calais.

Du Rameau s'est fait moraliste, au goût du
jour, et son dessin pur et savant, son coloris
simple et discret exaltent la continence de
Bayard [2].

La Grenée, que la grâce de ses figures a fait
surnommer l'Albane français, a brossé plusieurs
portraits uniformément gris et verts.

Les intérieurs de Théaulon [3], les fleurs de
Mlle Valayer, les paysages de Le Prince [4], un
très beau coucher de soleil de Vernet [5], attirent
les regards. Ils s'arrêtent, par curiosité surtout,
devant les vues [6] du jardin de Versailles, de
Robert, ce paysagiste ému et sincère chez lequel on ne découvre pas encore l'impression-

1. « Honneurs rendus à Duguesclin. » (*Catalogue du Salon
de* 1777.)

2. « Ce tableau, commandé par le roi, représente une
jeune fille dotée par Bayard qu'on voulait lui vendre et qui
a refusé ce marché. » (*Catalogue du Salon de* 1777.)

3. « Mère sévère. Les œufs cassés. » (*Catalogue du Salon
de* 1777.)

4. « Plusieurs tableaux campagnards. » (*Catalogue du
Salon de* 1777.)

5. « L'entrée d'un port de mer par un temps calme. »
(*Catalogue du Salon de* 1777.)

6. « Commandées par le roi. » (*Catalogue du Salon de* 1777.)

nant peintre de la Terreur qu'il deviendra plus tard.

A peine, parmi toutes ces scènes d'histoire, quelques tableaux de sainteté. Celui de Doyen [1] est remarqué. C'est un peintre de haute allure, passionné, sentimental et vigoureux. On se répète tout bas que Catherine II, la grande Catherine, l'a appelé en Russie, et chacun de s'enorgueillir de cet hommage rendu à l'art français.

A la sculpture, la statue de Descartes, par Pajou, un peu froide, n'est pas appréciée. On s'arrête surtout devant la *Morphée* [2] en marbre qui a ouvert à Houdon les portes de l'Académie.

Le public veut tout voir, tout juger : louanges et critiques sont souvent inconsidérées, parfois mordantes et justes.

On passe, indifférent, devant trois pastels de Chardin, délicieux, mais démodés [3]. Le vieux peintre est dans la salle, malade, délaissé, alors que sont entourés les fades imitateurs de Vien.

Sur le portrait en pied du roi par Duplessis, il

---

1. « Un particulier traversant la forêt de Grosbois... tombe de cheval, la jambe embarrassée par l'étrier. Près de périr dans cette situation, il se recommande à la Vierge, à sainte Geneviève, à saint Denis et est délivré. »

« *Explication note* : Mais l'orgueil n'étant pas le motif qui en fait figurer la publicité ce particulier a trouvé bon que l'artiste sacrifiât le protégé à ses libérateurs. » (*Catalogue du Salon de* 1777.)

2. Actuellement au Louvre.

3. Trois têtes d'étude au pastel.

court un bon mot: qu'il est, à la tête près, fort
ressemblant. Et on assure que le buste de
Louis XVI par Pajou a l'air niais, et que celui
de Boizot, d'après le même modèle, prête au roi
un air de finesse qui n'est pas l'attribut distinc-
tif de la physionomie de Sa Majesté [1].

Mais il est tard déjà. On sort et, sur l'Esplanade du Louvre, la foule se grossit de ceux qui
veulent admirer toilettes et équipages et s'es-
baudir du luxe des autres.

Les femmes du peuple, coiffées de jolis bon-
nets en marmottes ou à « la Finette [2] », admirent
l'ample charlotte de la grande dame et sa robe
tenue courte, qui découvre le soulier à boucle,
fait de cuir de différentes couleurs, orné par
derrière d'un « venez-y voir » d'émeraudes [3].

Des petites filles, toutes mignonnes sous leur
fichu blanc et leur simple robe ouverte [4], con-
voitent la toilette d'une « jeune demoiselle
vêtue d'un caraco en taffetas des Indes et coëffée
d'un bonnet rond à deux rangs [5] », et ne quittent

1. Cf. METRA.
2. Cf. les gravures populaires du temps *Vie de Desrues,
Collection Hennin)*, etc.
3. RACINET, *Le costume historique*.
4. *Seconde suite d'estampes servant de texte pour servir à
l'histoire des mœurs et du costume français*. C'est la plus importante des œuvres de Moreau le jeune; Restif de la
Bretonne rédigea les historiettes qui accompagnent chaque
planche.
5. *Seconde suite d'estampes servant de texte pour servir à
l'histoire des mœurs et du costume français*.

pas des yeux le jeune seigneur qui, son chapeau à la main, se carre « dans son frac d'été
en toile vermicellée, garni de petites bandes de
toile peinte [1] ». Il muguette, sans s'occuper plus
de l'admiration qu'il provoque, avec une coquette « coëffée en toque chevelue surmontée
d'un pouf garni de plumes avec un grand bou-
quet de fleurs au milieu [2] ».

Mais la foule se répand dans la ville où, partout, sur les bornes, en pleine rue, s'étale le jeu
du biribi, bientôt interrompu par l'arrivée du
sergent du guet ou par le passage du viatique,
dont la monotone tintenelle fait plier le genou
des plus effrénés joueurs et courber le front des
« philosophes [3] ».

Paris grouille et braille... Sur le Pont-Neuf,
entre la Samaritaine et le Cheval de bronze, le
chanteur des cantiques, de sa voix molle et cas-
sée, égrène son boniment. Il montre, avec sa
baguette, un tableau où sont grossièrement
peints certains épisodes de la vie de Desrues, sa
jeunesse malheureuse, ses vols, ses crimes, puis
son supplice « sur le bûché, pour son corps y
être réduit en cendres [4] ». Et la foule s'apitoie

1. *Seconde suite d'estampes servant de texte pour servir à
l'histoire des mœurs et du costume français.*
2. *Seconde suite d'estampes servant de texte pour servir à
l'histoire des mœurs et du costume français.*
3. Cf. Mme DE GENLIS, *Dictionnaire des étiquettes.*
4. Cf. les estampes de la collection Hennin.

qui, quelques semaines auparavant, avait voulu
empêcher l'exécution.

Au sermon du chanteur, quoiqu'on ait l'âme émue,
Le soldat y fait sa recrue
Et le filou son coup de main [1].

Mais le bourgeois passe et préfère aller voir
les aménagements de la Comédie Française et
du Palais-Bourbon [2] qui n'avancent guère, ou
admirer les constructions des rues Chauchat, de
Provence et du Chabanais, nouvellement percées [3]. Sa femme l'entraîne rue du Faubourg-
Saint-Honoré ; là, elle s'arrête avec convoitise
devant les étalages des bijoutiers et des orfèvres,
s'extasie aux boutiques de Mlle Bertin et de
Mme Pagelle, devant « les poupées, mannequins
précieux, affublés des modes les plus nouvelles [4] ».

Boulevard du Temple, le boutiquier s'est installé au café d'Apollon, pour lire les papiers
publics et, en se promenant sur la chaussée, les
artisans écoutent le concert du café Alexandre.

Au Palais-Royal, surtout, l'animation est
grande. Les femmes y sont en grande toilette;
« on se regarde avec intrépidité, on parle haut,

1. Estampe d'après Cochin.
2. Cf. MERCIER, *Tableau de Paris.*
3. Cf. MERCIER, *Tableau de Paris.*
4. Cf. MERCIER, *Tableau de Paris.*

on se rit presque au nez » et « la fille de joie ne céderait pas le pas à un archevêque [1] ».

Les cafés sont pleins de monde. « Au caveau », des petits merciers, des marchands de tabac, « assis avec leur femme, leurs enfants et leur petite bonne, sont allés boire une petite bouteille de bière et manger une demi-douzaine d'échaudés [2] ».

Les filles — qu'on appelle des *lampes* [3] — semblent les maîtresses du lieu. Timorées à l'artistique café des Arts, impudentes au café de la Rotonde (flambant neuf, très éclairé, magnifiquement orné de paysages de H. Robert), elles racolent sans vergogne, au grand scandale du bourgeois, qu'« à l'issue de la promenade, on y voit prendre maritalement des glaces [4] ». Le dévergondage des filles a fait du café des Aveugles la « lie des cafés de Paris » et, des boutiques de bois, « un camp de Tartares, rendez-vous de tous les crocs, escrocs, filous, mauvais sujets dont abonde la capitale ».

Le café Procope est bien déchu et si loin ! Les littérateurs se réunissent aujourd'hui à la Régence. La salle étincelle sous les lustres, et de

1. MERCIER, *Tableau de Paris.*
2. PRUD'HOMME, t. V, cité par FRANKLIN : *le Café, le Thé et le Chocolat.*
3. Quelques femmes ne se lèvent que vers le soir et ne se couchent que lorsque l'aurore paraît ; on les appelle des lampes. » (Mercier.)
4. PRUD'HOMME

nombreuses et grandes glaces réfléchissent le jardin [1]. La partie d'échecs est interrompue ce soir-là par les bruits du dehors. On discute les affaires publiques et les nouvelles du jour. La grande nouvelle, c'est la fête de Trianon contre-mandée. On commente le refus du roi, on calomnie la reine, et les langues se font méchantes et venimeuses. Un groupe critique la séance de l'Académie et le discours de D'Alembert; un autre ne sait borner ses louanges. On parle aussi du suicide de ce capitaine des gardes de la ville, marié, père de famille et qui laisse 120.000 livres de dettes pour jeu [2]. Chacun moralise et, en soi, prend le ferme propos de n'aller plus jouer, cependant que, dans quatre mille maisons, autour du Palais même, une multitude de joueurs se passionnent au creps, au passe-dix, au trente-et-un, au biribi.

La mort du capitaine des gardes a eu lieu l'avant-veille, le samedi 23 août, et a consterné Paris, qui apprenait en même temps, avec joie, la naissance des deux princesses d'Orléans.

Cette naissance, dans le jardin du Palais-Royal, fait l'objet de toutes les conversations. Les familiers du duc de Chartres sont entourés. On veut connaître les détails. Personne ne s'attendait à l'heureux événement ; le duc lui-même

1. Cf. FRANKLIN, *Le café, le thé et le chocolat.*
2. Cf. BACHAUMONT.

est à peine de retour de son voyage en Hollande. Les gens bien informés précisent : les deux jumelles sont nées à sept mois et demi, peu de temps l'une après l'autre [1] : elles vont bien. On se réjouit du bonheur de la duchesse. Elle est bonne, charitable, pieuse, connue des pauvres, et le souvenir de son père, le vieux duc de Penthièvre, le héros de Dettingen et de Fontenoy, maintenant retiré du monde, mais toujours pitoyable, n'est pas passé.

Aussi bien, les princes d'Orléans sont populaires dès le berceau. Ils se considèrent et on les considère comme « la ressource libérale de la France ». Tous, jusqu'au moine de Sainte-Geneviève, ont fait de l'opposition à Versailles. Et le Parisien irrévérencieux, frondeur, révolté, réserve sa faveur à ceux qui combattent des gouvernants dont difficilement il supporte le joug.

La duchesse mérite par ses vertus l'affection qu'on lui porte. Puis, elle profite de l'animosité de Paris contre la reine. Elle gagne en popularité ce que Marie-Antoinette perd chaque jour par son dédain. Elle a un souci constant de l'étiquette, une vie très digne, une amabilité charmante. La reine, au contraire, détestant les pompes de la monarchie, a voulu vivre loin de Paris et de Versailles et son « âme blanche [2] »,

1. Cf. Mme DE GENLIS. *Mémoires.*
2. DE NOLHAC, *Marie-Antoinette.*

mais indifférente et frivole, prête à d'odieuses calomnies.

Le duc d'ailleurs, jusque dans ses vices, a su se faire aimer du peuple qui lui pardonne la Duthé[1] et les filles de l'Opéra prenant le deuil le jour de son mariage. Il lui sait gré de dépenser son argent sans compter. Il ne voit pas ses parcimonieuses petitesses, mais seulement le geste large de la main qui donne. Le duc de Chartres est frivole, mais gracieux, beau joueur, buveur, jouisseur comme le peuple lui-même qui se reconnaît en lui. « On lui prête l'âme de Louis XII, l'esprit de Philippe, le cœur de son père[2] ».

Aussi, quelque temps après la naissance des deux jumelles, parurent au *Mercure de France*, sous la signature de M. Pouisinet de Sivry, ces vers[3] :

> Restez aux Cieux, brillants Gémeaux,
> Restez au séjour du tonnerre.
> Cédez ici la place à deux êtres nouveaux
> Nés pour le bonheur de la terre.
> Les crimes vont cesser, tous les maux vont finir,
> Les vertus peupleront le monde,
> Astrée est doublement féconde
> Et l'âge d'or va revenir[4]!

1. C'est elle qui le « déniaisa ».
2. Légende d'une estampe du temps.
3. Vers pour l'heureux accouchement de Mme la duchesse de Chartres (*Mercure de France*, septembre 1777.)
4. Et personne ne songea à trouver ridicule la note à

A quelque temps de là, une gravure allégorique fut publiée par la franc-maçonnerie dont le duc était grand-maître, sa sœur, la duchesse de Bourbon, grande-maîtresse, et, où venait de se faire inscrire la duchesse de Chartres, « obéissante et passive ». Cette gravure représentait « l'hymen tenant en ses bras deux couronnes, symbole de la naissance des princes et posant sur l'écusson de S. A. R. deux autres couronnes de roses, figurant les deux jumelles nouvellement nées [1] ».

Ce fut donc par un enthousiasme populaire de bon augure que fut accueillie la venue au monde des princesses.

Et la foule, qui regarde les fenêtres éclairées du Palais-Royal, oppose la maternité féconde de la duchesse à la honteuse stérilité de la reine.

Mais le jour commence à baisser ; du ciel très pur, une paix lente tombe sur ce peuple criant, suant, gesticulant, affairé sans cause et emplissant de sa joie débordante, les rues de l'Echelle, de la Boucherie, de l'Anglade, du Clos-Georgeau, du Hazard, des Moulins, d'Argenteuil qui conduisent au jardin des Tuileries, où déjà, « le grand charivari qu'on appelle concert a com-

laquelle on renvoyait le lecteur : « *Astrée*, personnage autrefois fabuleux mais aujourd'hui réalisé, symbole de la bonté, de l'affabilité et du bonheur de tout ce qui l'approche ».

1. Estampe de la collection Hennin.

mencé ». On exécute l'ancienne musique, « un peuple immense de deux ou trois cent mille âmes est rassemblé... La lune seule éclaire ce spectacle. Les femmes sont assises sur des chaises, les amants à leurs pieds [1] ».

La soirée se prolonge et, seulement à la nuit noire, par les rues obscures, regagne son logis, le Parisien fourbu, faiblement éclairé par la lueur vacillante de la mauvaise lanterne qu'il vient d'acheter.

1. MERCIER, *Tableau de Paris.*

CHAPITRE II

Les deux princesses étaient venues au monde
« avec les pieds noirâtres, comme meurtris, et
très délicates [1] ». Le vieux docteur Tronchin les
soigna, et, quelques jours après leur naissance,
leur santé lui parut si prospère qu'il les « ino-
cula [2] ». Alors, au contraire de l'habitude, on
leur choisit une gouvernante , Mme de Genlis.
Cette nomination hâtive résultait d'une promesse que Mme de Genlis avait obtenue dans le
voyage en Italie où, l'année précédente, elle
avait accompagné la duchesse de Chartres. Pour
se consacrer exclusivement à l'éducation de ses
élèves, la gouvernante décida même de se

1. Mme DE GENLIS, *Mémoires*.
2. Vaccina.

mettre au couvent avec elles. Ce projet fut approuvé par la duchesse, qui se promettait de passer avec ses filles une partie de ses journées et par le duc, qui fit construire dans le jardin du couvent de Bellechasse [1], un joli pavillon pour loger jumelles et gouvernante.

Pendant la construction de ce pavillon, les princesses furent confiées à Mme de Rochambeau. Mais, Mme de Genlis les allait voir tous les jours, pendant une heure, dans leur chambre [2].

1. Les religieuses chanoinesses du Saint-Sépulcre, vulgairement appelées religieuses de Bellechasse, étaient à Paris depuis 1632. Elles y avaient été amenées de Charleville par la baronne de Planci. Après bien des traverses, elles obtinrent de s'installer à l'extrémité du Clos de Bellechasse, dépendant de Saint-Germain-des-Prés.

En juillet 1635, elles achètent une maison et, grâce aux libéralités de la duchesse de Croix, notamment, elles bâtissent un monastère. En mai 1637, elles obtiennent de Louis XIII des lettres patentes confirmant leur établissement sous le nom de«Chanoinesses régulières de l'ordre du Saint-Sépulcre de Jérusalem sous la règle de Saint-Augustin ». On voit, d'après les plans de Gomboust et de Ballet, qu'on les désignait au début sous le nom de religieuses de Lorraine. Elles augmentèrent par la suite leurs jardins et firent construire la chapelle qui fut bénie en 1673.

Le couvent se composait, à la fin du dix-huitième siècle, de 24 religieuses et de 6 converses, et avait au moment de la Révolution un revenu supérieur à 30.000 livres (*S. 4406. Archives nationales*). Le couvent, l'église et les jardins en dépendant devinrent alors propriété nationale. Le couvent proprement dit fut vendu par parties en juillet 1798, novembre 1802, juin 1803, mai 1804. Les bâtiments en façade sur la rue Saint-Dominique furent démolis lorsqu'on continua la rue de Bellechasse, en 1829. Sur l'emplacement des jardins, on construisit un nouveau quartier au milieu duquel de 1846 à 1850, fut édifiée Sainte-Clotilde.

2. Cf. Mme DE GENLIS, *Mémoires*.

Quelque temps avant son installation à Belle-chasse, la nouvelle gouvernante assista au Palais-Royal, à un dîner offert, en son honneur, par la duchesse de Chartres. Ce n'était pas « jour d'opéra », mais la duchesse, « dont la tendresse pour Mme de Genlis faisait croire à un sortilège [1] », avait voulu donner quelque apparat à ce dîner.

Dans la grande salle à manger de forme ovale, une trentaine de convives ont pris place. La mode des surtouts et celle, plus récente, de piquer des fleurs sur la nappe, enduite de glaise, ont passé. Le goût du jour est plus raffiné, quoique bizarre et coûteux : le « sableur » a tracé sur la table, avec de la poudre de marbre versicolore, du verre pilé et de la mie de pain, un dessin « des plus compliqués et des plus ingénieux [2] ». Les plats sont petits et l'on y touche à peine. On a hâte de sortir de table et il est de bon ton de n'avoir pas faim.

Dans le grand salon blanc et or, où, après le dîner, se sont rendus les convives, précédés du duc [3], il est malséant de s'installer sur les larges sophas qui s'étalent somptueusement dans leur niche ou sur les lourds fauteuils en bois doré ;

1. Duchesse d'Abrantès, *Mémoires.*
2. Paul Lacroix, *le Dix-huitième siècle. Institutions, usages et costumes.*
3. « Chez les princes le respect du ménage l'emporte sur la galanterie. » (Mme de Genlis, *Dictionnaire des étiquettes.*)

on s'assied sur « quantité de petites chaises rembourrées très commodes [1] ».

Les femmes, poudrées, maquillées, plient sous le poids de leurs énormes coiffures, de leurs robes amplement garnies « de bouquets, de volants, de fruits, de bandes cousues en long, en large, en travers, en guirlandes, de falbalas, de perles et de pierreries [2] ». Assises autour d'une grande table, couverte d'un tapis vert, elles parfilent ou travaillent à de menus ouvrages. Les hommes se tiennent debout par derrière ; vêtus de fracs sombres, à l'anglaise, ils portent deux montres et plusieurs bagues [3]. La conversation est gaie et spirituelle, la société du Palais-Royal, unissant le ton de l'ancienne cour aux habitudes nouvelles apportées par les amis de plaisir du duc de Chartres. On cause, on rit, on se gausse, on dit mille riens agréables, on bavarde.

La duchesse parle peu. Sa beauté est maintenant épanouie. Elle plaît par sa grâce un peu molle et nonchalante et, si elle est « assez nulle comme agrément de conversation [4] », elle attire tout le monde par une bonté infinie que de beaux yeux très doux ne démentent pas. Auprès d'elle et, parfilant comme elle, la marquise de Fleury

1. Mme DE GENLIS, *Dictionnaire des étiquettes*.
2. RACINET, *le Costume historique*.
3. Cf. Mme DE GENLIS, *Dictionnaire des étiquettes*.
4. Duchesse D'ABRANTÈS, *Mémoires*.

qui déraisonne et la compagne aimée de sa jeunesse, la baronne de Talleyrand [1], charmante dans une robe de taffetas vieux rose qui sied à sa joliesse vieillotte. Elle cherche, la « petite baronne », à égayer le duc de Chartres qui, froid et renfrogné, ne laisse pas, comme à l'ordinaire, de se promener de long en large sans mot dire. D'une haute stature, avec cette souplesse dans le maintien que donne l'habitude journalière des exercices physiques, le duc de Chartres a fort grand air, mais déjà le vice l'a aveuli, dégradé ; il est chauve, ses traits sont altérés, et, son visage bouffi, couleur de brique, est bourgeonné. Harcelé par l'espièglerie fine de Mme de Talleyrand, il ralentit sa marche, s'arrête, s'accoude avec un geste las au chambranle de la grande cheminée de marbre et jette dans la conversation une moquerie froide.

Auprès de la table, la comtesse de Pardaillan, Mmes de Beauveau et de Boufflers, la marquise de Laage, laide mais si spirituelle dans toute sa personne, le comte d'Ecquevilly.

La jeune comtesse de Clermont-Gallerande parle, jabote, va, vient, déride tout le monde, son mari même, dont le rire est une grimace.

Devant les glaces qui, au-dessus des sophas,

1. Mlle de Montigny.

reflètent le jardin, le comte d'Osmond, debout,
« grands yeux ouverts, bouche béante », regarde en l'air, à la recherche de je ne sais
quel papillon bleu. Et, mignon et drôle, auprès
du comte qui ne le voit pas, le petit nègre Sci-
pion marche à quatre pattes, se relève dans une
cabriole et tire la langue. Assise non loin de la
duchesse de Chartres, Mme de Rochambeau
conte avec grâce une anecdote du dernier règne.
et le beau marquis de Barbentane, si différent de
sa femme (une bourgeoise, on dirait, et commune, avec son gros nez rouge) raille, avec sa
politesse hautaine, la comtesse de Montauban
qui avoue joyeusement qu'elle est gourmande et
regrette les grands dîners d'autrefois, alors que
la table était surchargée « d'un étalage mons-
trueux de viandes [1] »... que l'on mangeait.

Dans un groupe qui chuchotte, la bonne et
vertueuse Mme de Blot qui, au contraire de son
mari obèse, voulait être une « essence éthérée »,
défend mollement la comtesse de Genlis contre
les attaques un peu lourdes du chevalier de Bonnard et la verve endiablée, les coups de boutoir
amusants de M. de Thiars, dont la laideur est si
remarquable qu'elle a inspiré des passions célèbres.

A une des saillies du comte de Thiars, éclate

----

1. PAUL LACROIX, *le Dix-huitième siècle.*

le rire d'enfant du chevalier de Boufflers, resté *pataud* comme dans sa jeunesse.

Le chevalier de Durfort, emphatique et galant, voudrait bien tourner un madrigal à la comtesse de Reuilly qui s'est levée pour aller chanter, mais il en est empêché par M. de Saint-Blancart qui parle.... qui parle.

Aussi bien la veuve du comte de Reuilly ne se soucie guère du galant chevalier. Voyez les artifices de séduction qu'elle déploie envers le duc de Piennes, infidèle à sa femme, si douce, si jeune, mais dont les beaux yeux tristes font songer aux êtres délaissés dans la vie et trop vite fauchés par la mort [1].

Mais voici que Mme de Genlis, priée par la duchesse, accorde sa harpe. Son beau talent module un morceau de Piccini. On la félicite, puis, quand ont cessé les louanges, elle esquisse à grands traits, avec l'autorité que lui donne sa nouvelle fonction, comme elle comprend son rôle d'éducatrice. Et, sous le sourire résigné de la duchesse qui écoute, on discerne comme un regret et le pressentiment que la femme intrigante qui lui a dérobé l'affection de son mari, essaiera de lui prendre celle de ses enfants.

---

1. Cf. pour toute cette partie les lettres de Mme du Deffand, Bachaumont, Métra, Grimm, Collé, Besenval, etc... et les journaux du temps, *la Gazette de France*, *le Journal historique*, etc...

Au vrai, elle est jolie et captivante la jeune comtesse de Genlis. Certes, sa taille manque de noblesse et son attitude d'abandon, mais elle est sémillante et câline et son visage, sans rouge, d'un ovale très pur, rayonne de finesse et d'intelligence. Oui, son masque d'austérité cache une âme avide, mais comment ne pas se laisser prendre à sa réserve prudente, à sa modestie si bien feinte ?

Introduite depuis quelques années au Palais-Royal, par la faveur de Mme de Montesson, sa tante, la comtesse de Genlis a su vite y occuper une place peu proportionnée à sa naissance [1]. Car elle est née pauvre, en 1746, non loin d'Autun, dans la mauvaise terre de Champcéri, où ses parents, nobles, mais couverts de dettes « ne différaient, au vrai, des paysans que parce qu'ils portaient l'épée et se disait gentilshommes [2] ». Elle a passé sa jeunesse « dans la rusticité », mal vêtue, pas choyée et n'en était pas moins chanoinesse noble du chapitre d'Alix à six ans. A cet âge, elle était déjà comédienne et pédagogue et c'est déguisée en angelot, ou en paysanne d'opéra-comique, qu'elle enseignait aux enfants de son village ce qu'elle avait appris la veille avec une facilité prodigieuse.

1. Son père, Ducrest, marquis de Saint-Aubin, avait épousé Mlle Béraud de la Haie de Riou, la sœur de Mme de Montesson ; incarcéré pour dettes à Fort-l'Évêque, il y mourut.
2. *Journal historique*, 1751.

Malgré une instruction très supérieure à celle
que recevaient les jeunes filles à son époque et
une précoce intelligence, doublée d'un sens de
l'intrigue remarquable, Mlle Ducrest fût sans
doute demeurée à Champcéri, misérable et igno-
rée, auprès de sa mère, si un riche fermier général, la Popelinière — Pollion, comme il aimait
qu'on l'appelât — peut-être épris de Mme Ducrest, n'avait amené les deux femmes à Paris.
Elles y vécurent dans la gêne ; la jeune fille
« sans le sou » fut reçue « moins comme une
demoiselle de condition que comme une artiste »,
recherchée pour son beau talent sur la harpe
qui subvenait maigrement aux dépenses domestiques [1].

Elle avait quinze ans lorsque, « en hasardant
le matin chez les hommes quelques visites »,
elle rencontra un jeune et brillant marin, Bruslart [2], comte de Genlis, qui s'éprit d'elle et, « tant
bien que mal [3] », l'épousa.

---

1. Elle était payée 20 livres quand elle ne passait pas
minuit.

2. Entré dans la marine fort jeune, il fut fait capitaine de
vaisseau dans l'Inde. Prisonnier des Anglais et bientôt
relâché, il obtint, grâce à M. de Puyseulx, son oncle, le titre
honorifique de colonel des Grenadiers de France. Marié en
1762 à Mlle Ducrest de Saint-Aubin, il devint capitaine des
gardes du duc de Chartres dont il partagea la vie de dé-
bauches. Membre du club des Jacobins et l'un des agents
les plus actifs de la cabale orléaniste, il fut arrêté après la
défection de Dumouriez et exécuté le 31 octobre 1793. Sur
l'échafaud, il fit preuve de beaucoup de courage.

3. TALLEYRAND, *Mémoires*, t. I.

« Caressante, attentive, gaie sans gaucherie [1] »,
Mme de Genlis plut à tous, même à la famille de
son mari, et, quelques années plus tard, grâce
à Mme de Montesson [2], entra au Palais-Royal.
Elle dupa, par ses protestations de dévouement
et ses flatteries, l'honnête duchesse de Chartres,
nouvelle mariée naïve et confiante dont elle
corrigeait les lettres et enjôla le duc, dont elle
devint la maîtresse aimée [3] et sur lequel, bien
après leur liaison, elle conserva une influence
quasi maternelle [4]. Elle manœuvra si bien que
le duc de Chartres eut le triste courage de
donner à ses filles son ancienne maîtresse
comme gouvernante et la duchesse, la passivité
lâche de souscrire au désir de son mari.

Mme de Genlis arriva à Bellechasse à midi.
Toute la communauté, conduite par la prieure,

1. Talleyrand, *Mémoires*, t. I.
2. Charlotte-Jeanne Béraud de la Haie de Riou, née et
morte à Paris (1737-1806.) D'abord mariée au vieux marquis
de Montesson, lieutenant général. Veuve en 1769, elle réussit
à se faire épouser morganatiquement par le duc d'Orléans
dont elle était depuis longtemps la maîtresse. Cf. J. Tur-
quan, *Mme de Montesson*.
3. Cf. Maugras, *Idylle d'un gouverneur*. Mme de Genlis
écrivait au duc de Chartres (19 juillet 1772) : « Je vous aime
à la folie... Je ne serai plus à côté de vous, dans vos bras,
mon cher ami. »
« Je voudrais bien, répondait le duc (24 juillet 1772), que
le chevalier m'apprît demain qu'on a arraché la mâchoire à
ma femme. Je ne serais même pas fâché que la langue fût
partie avec. » Et le 4 août : « Quel plaisir quand je vous
embrasserai ! »
4. Dans ses lettres, elle l'appelle toujours : mon cher
enfant.

vint recevoir les petites princesses à la porte du couvent. Elles furent emmenées dans le pavillon qui leur était réservé ; ce pavillon était décoré dans toutes ses parties comme une salle d'études ; les chambres étaient ornées de médaillons historiques ; des cartons géographiques tapissaient les murs de l'escalier et, sur les dessus de porte de la salle à manger, on avait peint des sujets mythologiques [1].

La règle conventuelle appliquée au pavillon était assez large. Les hommes étaient reçus jusqu'à dix heures du soir, mais n'avaient pas le droit d'aller dans le jardin. A dix heures, on fermait les portes et les religieuses de garde en emportaient les clefs. Aucun homme ne passait la nuit dans le pavillon qu'un guichet faisait communiquer avec les bâtiments des communs, où couchaient valets de chambre et valets de pied qui eussent pu, le cas échéant, être appelés et introduits par une religieuse.

Pour rendre plus agréable l'existence que Mme de Genlis avait elle-même choisie, on

1. Ce pavillon portait le n° 185 de la rue Saint-Dominique. Il servit de magasin à fourrages pendant la Révolution et fut évacué en l'an IV. Vendu le 21 messidor de l'an V, en vertu de la loi du 9 germinal de la même année, moyennant 142.100 francs, à la femme Brion, domiciliée rue Vieille-du-Temple n° 143 (*Sommier des propriétés nationales*, dixième municipalité, section de Grenelle), il a été démoli en 1900. Il occupait le numéro 13 actuel. Rien d'ailleurs ne subsistait intérieurement de l'époque où il avait été habité par les princes et la princesse d'Orléans.

l'avait autorisée à prendre avec elle sa mère et ses deux filles. Elle recueillit plus tard Henriette de Sercey, sa nièce ; mais, « pour éviter des dépenses inutiles », elle décida qu'aucun de ses amis ne dînerait à Bellechasse, à l'exception de son mari, de son frère et de ses deux belles-sœurs — au reste, « ils dînaient rarement[1] ».

Le duc et la duchesse de Chartres venaient presque tous les jours à Bellechasse. Cinq ou six fois par an, le duc de Penthièvre apportait de jolis jouets à ses petits-enfants qu'il aimait beaucoup. Quant au duc d'Orléans et à Mme de Montesson, ils avaient sans doute désapprouvé la résolution prise par Mme de Genlis, car ils ne parurent pas au couvent et n'envoyèrent jamais d'étrennes.

Il est difficile d'imaginer quel fut exactement le rôle de la gouvernante auprès de princesses si jeunes. Mme de Genlis, dans ses *Mémoires*, ne dit rien à ce sujet. Ce que l'on sait et qu'elle ne veut point avouer, c'est qu'imbue des principes de Rousseau sur l'éducation, elle essaya, comme il le conseille, de prendre la première place dans l'affection de ses élèves. A une fête donnée à Bercy — joutes sur l'eau, feu d'artifice, etc... — les deux princesses, qui avaient à peine trois ans, chantèrent ce duo :

---

1. Mme DE GENLIS, *Mémoires*.

Mlle d'Orléans (portant la main sur son cœur) :

> « Maman, Genlis, ces deux noms-là
> « Sont là !

Mlle de Chartres (plus tard, Adélaïde) :

> « Et tous deux font dire de même
> « J'aime » [1].

Quelque temps après cette fête de Bercy, Mlle d'Orléans eut la rougeole. Comme il paraissait urgent de séparer les deux sœurs et que la duchesse de Chartres ne voulait pas quitter sa fille malade, Mme de Genlis, malgré elle, partit pour Saint-Cloud avec Mlle de Chartres et la duchesse s'installa au chevet de Mlle d'Orléans à Bellechasse. « Mais le docteur Barthès [2], qui avait remplacé Tronchin, jugea fort mal à propos qu'on pouvait transporter la princesse au Palais-Royal... Il faisait froid; malgré les précautions prises, le transport causa une rechute à l'enfant, qui mourut au bout de six jours [3] ».

La duchesse de Chartres, « qui était restée constamment » auprès de sa fille « nuit et jour

1. GRIMM, *Correspondance*.
2. Sur Paul-Louis Barthès, né à Montpellier en 1734, mort en 1806, voyez LORDAT, *Exposition universelle et mémoires de Barthès*.
3. Mme DE GENLIS, *Mémoires*.

jusqu'à ses derniers moments [1] », eut la rougeole qui fut bénigne et s'acheva heureusement. « La princesse qui me restait, écrit la comtesse de Genlis, prit le nom d'Orléans ; elle était âgée de cinq ans. Rien ne peut exprimer la douleur qu'éprouva cette enfant de la mort de sa sœur [2] .»

Quelques mois après la mort de Mlle d'Orléans, en cette même année 1782, le duc de Chartres étant venu comme à l'ordinaire à Belle-chasse, entre huit et neuf heures du soir, parla à Mme de Genlis de la nécessité de donner à ses fils [3] un gouverneur : « M. de Schomberg est pédant, le chevalier de Bonnard manque de monde et sent trop sa province, le chevalier de Durfort est emphatique et exagéré et M. de Thiars est léger. — Eh bien ! et moi ? insinua Mme de Genlis. — Pourquoi pas ? » accepta le duc, heureux de se pouvoir singulariser. Et voilà la gouvernante des princesses devenue en même temps gouverneur des princes [4]... Qu'est-

---

1. *Journal de la vie de S. A. S. la duchesse d'Orléans par Delille, son secrétaire intime.*

2. « Elle faillit en mourir de chagrin et pendant deux ans elle persévéra dans cette douleur extraordinaire pour une enfant de son âge. » (*Une belle enfance, une douce fin*, par BELLOC.) Extrait de *la Ruche* du mois de février 1848.

3. Le duc de Valois, plus tard Louis-Philippe 1er, né en 1773, le duc de Montpensier, né en 1775, et le comte de Beaujolais, né en 1779.

4. Les courtisans se moquèrent de ce choix : « On va nommer le duc de Luynes (très gros) nourrice de monseigneur le dauphin, » disaient-ils. MÉTRA, *Correspondance*, t. XII.

ce donc qui la pousse à assumer une si lourde charge ? Sont-ce les bénéfices pécuniaires qu'elle en escompte retirer ? Non, son mari est devenu capitaine des gardes du duc de Chartres, son frère est chancelier avec 100.000 livres de traitement et d'ailleurs elle est riche par les Bruslart et par les héritages qu'elle attend. Mais le parti d'Orléans est à son apogée ; l'or qu'il a semé a amené des partisans au premier prince du sang ; l'orage préparé de longue main est sur le point d'éclater. Alors, confiante dans le succès d'une conjuration qui est en grande partie son œuvre, il lui sied d'être la gouvernante de celui que, selon toutes ses prévisions, elle verra assis sur le trône de France.

Les jeunes princes couchaient au Palais-Royal. Ils se levaient à six heures. Vers onze heures, après une leçon de latin et des exercices de gymnastique, ils étaient conduits à Bellechasse par le sage et honnête M. Lebrun[1].

La tâche de Mme de Genlis était lourde ; pour-

---

1. *Education de LL. AA. SS. Mgrs le duc de Chartres, le duc de Montpensier et le comte de Beaujolais* :
Gouvernante : Mme la comtesse de Genlis.
Précepteur : l'abbé Guyot.
Lecteur : M. Lebrun.
Gentilhomme d'éducation : le comte de la Rochemont.
Chapelain : l'abbé Famin.
Maître de langue anglaise : M. Powel.
Valets de chambre : Paulin, Barrois, Delile, Plié, Zeny.
Education de S. A. S. Mlle d'Orléans à l'abbaye de Bellechasse :
Gouvernante : Mme la comtesse de Genlis.

tant, elle n'hésita pas à prendre encore avec
elle son neveu César Ducrest, qui venait de
perdre sa mère et qui, comme les autres élèves
de sa tante, fit honneur à l'éducation qu'elle lui
donna. Puis, comme « le gouverneur » avait
demandé au duc de Chartres une petite Anglaise
afin que Mademoiselle et les princes, ses frères,
pussent apprendre l'anglais, tout en jouant, le
chevalier de Graves, premier écuyer du duc,
ramena de Londres une enfant qui ne savait pas
un mot de français. « On l'accabla de caresses
et de bonbons. » Cette Nancy Syms « dont le
nom parut trop commun »[1], devint la charmante
Paméla adoptée par Mme de Genlis — dont elle
était peut-être la fille — et qui épousa plus tard
le patriote irlandais Fitz-Gerald.

Mme de Genlis avait donc sous sa direction
la princesse d'Orléans, les trois princes et, avec
ses deux filles, son neveu César Ducrest et sa
nièce Henriette de Sercey, la petite Anglaise
Paméla. Ces huit enfants, tous doués, tous aimables, vivaient dans la plus parfaite harmonie.

Ire Femme de chambre : Mlle Nonon.
Maître de musique : M. Lécuyer.
                    (*Almanach du Palais-Royal*, janvier 1786.
(1) Mme DE GONTAUT, *Mémoires*.

CHAPITRE III

Mlle d'Orléans et ses condisciples. — Système d'éducation de Mme de Genlis. — Les familiers de Bellechasse. — Bal d'enfants chez la duchesse de Bourbon. — Séjour à Saint-Leu. — Spa. — Baptême et Première Communion de Mlle d'Orléans. — Projet de mariage.

Mlle d'Orléans n'était pas belle; ses traits un peu forts, irréguliers et sévères, son front trop large donnaient à son visage une expression de maturité désagréable. Une chevelure blonde ondulée, abondante et souple, accentuait son « teint de brune » et, avec de grands yeux superbes, elle avait un regard grave, un peu dur. Ses lèvres étaient épaisses, son profil busqué, sa tournure disgracieuse. Elle était têtue et « dominante », violente aussi, comme son grand-père, le duc de Penthièvre, mais, comme lui, très bonne. Judicieuse et raisonnable, comme son frère, le duc de Valois, elle contrastait par sa gravité précoce et ses manières masculines avec le comte de Beaujolais, « charmant de figure, d'esprit et de caractère et dont les défauts même étaient agréables [1] ».

Les filles de Mme de Genlis [2] étant plus âgées que Mademoiselle, celle-ci jouait surtout avec César Ducrest — « étourdi, violent, mais spirituel et sensible [3] » — avec Henriette de Sercey — « nature excellente, caractère essentiellement sage [4] » — et avec Paméla, dont elle aimait l'esprit vif et primesautier et qu'elle appelait en riant « Milady [5] ».

Mme de Genlis, qui élevait pourtant la princesse avec férocité, parvint à lui inspirer un très vif attachement et à modifier son caractère et jusqu'à son tempérament. D'une sensibilité si aiguë que la plus petite contrariété la portait aux larmes, nerveuse au point que le moindre chagrin la rendait malade, Mademoiselle devint une élève « modèle », de « santé parfaite », « sans mauvais penchants et sans mauvaise qualité dominante [6] ». Levée à six heures, hiver comme été, nourrie de lait, de viandes rôties et de pain, elle ne recevait jamais de friandises et souvent, pour la rendre endu-

1. Mme DE GENLIS, *Mémoires.*
2. Caroline, qui épousa le marquis de Lawœstine (elle était très belle) et Pulchérie, qui épousa J. B. de Timbrone Tunbrune, comte de Valence, dont elle se sépara en 1793. Elle mourut en 1847.
3. Mme DE GENLIS, *Mémoires.*
4. *Id.*
5. Cf. Mme DE GONTAUT, *Mémoires.*
6. Cf. Mme DE GENLIS, *Mémoires.*

rante, Mme de Genlis la faisait coucher sur des planches.

On ne comprendrait pas comment elle put résister à ce régime et surtout chérir celle qui le lui imposait, si on ne savait que tous les enfants élevés par Mme de Genlis témoignaient à leur gouvernante une tendresse passionnée. « J'ai vu les princes et Mademoiselle, écrit dans ses *Mémoires* la duchesse de Gontaut [1], baiser les pas où elle avait marché, et j'avoue à ma honte, qu'un jour, voulant me distinguer en sentiment, je me précipitai sur le fauteuil qu'elle venait de quitter et, l'ayant baisé avec ardeur, je me remplis la bouche de poussière, ce qui calma mon zèle. »

La gouvernante cependant ne donnait pas à ses élèves un instant de répit. Tout pour elle était un motif de les instruire. Les récréations, la princesse les passait à apprendre des métiers manuels qui ne demandaient pas de force, comme celui de vannier, de gainier; elle faisait des rubans, des lacets, de la dorure sur bois, des ouvrages en cheveux et même des perruques. Sortait-elle à Paris avec ses compagnes? c'était pour aller voir des cabinets de curiosité, des galeries de tableaux, des manufactures dont on avait lu auparavant des détails dans l'Encyclo-

1. Mlle de Montaut Navailles, qui devint sous la Restauration gouvernante des enfants de France.

pédie. Mlle de Montaut Navailles (plus tard
Mme de Gontaut) obtint de sa mère la permission d'accompagner Mademoiselle et les princes
dans leurs sorties. Elle alla un jour avec eux
chez Maille ; on y vit faire de la moutarde et du
vinaigre. « Les malins d'entre nous, écrit Mme de
Gontaut, se divertirent, ce qui mit la gouvernante un peu de mauvaise humeur. » Une autre
fois, ils visitèrent une manufacture d'épingles.
« Mme de Genlis reprocha aux princes de n'avoir
rien dit et interdit la parole aux jeunes filles. »

Après le dîner, les enfants ne jouaient pas,
chacun lisait à son tour, à haute voix, pendant
un quart d'heure, dans un livre d'histoire.
Mme de Genlis corrigeait les fautes de pro-
nonciation, puis « donnait le ton » elle-même.
Cela durait deux heures. A l'époque où elle
écrivait les *Veillées du château*, elle avait l'air
de consulter ses élèves sur les mérites de son
ouvrage. « Le moment était critique, si les
observations étaient ou mal exprimées ou futiles,
elle montrait son mécontentement avec sévé-
rité [1]. »

Tous les samedis, Mme de Genlis recevait à
Bellechasse une société restreinte et choisie,
d'abord composée d'écrivains et de lettrés.
Mlle d'Orléans, les princes et leurs condisciples

---

1. Mme DE GONTAUT, *Mémoires*.

ne quittaient pas le salon de leur gouvernante qui voulait ainsi les habituer aux usages du monde.

Accompagné de son ami Schomberg — un pédant spirituel, un brave qui avait peur des revenants — D'Alembert venait parfois à Bellechasse. Il y était supporté, mais peu aimé. L'austère « mère de l'Eglise [1] » ne lui pardonnait pas ses opinions philosophiques et le détestait pour son ironie fine qui savait « pincer sans mordre ». Il était malade déjà et, banal à première vue dans son vêtement simple d'une seule couleur, ses petits yeux rayonnaient d'intelligence lorsqu'il parlait de sa perçante et fluette voix d'eunuque [2].

· Buffon espaçait ses visites. Vieux, cassé, « d'une monotonie insupportable », au dire de Mme du Deffand, « il ne s'occupait que des bêtes et l'était devenu lui-même à force de se dévouer à cette occupation [3] ». La vieille marquise venait aussi, mais sans parvenir à lasser son éternel ennui et son corps maigre, son échine courbée, sa grosse tête blanche, ses yeux mélancoliques disaient l'humeur chagrine et le cœur desséché.

Bernardin de Saint-Pierre, « le malheureux chevalier de Saint-Pierre », comme l'avait appelé Mlle de Lespinasse, apportait dans le salon de

1. On appelait ainsi Mme de Genlis.
2. Cf. MARMONTEL, *Mémoires*.
3. Mme DU DEFFAND, *Lettres*.

Bellechasse sa tristesse, sa pauvreté, sa mauvaise humeur. Il partait avant les autres, toujours fâché et allait dans son misérable logis de la rue Saint-Etienne-du-Mont attendre qu'on le chargeât de la mission qu'on lui promit toujours et qu'il n'obtint jamais.

La Harpe, amoureux docile de Mme de Genlis, n'avait pas encore perdu tout espoir. Il arrivait chaque samedi à la même heure « bien poudré, paré, avec son habit de velours noir, sa veste dorée et ses manchettes de filet brodé [1] ». Ostensiblement, il cherchait à passer inaperçu, mais bientôt sa mauvaise humeur l'emportait et le « bébé de la littérature [2] » se fâchait, geignait, devenait insupportable.

A cette époque, un visiteur choyé de Mme de Genlis était Joseph Chénier qui flattait la manie du « gouverneur » en ne laissant pas de parler de questions pédagogiques. Marmontel « se donnait beaucoup de mal pour avoir de l'esprit [3] » sans se compromettre, et se défendait mollement d'avoir fait gras la veille chez Mme Necker. « La belle Hypathie », grande et sèche, toujours guindée et emphatique, mais minée par la maladie, se balançait sans cesse d'une jambe sur l'autre. Elle s'effaçait, maintenant, chez elle,

1. Grimm, *Correspondance.*
2. Surnom que Fréron lui avait donné.
3. Mme du Deffand, *Lettres.*

rue Bergère, comme ailleurs, devant sa fille, la jeune baronne de Staël, laide et « hommasse », qui paraissait toujours en contemplation extatique, mais plaisait, dans ce milieu pédant, par son lyrisme natif et son enthousiasme un peu ridicule.

Dans un coin, le peintre Giroux cause avec Meyris, le professeur de dessin des princes, et son ami David, « roi du savant pinceau », s'échappe pour parler politique. Là, Schlumberger se tait et Palissot écoute une calomnie méchante qui aura sa place dans la grossière comédie anonyme qu'il prépare. Quillard discute avec l'auteur des *Contes moraux* sur les mérites de Glück et de Piccini et la querelle s'envenimerait, si le chevalier de Chastellux, l'ami de Voltaire et le soupirant de « Pomone[1] », ne l'apaisait par un gros calembour à l'allemande, qui provoque le rire.

Lorsque la princesse eut atteint l'âge de sept ans, on fit de la musique pour former son goût. Elle jouait déjà assez bien de la harpe[2] pour faire sa partie dans un orchestre, avec Mme de Genlis, si contente des progrès de son élève qu'elle

1. Mme de Marchais. Elle épousa plus tard d'Angeviller. Mme du Deffand l'avait baptisée « Pomone » à cause des fruits exquis qu'elle cultivait dans ses jardins de Montreuil.

2 Dans la famille d'Orléans, on conserve un grand portrait de Mademoiselle représentée jouant de la harpe, cependant que Paméla est assise sur un tabouret, à ses pieds, ses grands yeux noirs pétillant d'intelligence et de malice.

disait d'elle : « Elle a toujours pris les leçons que je lui ai données avec une constante application. Je puis dire en vérité, ajoutait-elle, que je n'ai jamais connu un seul défaut à Mlle d'Orléans. Elle avait naturellement une vive piété et toutes les vertus... Elle avait de l'esprit et cet esprit ressemblait beaucoup à celui de son père ; il a particulièrement de la finesse et de l'à-propos. Ce qui, réuni à la sagesse, à la bonté, à la raison, forme une personne aussi aimable à rencontrer qu'attachante dans le commerce de la vie. » Au contraire, Mme d'Oberkirch, invitée à dîner par la duchesse de Bourbon[1] avec Mademoiselle qui avait alors neuf ans, écrit : « Cette enfant n'est pas jolie ; elle le deviendra à ce que prétendent les courtisans ; je crois, au contraire, qu'elle le sera moins en grandissant. Elle a un air décidé et masculin qui ne me plaît pas dans une jeune fille. Sa gouvernante, ou plutôt son gouverneur, Mme de Genlis, en fait un éloge sans bornes. Cette jeune princesse est en effet fort intelligente et fait espérer de grands talents. Son caractère est peu facile, dominant et sans grâces ; c'est du moins ce que me dit son auguste tante, car je n'ai guère eu l'occasion de la juger par moi-même. »

Mme d'Oberkirch rencontra à différentes

---

1. Balthide d'Orléans, sœur de Philippe-Joseph. Cf. comte Ducos, *la Mère du duc d'Enghien*.

reprises Mlle d'Orléans chez la duchesse de
Bourbon qui, vivant seule [1] dans son bel hôtel
de la rue de Varennes, aimait à réunir ses
neveux et ses nièces, dans son magnifique jardin. « Elle ne tenait pas un état de maison con-
sidérable [2], mais elle recevait noblement », aidée
par la comtesse Julia de Sérent, « dame pour
accompagner son Altesse Sérénissime ». Le
23 février 1786, voulant faire une galanterie à la
fille de Mme d'Oberkirch, la duchesse de Bourbon invita une quantité d'enfants pour un petit
bal. « Parmi eux, se trouvaient Mademoiselle,
ses jeunes frères et M. le duc d'Enghien...
Ce mignon petit peuple était délicieux. On les
avait vêtus avec la dernière élégance; il fallait
voir leurs coquetteries, leurs manières, leurs prétentions et leurs rivalités. Le monde était déjà
là dans leurs petites têtes et dans leurs petits
cœurs. Un petit enfant de six ans attira bien vite
l'attention de tous... L'anglomanie commençait
à poindre... ses parents l'affublèrent d'un frac
anglais, de bottes à retroussis et d'une perruque de cocher... Ils mangèrent, dansèrent

1. Elle était séparée de son mari.
2. « Elle avait eu en dot 200.000 livres de rente qui lui
furent rendues à la séparation. Le roi a exigé de Mgr le
prince de Condé qu'il y ajoutât 25.000 livres, ce qui, avec les
50.000 livres comme princesse du sang, lui fait une position
à peu près convenable selon son rang. » (*Mémoires de la
baronne d'Oberkirch.*)

chantèrent, de midi à neuf heures du soir [1]. »

Durant la belle saison, Mme de Genlis emmenait tout son monde à Saint-Leu où l'on résidait plusieurs mois de suite. Là, comme à Paris, les jeux même devaient être instructifs. Chaque élève cultivait un petit jardin, sous la direction d'un jardinier allemand qui ne devait s'exprimer que dans sa langue. Au dîner, on parlait anglais, au souper italien.

« Nous habitions le rez-de-chaussée, écrit Mme de Genlis. On entre d'abord dans le vestibule dont les peintures à fresque représentent les métamorphoses d'Ovide; après cette pièce, on trouve un très beau salon carré, donnant sur le jardin. Ce salon a pour tapisserie la chronologie de l'histoire romaine, peinte à l'huile, sur de grandes toiles, montées sur des châssis [2]... Le côté qui fait face à celui-ci contient les dames romaines les plus célèbres... et toutes les impératrices depuis Constantin... On ne voit de chaque figure que le profil... Autour de chaque profil est écrit le nom du personnage et l'année dans laquelle il mourut... » Au delà du salon, est une galerie, tendue de la même façon, avec les portraits des grands hommes de la Grèce.

---

1. Cette fête était d'ailleurs une « nouveauté » que Mme de Genlis avait seule essayée.

2. Toute la peinture du salon, nous dit Mme de Genlis, n'a coûté que 900 francs.

Dans la chambre à coucher de Mademoiselle, cent vingt petits tableaux à la gouache représentent des sujets de l'histoire de France [1].

Un Polonais, M. Meyris, que Mme de Genlis avait découvert, enseignait aux enfants la peinture à la gouache. La gouvernante lui fit peindre des scènes d'histoire sur les verres d'une lanterne magique. Elle imagina aussi un jeu qui sentait bien son temps : des costumes furent confectionnés pour ses élèves qui jouèrent des voyages célèbres comme ceux de Vasco de Gama et de Snelgrave. « La belle rivière du parc (de Saint-Leu), écrit la gouvernante, nous figurait la mer, une suite de jolis bateaux formait nos flottes. Je fis faire en outre un petit théâtre portatif que l'on plaçait dans la grande salle à manger et sur lequel on exécutait des tableaux historiques. » David, le célèbre peintre, s'amusait à grouper les acteurs. On joua entre autres choses une pantomime : Psyché persécutée par Vénus. Mme de Lawœstine personnifiait Vénus, sa sœur Pulchérie, Psyché, et Paméla, l'amour. « On ne verra jamais trois figures réunies offrir tant de beauté, de charme et de grâce. David était enthousiaste de cette pantomime qui offrait, disait-il, la perfection du beau idéal [2]. »

---

1. Ils n'ont coûté que 18 francs pièce tout encadrés.
2. Mme de Genlis aimait à exhiber Paméla. Un jour Mme de la Rochejaquelein, étant allée voir avec sa grand'

En 1787, la tante de M. de Sillery, Mme de Puy-seulx, étant morte, la santé de Mme de Genlis s'altéra subitement sous le coup de la douleur. Les médecins lui conseillèrent d'aller prendre les eaux de Spa. Elle s'y refusa, ne voulant pas quitter ses élèves. Plein de sollicitude,

mère les tableaux exposés au Louvre, y rencontra « les trois petits princes d'Orléans et leur sœur, Mademoiselle, conduits par Mme de Genlis, à la fois leur gouverneur et leur gouvernante...

J'étais dans l'enchantement, écrit-elle, de considérer de près celle dont je lisais les ouvrages pour les enfants, dont je jouais les petites pièces ; j'avais entendu tant chuchoter en parlant d'elle et vu sourire si souvent que tout cela piquait ma curiosité : aussi la scène que je vais raconter m'est présente comme si elle s'était passée hier.

Mme de Genlis était mise très simplement, en couleur sombre : je crois même être sûre que le capuchon de son mantelet noir était sur sa tête. Elle me parut maigre et brune ; sa physionomie était délicieuse, sa bouche, ses dents et ses yeux ravissants ; elle avait l'air si aimable, si doux, si séduisant et si spirituel !!! Les petits princes étaient bien singuliers pour ce temps-là, car ils étaient coiffés comme de petits Anglais... Tandis que leurs sous-gouverneurs et les peintres leur expliquaient les tableaux, ma grand'mère et Mme de Genlis se faisaient mille com-pliments aimables. Celle-ci lui présenta sa fille, depuis Mme de Valence... Ma grand'mère vit à côté d'elle une charmante petite fille de sept ans. Elle lui dit : « Vous n'avez que deux filles (l'aînée, Mme de Lawœstine, était déjà mariée), quelle est donc cette ravissante créature ? — « Oh ! répondit Mme de Genlis à demi-voix, mais je l'entendis, c'est une histoire bien touchante, bien intéressante que celle de cette petite : je ne puis vous la raconter en ce moment. » Elle ajouta : « Vous ne voyez rien encore, vous allez juger de cette figure-là ! » Puis, élevant la voix : « Paméla, faites Héloïse ! »

Aussitôt Paméla ôte son peigne ; ses beaux cheveux sans poudre tombent en longues boucles ; elle se précipite un genou en terre, lève les yeux au ciel, ainsi qu'un de ses bras et sa figure exprime une extase passionnée. Paméla reste en attitude !!! Pendant ce temps, Mme de Genlis paraît

M. le duc d'Orléans [1] décida qu'il emmènerait Mme la duchesse d'Orléans et tous ses enfants à ces eaux. « Je fus touchée comme je devais l'être de cette marque de bonté », écrit Mme de Genlis.

On partit pour Spa. A cette époque, tout était primitif sur les routes de province qu'il fallait suivre en poste. Les princes s'amusèrent à voyager comme de simples touristes. Ils n'avaient pas fait retenir d'avance leur logement dans les auberges. « A Richemont, tous les bons appartements étaient pris, raconte Mme de Genlis ; nous fûmes horriblement mal logés... Nos courriers et nos femmes étaient restés en chemin, mais les princes et surtout M. le duc

ravie, fait des signes, des remarques à ma grand'mère qui lui fait des compliments sur la beauté et la grâce de sa jeune élève. Pour moi, je restais stupéfaite par instinct et sans rien comprendre. Ma grand'mère s'en fut bien vite pour rire de cette rencontre. Huit jours durant, elle en faisait le récit à ceux qui venaient la voir ; c'étaient des plaisanteries continuelles sur la bonne éducation qu'on donnait à Paméla !!! » Mme DE LA ROCHEJAQUELEIN (*Mémoires*).

1. Le duc de Chartres avait pris ce titre depuis la mort de son père. Le 18 novembre 1785, le grand-père de Mlle d'Orléans était mort dans son hôtel de la rue de Provence où il s'était retiré depuis son mariage morganatique avec Mme de Montesson. Mademoiselle n'assista pas, non plus que ses frères, aux obsèques du vieux duc. Le 11 février 1786, on célébra toutefois un service funèbre à Bellechasse. L'abbé Bourlet de Vauxcelles (lecteur du comte d'Artois et vicaire général d'Autun) avait été chargé de prononcer, devant les petits-enfants du défunt, un discours qui commençait ainsi : « Illustres enfants, on vous a amenés à une cérémonie lugubre... » (Bibliothèque nationale [Discours aux enfants de Mgr le duc d'Orléans] porte : *de la bibliothèque du Saint-Sépulcre de Bellechasse à Paris ≠*).

de Chartres[1] , nous servirent comme de bons domestiques. M. le duc de Chartres arrangea notre chambre, monté sur une échelle, afin de clouer des couvertures aux fenêtres qui n'avaient ni rideaux, ni volets et Mademoiselle, Henriette et Paméla firent nos lits. Tous ces enfants étaient charmants. »

Quand ils arrivèrent, « la saison spadoise rassemblait déjà une foule brillante ». L'abbé Delille, le duc de Liancourt, M. de Chastellux étaient à Spa. On y menait la vie habituelle des villes d'eaux. Le matin, entre 9 et 10 heures, on allait boire à la source de la Gérontière. L'après-midi était consacrée à des excursions à travers les fagnes de la montagne.

Mademoiselle et ses frères visitèrent le beau parc de M. de Limbourg et, étant allés un jour à l'abbaye de Franchimont, ils firent délivrer, au moyen d'une souscription, les prisonniers qui y étaient détenus pour dettes.

Les eaux de la Sauvenière ayant fait du bien à leur mère, ils organisèrent pour elle une « belle fête » ; ils décorèrent, de hautes bruyères en fleur et de guirlandes, le bosquet qui entourait cette source et élevèrent sur un tertre de gazon un autel à la « Reconnaissance » . Le jour de la fête, « les plus jolies personnes de Spa , » avaient

---

1. Avant la mort de son grand-père, duc de Valois, plus tard Louis-Philippe I⁰ʳ.

été invitées ; elles étaient vêtues de blanc avec des écharpes de bruyère. La musique du Waux Hall joua dès que parut la duchesse d'Orléans, qui fut conduite auprès de l'autel où ses quatre enfants, Henriette et Paméla formaient une sorte de tableau vivant....; le duc de Chartres « tenait un style et paraissait écrire le mot « Reconnaissance » . « Tout ce qui était là fondait en larmes [1]. »

En revenant de Spa [2], Mademoiselle, les princes et Mme de Genlis, passèrent au château de Sillery, qu'on venait de restaurer. M. de Sillery, à l'occasion de ce séjour, avait fait dessiner dans le parc autant de petites îles que la gouvernante avait d'élèves ; elles aboutissaient toutes par un pont charmant à une grande île qui portait le nom de Mme de Genlis.

Peu de temps après le voyage à Spa, Mlle d'Orléans fut baptisée. La cérémonie eut lieu à Versailles, devant toute la cour, après la messe du roi. La chapelle du château avait été drapée et ornée de fleurs. La jeune princesse, « tenue sur les fonts » par Louis XVI et Marie-Antoinette, portait une robe blanche lamée d'argent. Elle

---

1. Mme DE GENLIS, *Mémoires*.
2. C'est après ce voyage que le duc d'Orléans poussa la complaisance jusqu'à acheter, à la demande de Mme de Genlis, la terre de la Mothe, près du Tréport, pour que ses enfants eussent la facilité d'apprendre l'histoire naturelle maritime.

reçut les prénoms de : *Eugène, Adélaïde*[1], *Louise.*

« Le nom d'Eugène rappelle les promesses de deux amies du couvent. » La duchesse d'Orléans, en effet, avait été élevée à l'abbaye de Montmartre avec Mlle Eugène de Montigny. Elles épousèrent en même temps l'une, le duc de Chartres, l'autre, M. de Talleyrand et chacune d'elles s'était engagée à donner à son premier enfant le prénom de sa compagne ; mais la princesse ne pouvait tenir sa promesse sans le consentement du roi qui, « surpris du nom et de l'importance que la duchesse mettait à sa demande, lui dit qu'il y consentirait, pourvu qu'il connût son motif. La princesse, avec quelque embarras, raconta au roi ce qui s'était passé au couvent entre elle et son amie. Louis XVI, le lendemain du baptême, dit à Mme de Talleyrand, avec sa bonté ordinaire : Petite Baronne (il l'appelait toujours ainsi) vous n'êtes pas de parole. — Puis-je savoir, Sire, comment j'ai pu mériter ce reproche de Votre Majesté ? — Mme la duchesse d'Orléans a une fille qui s'appelle Eugène, répliqua le roi. Ces derniers mots rappelèrent à la Baronne la conversation faite au couvent.... Elle répondit au roi qu'elle était désolée que Dieu ne lui eût pas permis de tenir

---

1. Adélaïde était le prénom de la mère de Mademoiselle. La duchesse d'Orléans Penthièvre était en effet la filleule de Madame Adélaïde, fille du roi Louis XV.

parole à la personne qu'elle chérissait le plus [1]. »

Après le baptême, on sortit du château pour que les courtisans pussent jeter des dragées à la foule, puis Mademoiselle, présentée à la cour, monta dans le carrosse de la reine. L'entrevue avec le duc d'Angoulême se fit ensuite. Dès ce moment, on parla publiquement d'un projet de mariage entre la princesse Adélaïde et le fils aîné du comte d'Artois. On décida que ce mariage se ferait aussitôt que le jeune prince aurait l'âge fixé par la loi ; il lui manquait trois mois. « On s'occupa alors de former la maison de la future duchesse d'Angoulême [2] ». La duchesse d'Orléans décida son père à assurer, à cette occasion, à sa petite fille l'hôtel Toulouse, à Paris, et la terre de la Ferté, dans le Perche. « Mais le roi fut pour si peu dans ces arrangements, qu'il n'offrit jamais rien pour le duc d'Angoulême ; que même il donna, pour motif de son refus, l'incertitude de ce qu'il pourrait faire après que les agitations auraient cessé... et, par la même raison, le duc d'Orléans personnellement n'offrit rien, malgré que M. Montjoie lui fasse faire la libéralité d'un million de revenu annuel, savoir : quatre cent mille livres au moment du mariage et six cent mille dans la succession... En sorte

1. DELILLE, *Journal de la vie de S. A. S. la duchesse d'Orléans*.
2. Cf. Mme DE GENLIS, *Mémoires*.

qu'il n'y eut, à proprement parler, que le comte
d'Artois et la duchesse d'Orléans qui s'occupèrent de ce projet [1] » qui dut être abandonné bientôt, non seulement parce que la Révolution était
sur le point d'éclater, mais surtout parce que le
roi refusa de donner son autorisation à une
union que Marie-Antoinette avait longtemps
combattue [2].

1. *Explication de l'énigme du roman de Montjoie* par le
comte ROUZET DE FOLMONT. (La duchesse d'Orléans-Pen-
thièvre fut certainement l'inspiratrice de ce livre qui était
la contre-partie de l'ouvrage publié en 1796 par GALARD de
MONTJOIE : *Histoire de la conjuration de Louis-Philippe-Joseph
d'Orléans surnommé Égalité.*)

2. Le prince de Condé, qui désirait marier son petit-fils,
lui proposa la princesse Adélaïde. Le duc d'Enghien re-
poussa énergiquement ces ouvertures en répétant les paroles
de sa tante, Louise de Condé, sœur Marie-Joseph de la
Miséricorde : « Je n'aime pas ce sang-là ! » (MONTREY, *les
d'Orléans devant l'histoire.*)

Cette anecdote rapportée par un pamphlétaire est peu
vraisemblable, le duc d'Enghien étant aussi, par sa mère,
de ce « sang-là ».

CHAPITRE IV

La duchesse d'Orléans. Ses démêlés avec la gouvernante. — Les hommes politiques assidus à Bellechasse. — Mademoiselle d'Orléans à l'Assemblée nationale. — Démission de Mme de Genlis. Maladie de la princesse Adélaïde. Mme de Genlis obtient de rester auprès de ses élèves. — Mademoiselle et ses frères dansent sur l'air du *Ça ira*. — Mme de Genlis quitte Bellechasse. — Retour de Mme de Genlis. La duchesse d'Orléans se sépare de son mari.

La rupture du mariage projeté entre Mademoiselle et le duc d'Angoulême — humiliation ajoutée à tant d'autres — fit du duc d'Orléans, à tout jamais, l'ennemi de Marie-Antoinette, au moment où il désirait de se rapprocher de la cour. La duchesse ne témoigna à la reine aucun ressentiment. Surprise d'abord, peinée ensuite, elle accusa seulement son mari et la gouvernante de sa fille, Mme de Genlis, pour laquelle ses sentiments avaient bien changé. « Elle éprouvait, dit-on, une peine profonde de ne voir que rarement ses enfants [1] » ; car si le voyage à

1. Mme DE GONTAUT, *Mémoires*.

Spa — entrepris de telle sorte que Mme de Genlis ne se put montrer impitoyable — procura à
la duchesse la joie très vive qu'il lui fût permis
de vivre pendant quelques semaines auprès de
ses enfants [1], au retour, la séparation fut cruelle
et elle souffrit davantage d'un éloignement sys-
tématique.

Déjà, du reste, à l'époque du voyage à Spa, la
baronne d'Oberkirch écrivait dans ses *Mémoires*,
à propos de la duchesse d'Orléans : « L'air de
cette princesse me plut et me toucha... son sourire est triste, ses yeux sont mélancoliques ; dès
qu'elle ne parle pas, elle soupire ou elle rêve.
Elle aime passionnément ses enfants et un de
ses grands sujets de chagrin est de se voir enlever la direction de leur éducation par Mme de
Genlis. Je n'aime pas enregistrer les scandales,
mais celui-là passe tous les autres... »

Ce scandale fut aggravé par les circonstances.
A mesure que les princes et Mademoiselle avançaient en âge, l'état des esprits, en France,
devenait plus menaçant, et le duc, faible et ran-
cunier, « travaillé » par Laclos, faisait chaque

---

1. Mme de Genlis, à propos de ce voyage, avoue dans ses
Mémoires : « Quelle a dû être la joie de la princesse de se
trouver réunie à ses enfants dans la liberté du voyage et
de la campagne ! Elle avait souffert sans le dire de se voir
enlever toute influence sur eux : jamais elle n'avait été
admise d'une manière permanente à Saint-Leu, ce qui cependant eût été bien naturel, mais ce qui peut-être eût légèrement entravé les jeux et les études. »

jour des concessions aux partis extrêmes. La duchesse, qui avait accepté bénévolement les infidélités de son mari, aurait voulu conserver sur lui, et surtout sur ses enfants, une certaine influence. Comme son vieux père, le duc de Penthièvre, qu'elle aimait, elle était loyalement attachée au trône ; au contraire, Mme de Genlis, enthousiaste des idées nouvelles, cultivait, chez ses élèves, des sentiments opposés. Les fréquentations qu'elle avait imposées aux enfants d'Orléans émurent la duchesse au point qu'elle n'osait plus aller à Bellechasse de peur d'y rencontrer des révolutionnaires. Sa fille et ses fils priaient leurs amis à des parties de plaisir auxquelles elle n'assistait pas. Mme de Gontaut, dans ses *Mémoires*, rapporte quelques-unes de ces fêtes. Le nom de la duchesse n'est pas cité. La gouvernante est toute-puissante . Le duc lui-même n'ose pas aller contre sa volonté dominante [1].

1. « L'année 1789 fut très froide ; les rues étaient couvertes de neige. On parla à Bellechasse d'une partie de traîneaux et Mademoiselle me proposa de me donner une place dans le sien que conduisait M. le duc d'Orléans, son père. Le projet était un dîner d'enfants à Mousseaux, colin-maillard, etc... Ce fut une fête charmante. Après le dîner, Mme de Genlis se retira dans les appartements du château avec M. le duc d'Orléans, nous laissant confiés à des instituteurs, des maîtres et plusieurs personnes de la maison... Au plus vif moment du colin-maillard, un piqueur vint annoncer l'heure du départ, au grand chagrin de chacun. On tint conseil et il fut décidé que j'irais en députation... demander à Mme de Genlis une heure de grâce. Il y avait

La duchesse eût peut-être consenti à abandonner ses fils au « gouverneur », mais elle ne pouvait se résoudre à se désintéresser de l'éducation de sa fille. Aussi bien, quels sont les hommes qui, reçus à Bellechasse, vont former, par leurs propos, l'esprit de cette jeune princesse du sang? Ce n'est plus La Harpe, amoureux éconduit de Mme de Genlis — pourtant à d'autres plus facile —, ce n'est plus Bernardin de Saint-Pierre, fâché avec Sillery, ni tous les spirituels grands seigneurs qui fréquentaient autrefois rue Saint-Dominique. Les littérateurs, les lettrés, les artistes qui se rassemblaient là sont remplacés par des hommes politiques, d'ailleurs fort à la mode dans les salons. Mathieu de Montauron, Alexandre de Lameth paraissent timorés parmi les familiers de Bellechasse. Là, Barère, éloquent et passionné, s'exalte et Talleyrand ricane. David, Alquié, Beauharnais, Volney, Voidel, Grouvelle parlent politique, sapent les vieilles croyances, tournent en ridicule les séculaires traditions devant Mademoiselle qui écoute,

plusieurs salons, nous nous dirigeâmes vers celui où nous entendions beaucoup de voix. J'étais intimidée au point que, entrée déjà dans la chambre et me trouvant parmi un groupe d'hommes, je ne pus distinguer Mme de Genlis. Elle m'avait aperçue : M. le duc d'Orléans voyant mon embarras, me prit par la main et me mena vers elle. Je fis très gauchement ma commission, son mécontentement avait achevé de me déconcerter. C'est avec peine qu'elle accorda la grâce que je venais demander. » (Mme DE GONTAUT, *Mémoires*.)

applaudit sans trop comprendre, apprend inconsciemment à haïr l'ancien régime.

Pétion, « froid comme un sectaire, rude comme un parvenu » [1], mal élevé, solennel, bouffi d'orgueil, courtise ouvertement la maîtresse du logis qui ne dédaigne pas les hommages tardifs de Mirabeau et reçoit, avec un plaisir pervers, les compliments juvéniles du duc de Chartres.

Mais la duchesse d'Orléans est trop de son temps pour être froissée par les licencieux exemples qu'on donne à sa fille. Peu lui importe que Camille Desmoulins, « capricieux et charmant », entre dans le salon de Bellechasse, cependant que « Mme de Genlis chante, en s'accompagnant sur la harpe, des vers où elle invite à l'inconstance » ou que « la fille du gouverneur, la belle Paméla et Henriette de Sercey dansent une danse exécutée avec séduction et volupté [2] ». Le véritable grief de la duchesse, c'est que Desmoulins et tous les ennemis d'un état de choses auquel elle est profondément attachée par le sang et l'éducation, forment l'habituelle société de sa fille et que celle-ci, née sur les marches du trône, se plaise à écouter un misérable fils d'avoué [3] ou un pauvre avocat de province [4].

1. Cf. LAMARTINE, *les Girondins.*
2. Déposition de Camille Desmoulins au Tribunal révolutionnaire.
3. Pétion.
4. Barère.

Puis, elle redoute, pour ses enfants, des périls qu'elle prévoit prochains. Les événements se précipitent, justifiant ses craintes. Le 27 avril 1789, c'est le sac de l'hôtel Réveillon, puis le 14 juillet, c'est la prise de la Bastille, c'est, soulevé par Camille Desmoulins, dans les jardins du Palais-Royal, le peuple qui a pris pour emblême les couleurs de la livrée d'Orléans. Et l'on peut facilement comprendre l'émotion de la princesse quand elle apprend que le « gouverneur » de ses enfants a eu l'audace de se promener dans Paris, le soir de l'émeute, avec la petite Paméla, tout de rouge vêtue, après avoir assisté, avec Chartres et Beaujolais et peut-être Mademoiselle, dans les jardins de Beaumarchais [1], à l'assaut de la citadelle. Elle n'ignore pas non plus que, le 10 juillet, Mme de Genlis, alors que tout le monde tremblait de peur dans Paris, avait donné, à Saint-Leu, une fête où elle avait joué l'insouciance [2].

---

1. Les jardins de Beaumarchais étaient situés à l'emplacement du numéro 2 du boulevard qui porte ce nom.

2. « Le 10 juillet, il y eut à Saint-Leu, pour la fête de Mme de Genlis, une comédie de circonstance ; on nous pria avec instance d'y assister. Ma mère y fut avec la comtesse de Gontaut, la mère, et moi. On était agité, ma mère inquiète. M. le duc d'Orléans que l'on attendait, n'arriva pas. Quelqu'un dans la soirée dit à ma mère tout bas que l'on se battait à Paris, elle désirait partir, ayant beaucoup d'inquiétude pour le marquis de Saint-Blancard qui était capitaine des gardes-françaises. Mme de Genlis traitait ces craintes d'alarmes imaginaires. Ses instances ne nous arrêtèrent point. » (Mme DE GONTAUT, *Mémoires*.)

Mais la violence des soulèvements populaires augmente, leur but se précise ; les émeutes sont plus fréquentes ; déjà l'insurrection a gagné les provinces ; on ne parle plus de révolte, la Révolution a commencé, qui menace ceux même qui l'ont déchaînée. Les journées des 5 et 6 octobre n'ont pas laissé de terrifier une princesse habituée à se prosterner devant la majesté royale, et, l'année suivante, le vote de la constitution civile du clergé a irrité son cœur de chrétienne. Est-ce que la « mère de l'Église [1] » qui se pique de dévotion va calmer son ardeur révolutionnaire ? Que non pas ! Elle fréquente dans les clubs, aux Cordeliers, à l'Assemblée où, le 1ᵉʳ juin 1790, on l'a vue avec Mlle d'Orléans qui semblait prendre un vif intérêt à la discussion. Quel spectacle, vraiment, pour une jeune fille de treize ans !

La duchesse n'y tient plus ; froissée dans ses préjugés, dans son orgueil, dans ses intérêts, dans sa foi, elle redevient mère aussi et tremble pour ses enfants. Elle insiste, laisse éclater son indignation, parvient enfin à ce que, le 10 juillet 1790, Mme de Genlis présente sa démission au duc qui s'obstine, n'accepte pas, promet, au contraire, d'amener une réconciliation.

Pendant les pourparlers, Adélaïde, nerveuse,

---

1. Mme de Genlis.

témoin de pénibles discussions, tombe malade. Tout entière à sa gouvernante, les journalières contradictions de sa mère qui, seule auprès d'elle, élève la voix pour défendre la vieille société chancelante, l'irritent.

Puis cette mère, elle la connaît à peine ; elle la juge à travers le voile que Mme de Genlis a placé devant ses yeux. Elle prend la bonté et la douceur de la duchesse, à la vérité peu instruite, pour de la sottise, et son grand désir de vivre auprès de ses enfants pour de l'obstination. La véritable mère d'Adélaïde, c'est celle qui l'a prise au berceau, qui l'a élevée selon ses idées et ses goûts. C'est cette petite femme vaniteuse, « cette Mme Necker élégante », que la caricature a représentée « armée d'un bâton de sucre d'orge et d'une férule [1] ». Et celle-là, elle l'aime de tout son cœur. Au vrai, il faut le dire, elle enjôla tous ceux qui l'approchèrent, l'intrigante nièce de Mme de Montesson. Le marquis de Puyseulx, vieillard bougon et ennuyé, se laissa dérider par le sourire d'une parente qu'on lui avait imposée ; le duc d'Orléans, inconstant et frivole, garda toujours pour sa « tendre amie » un attachement reconnaissant ; la duchesse se prit à aimer une rivale qu'elle combla de faveurs ; Bruslart, honteusement trompé, n'aban-

____
1. Baronne d'Oberkich, *Mémoires*.

donna pas une femme qui ne voulait pas vivre
avec lui[1] et les élèves de Mme de Genlis, qu'elle
traitait avec dureté, Mademoiselle, qu'elle faisait
coucher sur des planches, baisaient la trace de
ses pas. Aussi, l'affection d'Adélaïde pour sa
maîtresse devint-elle exclusive et maladive,
augmentée par un entourage tout dévoué à
Mme de Genlis : César Ducrest, Paméla, Henriette de Sercey, les familiers de Bellechasse, le
duc d'Orléans. Et n'était-il pas aussi jusqu'au duc
de Chartres qui, entre une mère qu'il n'aimait
ni ne connaissait et un gouverneur qui flattait
son amour-propre et faisait tressaillir ses sens[2],
usât de son influence, toujours plus grande, sur
sa sœur ?

Un jour, Mademoiselle s'évanouit dans le jardin de Bellechasse. Les personnes qui étaient
là la rapportèrent à Mme de Genlis. « J'accourus,
dit celle-ci, et je la trouvai dans les convulsions
les plus effrayantes. En ouvrant les yeux et en
me voyant, elle fondit en larmes. Cette scène,
qui ne s'effacera jamais de mon souvenir, amena
une explication, dans laquelle je pris l'engage-

----

1. Lettre de Mme de Genlis au duc d'Orléans (Cf. MAUGRAS,
Idylle d'un gouverneur).
2. Voir *le Journal* du duc de Chartres (octobre 1790,
23 août 1791). Il écrit le 1er janvier 1791 : « J'ai été le premier
qui ait eu le bonheur de souhaiter la bonne année à mon
amie. On ne peut pas me rendre plus heureux ; en vérité,
je ne sais pas ce que je deviendrai lorsque je ne serai plus
avec elle. »

ment formel de terminer son éducation ». Elle fit part de sa résolution au duc d'Orléans, qui la pria d'écrire une lettre à la duchesse. Dans cette lettre, que nous trouvons dans ses *Mémoires*, Mme de Genlis se montre fort éloquente, mais elle n'aborde pas les causes politiques d'où provenait la disgrâce. Elle raconte la scène avec Adélaïde et elle continue : « Il m'est impossible de donner ma démission, puisque, dans l'état où sont les choses, je suis certaine que la délicate constitution de Mademoiselle ne résisterait pas à un tel chagrin... Dans trois ou quatre ans, je quitterai le monde sans retour, mais quelle différence pour Mademoiselle de ne me quitter que quand son éducation sera finie, de me voir heureuse d'avoir achevé mon ouvrage, de la remettre dans vos bras, Madame, et de vous entendre applaudir à tout ce que j'aurai fait pour elle et pour vous. »

La duchesse d'Orléans flottait entre son plaisir d'avoir sa fille auprès d'elle, sa légitime jalousie de mère, son éloignement pour Mme de Genlis et son souci de la santé d'Adélaïde dont la maladie nerveuse la désolait. Elle décida, poussée par son entourage, à accepter un compromis. Il fut convenu que Mme de Genlis resterait auprès de son élève, laquelle, tous les jours, irait trouver sa mère au Palais-Royal. La duchesse venait aussi, trois fois par semaine, voir

Mademoiselle à Bellechasse, le matin, et la gardait pendant une heure, seule avec elle, la comblant de paroles affectueuses et de caresses.

C'est vers cette époque que la duchesse d'Orléans écrivit au duc cette lettre qui précise la querelle :

« Je ne veux plus revenir sur le passé, les torts que je reproche à Mme de Sillery existent et ne peuvent être détruits ni par son journal, ni par tout ce qu'elle pourra vous dire ; c'est moi qui ai vu et entendu tout ce qui m'a déplu. Ce n'est donc que l'avenir qui peut me faire revenir sur le compte de Mme de Sillery ; elle ne peut pas se justifier, mais elle peut réparer ; et si je vois que sa manière d'être et celle de mes enfants est telle que j'ai droit de l'attendre et de l'exiger, je suis juste et je serai bien aise d'oublier les sujets de plainte qu'elle m'a donnés. Voilà, mon cher ami, ce qui est dans mon cœur et ce que j'ai déjà commencé à éprouver. Mme de Sillery a eu dernièrement de l'humeur, je l'ai supporté ; mais le lendemain, elle a eu une attention pour moi, elle m'a écrit un billet honnête, je l'ai fait remercier par ma fille et je lui ai répondu d'une manière dont vous avez été aussi content qu'elle... Très cher ami, il faut que je vous dise aussi que, dimanche, Montpensier m'a prié de permettre que César vînt dîner ; j'y ai consenti, mais je vous avoue que je serais fâchée que cela fît planche ; de temps en temps, j'y consens ; mais je trouve très inutile que ce petit garçon soit de toutes les parties que fait ma fille. Je craindrais d'ailleurs qu'elle ne me demandât aussi d'amener ses compagnes, ce que je refuserais très certainement. Ainsi, cher ami, il vaudrait mieux éviter que cela fût, et vous le pouvez facilement[1]. »

Après la lecture de cette lettre, on discerne mieux le caractère de celle qui l'a écrite. Épouse indulgente[2], mère sans grande affection, la duchesse d'Orléans veut surtout qu'on lui témoigne des égards ; princesse avant tout, ses sentiments procèdent de son orgueil.

Cependant, Mme de Genlis n'en continua pas moins à recevoir chez elle des hommes d'opinion avancée et les fêtes qui se donnaient à Bellechasse n'étaient pas toujours pour plaire à la duchesse d'Orléans.

« Vers la fin de l'année 1790, écrit Mme de Gontaut, ma mère fut obligée de revenir à Paris. J'avais reçu des lettres aimables de Mlle d'Orléans qui poussait mon retour. Ma mère avait pour Bellechasse un éloignement que mon jeune cœur ne pouvait comprendre. On m'y recevait si bien que je désirais y retourner...

---

1. *Correspondance de Louis-Philipe-Joseph d'Orléans* publiée par L. C. R.
2. Dans la même lettre, la duchesse d'Orléans excuse la liaison du duc avec Mme de Buffon.

« Ma mère consentit à m'y mener, mais avec une telle répugnance qu'elle m'interdit toute toilette afin de pouvoir, s'il y avait lieu, abréger la visite.

« En entrant au pavillon de Bellechasse, ma mère vit, en haut de l'escalier, le duc d'Orléans causant avec un personnage dont j'ai oublié le nom, mais qui fit une impression très pénible sur ma pauvre mère. Nous entrâmes dans le salon ; Mme de Genlis y était, sans poudre (on en portait encore) ; une robe aux trois couleurs composait son costume étrange et sa figure altérée me parut avoir perdu son charme habituel. On dansait, et, j'ai peine à l'ajouter, l'orchestre jouait l'air : *Ah ! ça ira*, etc... On avait fait, de cet horrible refrain, une contredanse que l'on chantait dans tout Paris. M. le duc de Chartres m'engagea à danser ; ma mère ne le permit pas. Ce refus causa une sorte d'émotion autour de nous et ma mère s'en aperçut : « Oh ! Joséphine, « me dit-elle, vous l'avez voulu et je me reproche « ma faiblesse. »

« Les petits princes s'aperçurent du trouble que m'avait causé le chagrin de ma mère, on se parlait bas. Ma mère souffrait le martyre. Je le vis et la pressai de partir en prétextant une indisposition. Nous quittâmes Bellechasse pour n'y jamais revenir. »

Ces réceptions, l'attitude de Mme de Gen-

lis, les visites assidues à Bellechasse de Voidel, de Barère, de Pétion et de Volney, enfin
l'entrée du duc de Chartres aux Jacobins [1],
sur la présentation de Sillery, ne laissèrent
pas d'attrister la duchesse d'Orléans, mise au
courant par Adélaïde « à laquelle il était si
facile de faire dire la vérité avec des caresses,
des questions réitérées et les droits d'une
mère [2] ». Aussi, tout à coup, les tête à tête cessèrent ; Mme de Chastellux et plusieurs autres
personnes se trouvèrent toujours en tiers entre la
duchesse et sa fille.

A partir de ce moment, sans qu'il se fût passé
d'incidents nouveaux, la duchesse d'Orléans ne
voulut plus voir Mme de Genlis. Aux questions
de quelques amis, elle répondit qu'elle éprouvait
une répugnance invincible. Mademoiselle donna
à Bellechasse quatre goûters dansants auxquels
sa mère se refusa à assister, et la gouvernante
n'accompagnait plus ses élèves quand ils allaient
dîner au Palais-Royal.

A la fin, le duc d'Orléans fut forcé de se rendre aux prières de la duchesse et Mme de Genlis reçut l'ordre de quitter Bellechasse à un
jour fixé. Elle s'en fut secrètement, en ayant soin

---

1. 23 octobre 1790. « Mon père ayant approuvé le vif désir
que j'ai d'être reçu aux Jacobins, M. de Sillery m'a présenté
vendredi. » (*Journal du duc de Chartres.*)
2. Mme DE GENLIS.

d'écrire à Mademoiselle trois lettres qui devaient lui être remises après son départ. La première, fort habile, pleine de réticences, d'accusations voilées et basses contre la mère d'Adélaïde, de regrets inutiles, commençait ainsi :

« Chère enfant, je suis forcée de vous quitter, du moins pour un temps, mais nous nous retrouverons, je l'espère. Au nom de votre tendresse pour moi, soyez raisonnable et soignez votre santé... Mme la duchesse d'Orléans m'a forcée de m'éloigner de vous, mais mon cœur vous reste. Songez, chère amie, que vous devez vous soumettre aux volontés d'une mère et que, malgré cette rigueur, cette mère vous aime et vous adorerait si elle vous connaissait mieux... Croyez qu'absente de mon enfant, de ma tendre amie, je ne m'occuperai que d'elle. Oui ! je vous écrirai tous les jours... »

Cette lettre, les deux qui suivirent, la présence d'Henriette de Sercey, que Mme de Genlis avait habilement obtenu qu'on laissât auprès de Mademoiselle, et celle du duc de Chartres, toujours plus amoureux de son « amie », ne firent qu'aviver la douleur d'Adélaïde, qui tomba malade aussitôt après le départ de sa gouvernante. Elle maigrissait tous les jours, ses nerfs étaient ébranlés et ses mains sans cesse agitées d'un tremblement qui l'empêchait de jouer de la harpe.

Mme de Genlis était partie pour l'Auvergne.

A Clermont, elle reçut des lettres qui l'inquié-
tèrent sur la santé de Mademoiselle. Elle y comptait ; et, renonçant sans peine à continuer un
voyage qu'on lui avait imposé, elle résolut de
retourner à Paris. « A six heures d'Auxerre »,
elle rencontra un courrier que lui avait envoyé
le duc d'Orléans : « Voici, dear friend, écrivait
le duc, la copie de la lettre que j'ai adressée ce
matin à Mme la duchesse d'Orléans et sur
laquelle je fonde l'espérance de la santé, de la
vie et du bonheur de sa fille... Sa mère, comme
vous voyez par la lettre qu'elle a écrite à Montpensier, annonce qu'elle n'a aucun droit sur elle,
qu'elle n'y peut prendre aucune part et s'en re-
met absolument à moi pour toutes les précautions pour elle. » Il suppliait Mme de Genlis
de revenir à Bellechasse, et il ajoutait en parlant de Mademoiselle : « Elle y compte, sa tendresse pour vous vous en fait un devoir. Mes enfants et moi nous nous joignons à elle pour
vous le demander. » Sillery, sollicité sans doute
par Philippe-Egalité, avait joint une lettre au
paquet : « Monsieur le duc d'Orléans, y disait-il,
a formellement assuré à sa fille que votre retour ne dépendait que de vous seule... La pauvre petite est ivre de bonheur d'imaginer qu'elle
va vous revoir... Revenez donc, tout ce qui vous
aime vous attend avec impatience et ne peut être
heureux qu'en vous voyant. »

Mme de Genlis n'hésita pas à rentrer à Belle-chasse. La duchesse d'Orléans, d'ailleurs, avait quitté Paris, et, séparée de son mari après cette lutte stérile au sujet de l'éducation de leurs enfants, elle était allée vivre auprès de son père, au château d'Eu. La gouvernante, libre de toute contrainte, reprit alors l'existence accoutumée : « Je revins, écrit-elle, et je trouvai en effet ma jeune élève dans un état qui me perça le cœur. Mes soins et ma tendresse lui rendirent bientôt la santé. »

CHAPITRE V

Quelque temps après son retour à Bellechasse, Mme de Genlis, effrayée par les progrès de la Révolution, songea à quitter Paris avec Mademoiselle. Se retirer à Sillery, au Raincy ou dans une autre propriété, il n'y fallait pas songer. Les paysans ayant obtenu ce qu'ils désiraient — « la suppression des pigeons, des lapins et des moines » — et ce qu'ils n'eussent jamais demandé — « plus de fouages, vingtièmes. décimes et le reste [1] » — terrorisaient les campagnes. Mlle d'Orléans, au reste, en fit la triste expérience, ainsi que Mme de Genlis. Comme elles étaient allées à Colombes [2] en voiture, avec le comte de

1. E. et J. DE GONCOURT, *Histoire de la société française pendant la Révolution*.
2. Cf. Mme DE GENLIS, *Mémoires*.

Beaujolais, Henriette de Sercey et Paméla, leur calèche, à l'entrée du village, fut entourée d'une foule nombreuse. C'était un jour de foire. On avait dansé beaucoup et bu davantage. La population était surexcitée. On ne parlait alors dans les environs de Paris que du départ projeté de la famille royale. Les paysans s'imaginèrent que la voiture portait la reine, Madame et le dauphin. M. Baudry, le commandant de la garde nationale, eut beau haranguer le peuple, il n'obtint rien, sinon que les voyageurs fussent conduits chez lui, comme prisonniers. Une bande de forcenés suivaient Mme de Genlis et ses élèves, invectivant grossièrement les jeunes filles, poussant des cris de haine et de mort. Ils envahirent bientôt la maison de M. Baudry. Mme de Genlis s'approcha de la populace et tenta de lui persuader qu'elle n'était pas la reine, mais bien la femme d'un député de l'Assemblée. Elle ne fut pas écoutée et les paysans, méfiants et tenaces, n'accordèrent même pas qu'on envoyât un courrier à Paris. L'instant était critique ; heureusement, un homme, s'approchant de Mme de Genlis, calma par ses paroles les angoisses des prisonniers : « Je suis, chuchota-t-il, un ancien garde de Sillery ; soyez tranquilles, je vais à Paris. » A ce moment, le maire, appelé en hâte, arriva, ceint de son écharpe. Il réclama les papiers de Mme de

Genlis. Celle-ci lui remit quelques lettres et, comme elle s'étonnait qu'il n'en prît pas connaissance, il avoua ne savoir pas lire, mais... garda les lettres. Enfin les envahisseurs consentirent à se retirer, non sans avoir placé douze hommes armés à la porte de la maison. Ces gardiens, un peu ivres, après avoir chanté à diverses reprises le *Ça ira*, s'étendirent sur le sol. Les enfants alors parvinrent à s'endormir, mais, durant les longues heures d'attente, la citoyenne Bruslart, prise pour la reine qu'elle détestait, arrêtée comme l'avait été, quelque temps auparavant, son ennemie la duchesse d'Orléans, dans le faubourg Saint-Germain, maltraitée, huée, prisonnière, dut faire d'amères réflexions !

Enfin, à cinq heures du matin, le garde de Sillery revint. Il apportait un laissez-passer de la municipalité de Paris. Alors, déçus, mais dégrisés par le sommeil, les habitants de Colombes ne s'opposèrent plus au départ de leurs prisonniers.

Quelques semaines après *l'arrestation* de Mme de Genlis à Colombes, la famille royale s'enfuit de Paris. Le roi parti, les Orléanistes intriguèrent. Le Palais-Royal devint le Palais d'Orléans, le duc de Montpensier alla monter la garde aux Tuileries et se fit recevoir aux Jacobins. Mais la faction d'Orléans était divisée. Laclos,

Dubois-Crancé, Danton, demandaient la déchéance du roi, préconisaient un conseil de régence prévu par la Constitution ; c'était l'avènement du duc d'Orléans qu'ils préparaient. Mme de Genlis, Sillery, Pétion déjouèrent leurs intrigues[1]. Le duc de Chartres, revenu en hâte de Vendôme, fier de sa couronne civique, fut acclamé par le peuple. La citoyenne Bruslart publia *les Leçons du gouverneur* où elle s'étendait sur les vertus de son élève et sur les siennes. Les journaux retentissaient chaque jour des louanges sur le duc de Chartres. Cependant l'idée de régence faisait du chemin. Alors, Mme de Genlis, usant de son influence sur le duc d'Orléans, dont elle connaissait le caractère irrésolu, lui fit écrire au journal de l'Assemblée nationale : « S'il est question de la régence, je renonce pour toujours aux droits que la Constitution me donne. » La rivalité des deux partis d'Orléans fit échouer leurs manœuvres opposées. La pétition du Champ-de-Mars se termina dans le sang et l'Assemblée nationale, ayant formellement reconnu Louis XVI comme roi, Mme de Genlis résolut de partir pour l'Angleterre avec Mademoiselle.

Le prétexte choisi pour obtenir des passeports fut une ordonnance de médecins, conseil-

---

1. Cf. DARD, *Choderlos de Laclos.*

lant les eaux de Bath à la princesse Adélaïde.
Mais, les ennemis de Mme de Genlis apprirent
ce projet de départ. Ils essayèrent de le déjouer,
voulant ainsi, en séparant la gouvernante de ses
élèves, annuler l'influence qu'elle avait conservée
sur leur père. Une pétition fut adressée au duc
et réunit des milliers de signatures [1].

« On assure, Monseigneur, y était-il dit, qu'en-
traîné par les conseils du gouverneur féminin que
vous avez donné à vos enfants, vous pensez, vous
voulez les éloigner de ce royaume et les envoyer
en Italie... S'ils ne savaient pas lire, ce serait
dans les décrets, dans les arrêtés de l'Assemblée
nationale qu'il faudrait aujourd'hui le leur apprendre. Est-ce une femme ambitieuse, dominante
et qui cherche à enlacer, à identifier aux siennes
toutes vos pensées, tous vos projets ! Est-ce
une femme qui n'a que de l'esprit, des idées
extravagantes et des principes que ceux qui
peuvent tout rapporter à elle ? Est-ce à dix-sept
ans que le premier prince du sang de France
devrait encore être soumis aux punitions fréquentes et ridicules, aux caprices sans nombre
et aux duretés de cette femme ?... Le peuple en
prend alarme (du voyage). Le peuple aujour-
d'hui murmure, proscrit et condamne prompte-

1. « *Lettre adressée à Mgr le duc d'Orléans sur l'éloignement
de ses enfants, proposé et projeté dernièrement par Mme de
Sillery.* » (Paris) imp. de Laporte (S. d.)

ment. Ce serait dangereux d'assimiler en partie votre conduite à celle de nos ennemis... Laissez dans notre sein des rejetons qui nous sont chers par l'espoir que nous avons de les voir animés du même esprit, du même amour du bien public que vous... »

Le duc, soucieux avant tout d'épargner à sa fille qu'il chérissait des périls qu'il voyait augmenter chaque jour, souscrivit au désir de Mme de Genlis et, le 11 octobre 1791, Mademoiselle se mit en route, accompagnée de sa gouvernante, d'Henriette de Sercey et de Paméla. Mais, Mme de Genlis, craignant avec raison que « son départ n'excitât une sensation désagréable dans les provinces », « surtout n'ayant pas d'homme », avec elle « qui pût au besoin haranguer le peuple et les municipalités » communiqua « ses craintes à Pétion qui s'offrit de la conduire à Londres [1] ». Dans une lettre qu'elle écrivit de Bath au duc d'Orléans, le 3 novembre 1791, elle explique comment Voidel fut aussi du voyage :

« J'avais pris avec Pétion l'engagement de le conduire à Londres et ensuite, quand je me suis décidée tout d'un coup à partir, j'ai pensé qu'il ne viendrait pas parce que j'étais convenue de ne partir que le 4 ou le 5 de ce mois. Je pensai

1. Mme DE GENLIS, *Mémoires.*

à M. Voidel ; M. de Sillery m'en répondit, à condition que je le voiturerais jusqu'à Bath, que je le renverrais à Londres et qu'il serait encore voituré de Calais à Paris. Cet engagement pris dans une soirée et devant partir le lendemain, j'écrivis à Pétion pour lui mander que je partais, qu'il n'était pas nécessaire, mais que je l'emmènerais avec plaisir ; il me prit au mot et je ne fus pas fâchée d'en avoir deux au lieu d'un pour me tirer des périls affreux que j'envisageais. Voilà comment je les ai emmenés.

« J'ai lâché Pétion à Londres pendant que nous changions de chevaux ; j'ai conduit ici M. Voidel. Je le renvoie à Londres dans une chaise que paiera Dufour[1]. »

« Les routes pour aller à Bath étaient fort mauvaises, les communications difficiles et lentes[2] ». Quand Mlle d'Orléans arriva, la saison touchait à sa fin ; mais les hôtels et les villas étaient encore pleins de monde. Toujours « avenante », déployant ses maisons claires sur les rives de l'Avon paresseux, qu'enserre un cercle de jolies collines boisées, Bath[3] n'était plus cette sorte de salon commun dont parle Goldsmith, mais

1. *Correspondance de L.-Ph.-Joseph d'Orléans publiée par L. C. R.* (2ᵉ édition, 1801). .
2. MACAULAY, *History of England.*
3. Cf. BARBEAU, *Une ville d'eau anglaise au dix-huitième ècle* et GOLDSMITH, *Life of Nash.*

une grande cité « londonisée, surchargée de bâtisses, démesurément agrandie ». Pourtant, Mademoiselle jouit du contraste qui existait à cette époque entre Bath et Paris. Car « Bath, l'heureux Bath » était « aussi gai que s'il n'y avait dans le monde ni guerres, ni crimes, ni souffrances[1] ». De brillantes représentations dramatiques avaient lieu tous les jours. Les réjouissances étaient nombreuses, mais les mœurs dissolues, les liaisons faciles, la débauche habituelle[2].

Mademoiselle, Henriette, Paméla et Mme de Genlis ne prenaient guère part aux plaisirs de Bath, parce qu'ils coûtaient trop cher. Elles avaient quitté Paris avec seulement cent louis[3] en poche et, ne sachant pas quand elles pourraient recevoir de l'argent, elles économisaient.

Une fois la saison d'eaux terminée, Mme de Genlis, Mademoiselle, Henriette et Paméla se rendirent à Bury, dans la province de Suffolk. Elles y restèrent pendant plus d'un an en pleine sécurité. L'argent seul faisait défaut. Par économie,

1. *Mémoires* de *Hannah Moore*.
2 On peut juger,
    A cent petites bagatelles
    Qu'on ne peut dire et qu'on voit mieux
    Que l'air qu'on respire en ces lieux
    Est fort malsain pour les pucelles.
            (PAVILLON, *Lettre à Mme de Pellisson.*)
3. *Lecture rétrospective*, n° du 20 septembre 1895. *Le roi Louis-Philippe* (VICTOR HUGO).

la princesse devait se contenter d'une nourriture
frugale et coucher sur un lit sans couverture.
Cela entrait d'ailleurs dans le système d'éducation de Mme de Genlis qui témoignait ainsi une
sorte de préférence à son élève la plus illustre
qu'elle habituait à grelotter de froid, tandis qu'elle-
même, Henriette de Sercey, qui n'était que sa
nièce, Paméla surtout qui était... on ne sait qui,
dormaient chaudement dans des lits douillets,
ouatés de plumes [1]...

A Bury, Mme de Genlis se faisait appeler
Mme Bruslart. Ses manières déplurent et,
aussi bien, elle se conduisit avec la dernière
extravagance. Elle présentait, selon les caprices
de son humeur, les gens qui l'entouraient — et
ils étaient assez nombreux — comme des grands
seigneurs, des artistes, des domestiques ou des
égaux [2].

On disait à Bury que la détresse de Mademoiselle et de sa gouvernante provenait sans doute
des nouvelles difficultés produites par le régime
égalitaire [3]. Il n'en était rien, comme bien l'on
pense, mais le duc d'Orléans n'envoyait plus
d'argent depuis qu'avait été porté le décret du
9 octobre 1792 qui confisquait les biens des émi-

1. Cf. *Lecture rétrospective*, n° du 20 septembre 1895. *Le roi
Louis-Philippe* (VICTOR HUGO).
2. JIUNIPER HALL, *A rendez-vous of certain illustrions perso-
nages...* by Constance Hill.
3. *Id.*

grés. Il voulait que sa fille et Mme de Genlis
rentrassent en France, croyant par ses longues
explications et par son humiliation [1] à l'Hôtel
de Ville, obtenir une dispense pour Mademoiselle. Mme de Genlis effrayée et, au reste, en sûreté
à Bury, ne voulait pas obéir : « Je viens, dear
friend, écrivait-elle au duc d'Orléans, de recevoir votre lettre du 4 où vous me mandez
qu'il faut que nous soyions à Paris dans les
premiers jours de mai, c'est-à-dire dans un
mois. Cela est très surprenant, car c'est nous
faire revenir dans un moment où il y a beaucoup plus de troubles que lorsque nous sommes
parties, et, de plus, la guerre ou douteuse ou
déclarée. Pétion, qui m'écrit par la même poste,
me mande que je ferais une grande folie de revenir dans ce moment et qu'étant en sûreté, je

1. Le duc d'Orléans s'étant rendu à l'Hôtel de Ville, il
présenta à Manuel, procureur syndic, une pétition qui a été
publiée par L. C. R. Le duc d'Orléans disait que ne voulant
pas laisser à Paris sa fille sans lui dans la crainte que sa
« femme ne revînt en prendre possession et changer son
éducation » ; d'ailleurs la santé de sa fille « étant dérangée
par les secousses que les différends qu'il avait eus avec
Mme d'Orléans relativement à elle, lui avaient occasionnées »... il s'était décidé à l'envoyer en Angleterre avec
Mme de Genlis... Mais il avait écrit à Mme de Sillery et à sa
fille de revenir... « leur santé seule avait retardé leur retour
jusqu'à présent ».
  Manuel refusa d'accepter la pétition à moins que le duc
d'Orléans ne prît un autre nom, et, avec un geste drama-
tique, montrant les deux statues de la Liberté et de l'Egalité, il lui proposa celle-ci pour marraine. Le duc qui venait
solliciter pour sa fille dut accepter ce nom burlesque, non
sans répugnance.

dois attendre au moins la fin de l'été où tout sera éclairci. M. de Beaujolais mande à sa sœur des détails de troubles fort effrayants ; d'autres lettres que j'ai reçues me le confirment, le successeur de l'empereur annonce les mêmes dispositions que son père, il est inconcevable de nous faire revenir dans ce moment[1]. »

Et elle resta à Bury jusqu'au jour où elle apprit l'arrivée du duc de Liancourt. S'imaginant sans doute qu'il était envoyé par Philippe-Egalité, elle perdit la tête et s'enfuit sans payer ses nombreux créanciers qui, mis au courant de ce départ précipité, envahirent la maison qu'elle venait de quitter. Elle y avait laissé en otage et « pour prévenir les alarmes » sa nièce, Henriette de Sercey. Lorsque la pauvre petite se vit entourée de gens qu'elle n'avait jamais vus et qui, fouillant partout sans rien trouver, lui parlaient de fort méchante humeur, elle fut prise d'une frayeur telle qu'elle en eut une crise de nerfs[2]. Mme de Genlis arriva sur ces entrefaites. Elle apportait de l'argent qu'elle était parvenue à emprunter non sans peine. Elle partit aussitôt, du reste, emmenant cette fois Henriette de Sercey, encore toute peureuse.

De Bury, elle alla à Londres avec ses élèves.

1. *Correspondance de Louis-Philippe-Joseph d'Orléans*, publiée par L. C. R.
2. « Was terrified into hysteries » (Constance Hill).

Elle y resta quelques jours à peine, préférant user de l'hospitalité que Sheridan lui avait offerte à Ylisworth [1]. Les ordres du duc d'Orléans vinrent trouver la gouvernante jusque dans sa retraite. Ils étaient si précis qu'il était impossible de se refuser à obéir. M. Maret [2] avait été envoyé par le duc d'Orléans et devait ramener à Paris Mademoiselle et Mme de Genlis. Celle-ci essaya toutefois de se soustraire aux exigences du duc et il semble bien que la tentative d'enlèvement dont elle parle dans ses *Mémoires* et qui résultait d'un complot, formé par un groupe d'émigrés qui, d'après elle, voulaient remettre Adélaïde entre les mains d'un souverain étranger, n'ait été qu'une fable imaginée après coup. Toujours est-il que Mademoiselle arriva à Paris avec sa gouvernante, Henriette de Sercey, Paméla et M. Maret dans les premiers jours de novembre 1792.

1. Durant le séjour de Mme de Genlis à Ylisworth, Sheridan devint amoureux de Paméla et demanda sa main. Il était attiré vers elle par son extrême ressemblance avec la femme qu'il avait perdue, et qui, quelque temps avant sa mort, lui avait été enlevée par sir Edouard Fitz-Gérald. Paméla accepta d'être la femme de Sheridan, mais, il faut le dire, sans enthousiasme. Elle ne voulut pas toutefois se décider, de sorte qu'ils ne furent pas réellement fiancés. Peu après, Fitz-Gérald, ayant rencontré Paméla, devint amoureux d'elle pour la même raison que Sheridan. Il fut agréé sans hésitation. Ainsi, le charmant patriote irlandais, qui devait jouer un rôle prépondérant dans les troubles politiques de son pays, prit successivement à Sheridan les deux femmes qu'il avait aimées.

2. Plus tard duc de Bassano.

« J'allai voir, écrit Barère, Mme de Genlis à Bellechasse, deux jours après son arrivée. Je fus étonné d'y trouver M. Guadet, mais on me dit qu'on l'avait fait engager par M. de Sillery, qui le connaissait, à se charger de demander à la Convention une exception au décret sur l'émigration en faveur de Mme de Genlis et de Mlle d'Orléans, dont le père était membre de l'Assemblée. M. Guadet et moi nous nous chargeâmes de demander cette exception après avoir consulté chacun de notre côté l'opinion de nos collègues. »

Les démarches durèrent quelques jours et Mademoiselle « ne put jouir qu'imparfaitement du bonheur » de revoir son père, son frère Beaujolais, ses amis et sa mère — « bien changée et d'une faiblesse affreuse », — « car, j'ai bien peur, disait-elle, que nous soyions obligés de les quitter encore une fois [1] ». On se décida, en effet, à ajourner la demande d'exception et à attendre que les esprits fussent apaisés et Mme de Genlis fut contrainte de s'éloigner de Paris avec Mlle d'Orléans. Elles partirent pour la Belgique.

1. Lettre de Mlle d'Orléans à son frère Louis-Philippe, à Tournay (20 novembre 1792) publiée dans l'*Intermédiaire des chercheurs et curieux* du 20 juillet 1897 par le comte Beugnot. Dans cette lettre, Mademoiselle s'occupe déjà de politique. Elle parle du « ci-devant roi » à propos de l'armoire de fer et comme elle constate qu'on n'a rien trouvé du tout dans cette armoire, elle « ne comprend pas ce que cela veut dire » et soupçonne qu'il y ait « quelques pièges là-dessous ».

M. de Sillery, le duc d'Orléans et César Ducrest les accompagnèrent jusqu'à la frontière. Mademoiselle ne devait revenir en France que vingt-deux ans plus tard.

DEUXIÈME PARTIE

L'EXIL

CHAPITRE PREMIER

Arrivée de Mlle d'Orléans à Tournay. — Les armées de la
République. — Défection de Dumouriez. Le camp de
Saint-Amand. — Le duc de Chartres oblige Mme de Genlis
à se charger de sa sœur. — De Saint-Amand à Mons. Mademoiselle malade à Mons. — Départ pour la Suisse. —
Schaffhouse. — Zurich. — Zug. Attentat contre Mademoiselle.

Les « quatre émigrantes jacobines [1] » étaient
arrivées à Tournay dans les premiers jours de
décembre 1792. Namur venait d'être pris d'assaut et la Belgique était tout entière au pouvoir
des Français. L'armée, confiante dans son général
en chef, avait vaincu en chantant l'hymne patrio-
tique, mais, mal vêtus et sans pain, les soldats
qui, dans la joie de la victoire, avaient oublié

1. « Lettre de la fille de Mme de Genlis au fils d'Orléans. »
publiée par L. C. R.

leurs souffrances, incapables d'une campagne
d'hiver, commençaient à déserter en masse et
les officiers inactifs allaient s'amollir dans les
villes.

De nombreuses révoltes, « très effrayantes »,
se produisirent parmi ces troupes indisciplinées.
Un jour, Mademoiselle vit deux hommes tués
sous ses fenêtres et tomba malade. Mme de
Genlis la soigna elle-même « nuit et jour [1] »,
sans la quitter. Le départ de Paméla [2], la joyeuse
compagne de son enfance, avait, en même temps,
attristé Mlle d'Orléans, heureuse toutefois des
fréquentes visites de ses frères, Chartres et
Montpensier et de la présence de Mme de
Valence, la fille de Mme de Genlis [3]. D'ailleurs, tous les Français qui passaient à Tournay,
apportaient leurs consolations à « cette jeune
princesse, douée d'une grâce noble, d'un esprit
précoce, d'une âme énergique [4] ».

1. Mme DE GENLIS, *Mémoires.*
2. Paméla (1777-1831) était, au dire des contemporains, la
fille de Mme de Genlis et du duc d'Orléans. Elle épousa en
1792, à Tournay, Fitz-Gérald (1763-1798), le fils cadet du duc
de Leinster. Après l'échec des révolutionnaires irlandais,
Fitz-Gérald, qui était leur généralissime, se suicida. Paméla se
réfugia alors chez Mme de Genlis, à Hambourg, où elle se
remaria avec le consul américain Pitcaris. Divorcée en 1812,
elle revint à Paris ; elle se fait remarquer par ses excentri-
cités à Montauban chez le duc de la Force ; à 50 ans elle
garde les moutons, habillée en bergère du dix-huitième siècle.
En 1830, elle essaya de voir Louis-Philippe qui refusa de la
recevoir. Elle mourut en 1831 dans la misère.
3. Cf. Mme DE GENLIS, *Mémoires.*
4. LAMARTINE, *les Girondins.*

C'est à l'époque de l'arrivée à Tournay d'Adélaïde, que Louis XVI fut mis en jugement. « Uniquement occupé de son devoir », le premier prince du sang avait voté pour la mort du roi. Le duc de Chartres n'approuva pas l'odieuse conduite de Philippe-Égalité et « il écrivit une lettre très dure à son père qui ne lui pardonna jamais [1] ». Mademoiselle fut consternée et, avec Mme de Genlis, dont le mari s'était excusé, elle porta toutes ses espérances et son affection sur le duc de Chartres.

L'exécution de Louis XVI avait provoqué en Europe un mouvement d'indignation. Le secrétaire de la légation de France à Rome fut massacré, l'impératrice de Russie chassa les Français de ses États et notre ambassadeur à Londres reçut l'ordre de quitter l'Angleterre sous huit jours. Puis, les hostilités recommencèrent. Le 16 mars, Dumouriez attaqua les Autrichiens à Tirlemont et les força à se replier, mais, le lendemain, il fut battu à Nerwinde. Danton et Lacroix, qui connaissaient et avaient approuvé peut-être les projets du général, arrivèrent à Louvain au moment où Dumouriez rentrait vaincu dans cette ville. Ils essayèrent

---

1. *Journal de Mme Elliott* : « Je me rappelle parfaitement cette lettre, car je l'ai eue deux jours en ma possession. Le duc la brûla dans ma chambre, la dernière fois qu'il vint chez moi. »

de lui faire comprendre le retentissement
fâcheux d'une défaite. Ils furent éconduits et, le
soir même, eut lieu cette fameuse conférence
d'Ath à laquelle assistaient, avec le duc de
Chartres et Mack — le mandataire du prince de
Cobourg — Dumouriez et ses lieutenants, Montjoie et Valence, sorte d'état-major de la monarchie constitutionnelle, que le général rebelle
rêvait de donner à la France. Puis, et comme pour
mieux montrer leur attachement à la famille
d'Orléans, les conjurés se rendirent à Tournay,
auprès de Mlle Adélaïde et de Mme de Genlis qui
fut « charmée, dit-elle, de voir Dumouriez, cet
homme célèbre », mais plus charmée sans doute
d'être d'une conspiration dont l'heureuse issue
eût été le couronnement de ses intrigues.

Pendant les deux jours que les confédérés
d'Ath restèrent à Tournay, le général Dumouriez
donna à Mlle d'Orléans, « intéressante par ses
malheurs et par ses vertus, les témoignages de
l'intérêt respectueux qu'elle méritait[1] » et,
comme elle avait peur de tomber entre les mains
des impériaux, il l'emmena à Saint-Amand, avec
Mme de Genlis et Henriette de Sercey.

Au camp de Saint-Amand, rempli d'espions
de la Convention[2], il fut facile à Mme de Genlis
de se rendre compte de l'état d'esprit des

1. DUMOURIEZ, *Mémoires*.
2. LAMARTINE, *les Girondins*.

troupes. Elle prévit l'échec du plan de Dumouriez et ne songea plus alors qu'à aller rejoindre Lady Fitz-Gérald en Angleterre. Les instances du duc de Chartres, les supplications de sa « chère Adèle », l'impossibilité surtout de trouver des chevaux l'arrêtèrent.

Cependant, la Convention, longtemps hésitante, avait porté des décrets contre Dumouriez et ses complices et le Comité du Salut Public avait mandé à sa barre, non seulement le général révolté, mais aussi le duc de Chartres. Quatre commissaires, l'austère Camus [1], l'avocat Lamarque [2], Bancal [3], Quinette [4] et le ministre de la guerre Beurnonville furent délégués à Saint-Amand. Dumouriez, résolu de refuser l'obéissance à la Convention, éluda les affectueux conseils de son ami Beurnonville, puis, devant les menaces de Camus, il fit arrêter les Conventionnels qu'il remit en otage au général autrichien, Clairfayt. « On vint m'apprendre à minuit

1. Camus, né et mort à Paris (1740-1804) ; il fut échangé en 1795 contre Mme Royale et devint président des Cinq-Cents.

2. Lamarque (1753-1839) devint président des Cinq-Cents en 1797 ; exilé en 1816, il rentra en France en 1818 et vécut dans la retraite jusqu'à sa mort.

3. Bancal des Essarts, né en 1750, près de Montpellier : il resta deux ans et demi en captivité et mourut en 1826. Cf. MÈGE, *le Conventionnel Bancal des Essarts.*

4. Quinette, né à Soissons en 1762, mort en 1821, à Bruxelles où, atteint par la loi contre les régicides, il s'était retiré en 1816. Il avait été préfet de la Somme en 1800 et pair de France pendant les Cent Jours.

cette étrange nouvelle, écrit Mme de Genlis, qui augmenta encore l'extrême désir que j'avais de partir, mais je ne pus trouver des chevaux que le lendemain à dix heures... La situation de Mademoiselle achevait de me percer le cœur, mais j'étais décidée, n'étant plus sa gouvernante, à ne l'associer ni à ma misère, ni à mes périls et à la laisser entre les mains de son frère. »

Mais, « tout annonçait dans le camp une prochaine révolte » ; le duc de Chartres était sous le coup d'une arrestation et Mademoiselle, condamnée à mort, depuis longtemps, par contumace. Garder sa sœur auprès de lui, s'enfuir avec elle ou la faire passer en France, le jeune prince n'y pouvait songer ; et, l'égoïsme dont fit preuve Mme de Genlis, dans l'affolement des dangers qui la menaçaient, ne laissa pas de détacher le duc de Chartres de sa « chère amie ». Il chercha sans doute un autre moyen de mettre Adélaïde en sûreté, mais, ne trouvant rien et le temps pressant, il décida de la confier coûte que coûte à sa gouvernante. Celle-ci continua, jusqu'au moment de partir, d'opposer un refus inébranlable aux instances du jeune prince. Et, déjà, elle avait fait ses adieux à son élève et montait en voiture, lorsque le duc de Chartres, résolument, courut à la chambre de sa sœur qu'il trouva couchée, grelottant de fièvre, jeta sur elle quelques vêtements et la porta, défaillante et en larmes, sur les genoux de Mme de Genlis qui, désarmée et n'ayant plus de temps à perdre, donna au postillon l'ordre du départ [1].

Ils étaient « quatre dans la berline [2] » : Adélaïde, Henriette de Sercey, Mme de Sillery et M. de Montjoie. Les femmes cachaient leur visage sous de grands voiles, Mademoiselle pleurait, le corps froid comme un marbre, sous sa légère robe de mousseline. Au bout de deux heures de marche, à une demi-lieue de Valenciennes, à l'entrée d'un village rempli de volontaires, la voiture cassa, et les voyageurs durent attendre, dans un mauvais cabaret, pendant plus d'une heure, qu'elle fût réparée. Quand ils partirent, la nuit était venue, et, « les chemins étant de plus en plus mauvais », ils furent « obligés, malgré le froid excessif, de descendre de voiture ». Ils avaient fait quelques lieues à peine, lorsque tout à coup ils furent arrêtés « par des soldats », qui de loin avaient aperçu le guide avec la lanterne qui les « conduisait [3] ». Mme de Genlis va droit à l'officier qui commande la petite troupe, lui parle anglais, rit aux éclats, fait mille extravagances et parvient, on ne sait comme, à continuer sa route.

Non loin de Quévrain, nouvelle arrestation.

1. Cf. Mme DE GENLIS, *Précis de ma conduite pendant la Révolution*.
2. *Id., ibid.*
3. *Id., ibid.*

Cette fois, c'est par une patrouille ennemie. Mme de Genlis obtient qu'on l'amène auprès du gouverneur de la ville. Celui-ci croit reconnaître en elle Mme de Langsberg, princesse de Moravie, et il témoigne à la prisonnière une déférence qui s'adresse plutôt à la grande dame allemande qu'à la citoyenne Bruslart; à cette méprise, les voyageurs gagnèrent d'être accompagnés, sous bonne escorte, jusqu'à la frontière.

Arrivés à Mons, enfin hors de France, les fugitifs trouvèrent seulement à se loger dans une petite auberge, située sur la place principale et pleine de monde. Ils ne comptaient qu'y coucher, mais, déjà malade à Saint-Amand, Mademoiselle toussa toute la nuit; le lendemain, « la rougeole se déclara[1] » et, quelques jours après, Henriette de Sercey fut atteinte aussi, ce qui obliga Mme de Genlis à rester à Mons plus de temps qu'elle ne l'aurait voulu[2].

Elle s'y occupa à obtenir de Mack des passeports lui permettant de passer en Suisse, avec M. de Montjoie et ses deux élèves. Ils quittèrent Mons le 13 avril; le 20, ils étaient à Wiesbaden. Après Wiesbaden, pour éviter les retranchements des armées françaises[3], ils durent

---

1. Lettre de Mlle Adélaïde d'Orléans à son oncle, le duc de Modène.

2. Le duc de Chartres, qui était parvenu après une révolte à se réfugier dans le camp ennemi à Tournay, vint voir sa sœur dans la nuit du 5 au 6 avril.

3. A Cassel.

prendre un chemin incommode et « côtoyer »,
pendant plus d'une heure, le camp des Hessois.
La situation était terrifiante. Ils traversèrent
des champs dévastés, des fermes abandonnées,
des villages en feu. Le canon tonnait au loin et
parfois, on entendait le crépitement de la fusillade... Enfin, après plusieurs journées [1] d'an-
goisse, les voyageurs arrivèrent « sains et saufs »
à Schaffhouse. Le besoin de repos qu'avait
Mlle d'Orléans les fit « séjourner quelque temps
dans cette ville » qui, de nos jours encore, a conservé sa physionomie du Moyen-Age, avec ses
maisons ornées de fenêtres en saillie et de
fresques versicolores. La grosse tour du fort
Munoth rappelle les combats d'autrefois et, sous
les arcades sombres du cloître de la cathédrale,
le voyageur est surpris de rencontrer un paisible promeneur...

Le duc de Chartres rejoignit bientôt sa sœur
à Schaffhouse ; par petites journées et, non sans
péril, il avait traversé l'Allemagne en cabriolet.
A Francfort, il avait lu dans les journaux, en
même temps que les menaçantes paroles de Marat à la Convention : « Mettons à prix la tête
des Bourbons fugitifs.... J'ai demandé déjà la
mort des d'Orléans, je renouvelle ma proposi-
tion [2], » le compte-rendu « d'une séance de plus

1. Sept jours de marche.
2. Séance du 4 avril à la Convention.

de huit heures[1] » : Barbaroux, Boyer-Fonfrède obtenant qu'Egalité et Sillery fussent gardés à vue, Lassource — ombrageux ami de Roland — accusant Danton d'être de connivence avec Dumouriez, demandant l'arrestation de Philippe Joseph d'Orléans, arrestation refusée d'abord, obtenue ensuite.

Ainsi, à la joie de se retrouver en sûreté avec le duc de Chartres, après les dangers qu'ils avaient courus l'un et l'autre et ceux auxquels ils avaient échappé, se joignait pour Mademoiselle la tristesse d'apprendre que son père venait d'être arrêté, avec tous ceux que leur parenté désignait aux vengeances de la Convention. Seule, la duchesse d'Orléans semblait avoir été oubliée, mais la duchesse de Bourbon, sœur du duc, le prince de Conti, son oncle, son fils enfin, le jeune comte de Beaujolais avaient été incarcérés le 7 avril à l'Abbaye. Dans la nuit du 9 au 10, on les avait transférés à Marseille. Une prison avait été préparée à Notre-Dame de la Garde, où le duc de Montpensier, qui servait à Nice dans les armées de la République, avait reçu l'ordre de les rejoindre.

Mlle d'Orléans et son frère, accompagnés de Mme de Genlis et d'Henriette de Sercey, quittèrent Schaffhouse le 6 mai ; le même jour, ils

1. Discours de Vergniaud (Séance du 10 avril à la Convention).

arrivèrent à Zurich. Ils s'installèrent à l'hôtel de l'Epée. Cet hôtel, aux étages en encorbellement, aux pignons aigus, couverts de tuiles vernissées, était situé au centre de la ville, sur une petite place, ornée d'une jolie fontaine de la Renaissance. Zurich, alors, n'était pas la somptueuse cité qu'elle est devenue. Ses rues étaient étroites et raides et, enserrées dans de vieux remparts, ses maisons, hautes comme des tours, occupaient surtout la rive gauche de la Limmat, aux eaux claires et rapides. Seuls, sur les bords du lac, quelques édifices venaient d'être construits — maisons de corporations [1] pour la plupart — qui, par leur style lourd — du Louis XV à l'allemande — faisaient prévoir les massives constructions qui, de nos jours, ont envahi la ville.

Le propriétaire de l'hôtel se nommait Ott; il était magistrat de Zurich. Il reçut la famille d'Orléans avec déférence. Le 7 mai, il écrivait à sa femme, à Baden : « Hier soir sont arrivés beaucoup d'étrangers, des Français, des Irlandais. Ils sont arrivés avec treize chevaux.... Parmi ces gens, il y a le duc de Chartres... Il y a encore trois messieurs, trois femmes et trois serviteurs. Tous dînent à cinq heures du soir et ils ont demandé les prix de tout ce

----

1. Celles des forgerons, des cordonniers, des charpentiers, etc...

qu'ils prennent. Ils veulent rester ici quelques jours [1] ».

Ils comptaient même s'établir à Zurich, mais, « lorsqu'il fallut se nommer aux magistrats, le malheureux nom de Mlle d'Orléans et de son frère fit rompre cet arrangement [2] ». Ils décidèrent alors de se réfugier à Zug, dans le canton d'Argovie.

A cette époque, les routes de montagne étaient difficiles et rudes et Mademoiselle, encore convalescente, éprouva une grande fatigue pendant ce court voyage ; mais elle se réjouit un peu lorsque, parmi les noyers déjà couverts de jeunes pousses, elle aperçut la petite ville de Zug, reflétant dans le lac ses maisons avenantes. Ils se logèrent dans une villa située un peu en dehors du bourg. Elle était étroite, mais claire et gaie, entourée d'un grand pré et séparée seulement du lac par la route. Adélaïde reprit à Zug ses habituelles occupations ; elle sortait peu et seulement pour aller visiter les pauvres ou prier à l'église. Et peut-être eût-elle oublié les douleurs de l'exil dans ce pays qu'une barrière de hautes montagnes semble isoler du reste du monde, si le Zittum, avec ses cages de bois et ses prisons sombres, ne lui eût rappelé que, là aussi, poussés

1. Lettre inédite dont l'original, en allemand, se trouve à la bibliothèque de la Wasserkirche, à Zurich.
2. Mme DE GENLIS, *Précis de ma conduite pendant la Révolution.*

par la haine, les hommes avaient fait d'innocentes victimes [1].

Les exilés vivaient sous un nom d'emprunt ;
on les croyait Irlandais ; ils pensaient ainsi
n'être pas inquiétés. Un jour, pourtant, le duc de
Chartres fut reconnu par des émigrés qui l'avaient
vu autrefois à Versailles. Quelques heures
après, toute la petite ville de Zug sut qui ils
étaient. Des articles de journaux parurent en
Allemagne et le Sénat de Berne reprocha aux
autorités de Zug de donner asile au prince et à
la princesse d'Orléans. Le premier magistrat de
la ville fut obligé de bannir de son canton des
« personnes qui, disait-il, en faisaient l'édifi-
cation par leur conduite ». Il leur communiqua
son arrêt « avec les plus grands égards[2] », se bor-
nant à leur faire part de son embarras.

Chassés de Zug, Mme de Genlis et ses élèves
formèrent « mille projets romanesques » et
eussent sans doute été obligés d'en mettre un
à exécution, si le général de Montesquiou-
Fézensac, député de la noblesse en 1789 et qui,
réfugié en Suisse, avait rendu de grands services
aux autorités de Genève, n'avait obtenu de faire
entrer Mlle d'Orléans avec ses compagnes d'infor-
tune, au monastère de Sainte-Claire, à Bremgarten.

---

1. On cite avec horreur le dernier grand procès des trente-
sept sorcières qui y furent brûlées vives.
2. Cf. Mme DE GENLIS, *Précis de ma conduite*, etc...

La veille de son départ de Zug, la princesse faillit être la victime d'un lâche attentat. Il était dix heures du soir ; elle venait de quitter, plus tôt qu'à l'ordinaire, le salon où elle avait accoutumé de rester, chaque jour, après le dîner, assez tard, pour lire. En partant, elle avait posé son chapeau sur la pomette d'une chaise, située près de la fenêtre ouverte. Ainsi l'on pouvait croire du dehors qu'Adélaïde était encore assise à sa place habituelle. A peine elle avait quitté la pièce, qu'une grosse pierre fut lancée qui brisa la vitre, fit tomber le chapeau et alla mettre en miettes une potiche qui se trouvait au fond du salon.

Le duc de Chartres ne put parvenir à rattraper les malfaiteurs qu'on supposa être des émigrés français ; au reste, pendant la nuit, les harnais des chevaux du duc furent coupés en morceaux. Ces incidents ne retardèrent pas le départ du prince, de la princesse et de leur suite. Barthélemy signala leur présence à Lucerne [1], où le duc de Chartres prit un bain et ils arrivèrent. à Bremgarten dans la dernière quinzaine de juin.

1. Cf. *Papiers de Barthélemy*, ambassadeur de France en Suisse (publiés par Jean KAULEK.)

CHAPITRE II

Lorsque le duc de Chartres arriva avec sa sœur à Bremgarten, le général de Montesquiou lui dit :

« Il n'y a pour vous d'autre parti à prendre que d'errer dans les montagnes, de ne séjourner nulle part. »

Alors, accompagné seulement de son fidèle domestique Beaudoin, le jeune prince parcourut à pied toute la Suisse [1], « ne dépensant que trente sous par jour pour se procurer sa nourriture, son gîte et satisfaire ses autres besoins [2] ». Enfin, « ne possédant plus dans le

---

1. Le duc de Chartres ne devait revoir sa sœur que quinze ans plus tard

2. *Mémorial du gouverneur Morris.*

monde entier que trente francs [1] », il alla trouver M. de Montesquiou qui, par l'intermédiaire du capitaine Jost de Saint-Georges, le fit entrer au collège de Reichnau, dans les Grisons, comme professeur de mathématiques, aux appointements de 1.400 francs par an, sous le nom de Chabaud-Latour [2], un émigré, à qui la place était promise et qui n'en vint pas prendre possession.

C'est malgré lui que le duc de Chartres avait quitté Mademoiselle, et ce n'est pas sans répugnance qu'il l'avait encore confiée à Mme de Genlis. Il s'y était décidé, poussé par M. de Montesquiou et après s'être assuré d'ailleurs qu'en l'occurrence, il ne pouvait trouver pour sa sœur de retraite plus sûre et plus convenable qu'un couvent.

Le couvent de Sainte-Claire était fort bien situé, en dehors de Bremgarten et au milieu des champs. « Il ne ressemblait pas à ceux qui existaient alors en France [3]. » Les religieuses n'y étaient pas soumises à des règles sévères et occupaient la plus grande partie du jour à lire, à prier ou à faire de la musique.

---

1. *Mémorial du gouverneur Morris.*
Le duc de Chartres savait que son père avait placé une partie de sa fortune et notamment ses bijoux en Angleterre, mais il est probable qu'il ne pouvait en disposer à cette époque.
2. Cf. *Explication de l'énigme du roman de Montjoie.*
3. Mme DE GENLIS.
Ce couvent restauré sert maintenant d'asile cantonal.

Mlle d'Orléans avait pris le faux nom de Miss Stuart. On la croyait orpheline et Irlandaise. Elle passait pour la sœur d'Henriette de Sercey et pour la nièce de Mme de Genlis, qu'on appelait Mistress Lenox.

Quelque temps après son arrivée à Bremgarten, Mademoiselle fut atteinte d'une très violente dysenterie dont elle souffrit pendant plusieurs mois. C'est pendant sa convalescence que furent exécutés Égalité et Sillery. Mme de Genlis, sous le coup d'une douleur qu'elle ne pouvait exhaler, tomba malade à son tour, mais elle fit si bien que son élève, qui ne lisait pas les papiers publics, ignora longtemps les crimes de la Terreur, et n'apprit la mort de son père qu'après son départ de Bremgarten. Mme de Genlis, en effet, craignait avec raison qu'une si violente émotion, jointe à la contrainte de ne pas se trahir, n'ébranlât à jamais la santé d'Adélaïde, dont la sensibilité nerveuse[1], naturellement très aiguë, avait été augmentée par les misères de l'exil.

Pendant les premiers mois de son séjour à Bremgarten, Mademoiselle avait reçu quelques visites[2], mais sa maladie et celle de sa gouver-

---

Il est question d'y poser une plaque commémorative, en souvenir du séjour de la princesse Adélaïde.

1. Elle avait été formée très tard. (Mme DE GENLIS).
2. César Ducrest, M. de Jouy, etc...

nante avaient éloigné les visiteurs. M. de Montesquiou que, sans doute, avait indisposé Mme de Genlis, ne vint même plus au couvent. Mlle d'Orléans dut se contenter de la seule compagnie des religieuses qui, du reste, se montrèrent très bonnes pour elle. La supérieure, Mme Muller, passait de longues heures auprès de la jeune fille dont elle avait deviné ou connaissait la pénible situation. Adélaïde se lia d'amitié avec une novice de son âge, Antonia, la sœur d'un M. Conrad [1], citoyen de Bremgarten, qui, chaque jour, envoyait à Mademoiselle des bouquets de fleurs rares qu'elle s'amusait à peindre.

D'ailleurs, Mme de Genlis, toujours pédagogue, n'aurait pas souffert que son élève eût un seul moment d'oisiveté. Tous les matins, Mademoiselle assistait à la messe dans la chapelle du couvent. Trois fois par jour, elle se promenait dans le jardin. Elle passait trois heures à faire de la peinture ; la harpe lui prenait autant de temps ; elle apprit même à jouer du piano. Une heure était consacrée tous les jours à écrire des lettres réelles ou supposées [2].

---

1. Il vit encore à Bremgarten un arrière-petit-fils de ce Conrad. Il s'appelle Fritz Conrad, il est propriétaire de l'hôtel des Trois-Rois à Bremgarten. Il nous a montré des aquarelles, peintes par Mlle de Sercey et qui furent offertes à son arrière grand-père, par Mme de Genlis.

2. Elle était en correspondance avec le duc de Chartres et lady Fitz-Gérald et elle écrivait tous les jours à son père des lettres que l'on n'envoyait point.

Le soir, elle cousait, filait, brodait, faisait de la tapisserie.

La santé de la princesse, malgré ses occupations et l'affection qu'on lui témoignait, était restée chancelante. Qu'on s'imagine, en effet, la situation de cette jeune fille séparée de son frère aîné, n'ayant aucune nouvelle de son père qu'elle chérissait et qu'elle croyait encore de ce monde, ignorant le sort de ses frères Montpensier et Beaujolais, qu'elle savait détenus à Marseille, et éloignée d'une mère qui — pourtant encore libre à Vernon — n'avait répondu à aucune de ses lettres. Aussi « Mademoiselle, écrit Mme de Genlis, naturellement d'une excessive gaîté, avait perdu cet heureux don de la nature ; mais son caractère avait changé sans s'aigrir. Sa mélancolie était si douce qu'elle ressemblait moins à la tristesse qu'au développement d'une extrême sensibilité... Jamais il n'est échappé de sa bouche une plainte ou un murmure. Quand elle est affligée, elle pleure, se tait et prie Dieu davantage... Sa piété, qui est véritablement angélique, lui donne la véritable philosophie [1] !... »

A cette tristesse, s'ajoutèrent des embarras d'argent : Mme de Genlis, qui subvenait seule à l'entretien de Mlle d'Orléans, voyait ses res-

---

1. Mme DE GENLIS. *Précis de ma conduite...*

sources diminuer et ce fut elle sans doute qui fit demander par son élève un secours au duc de Modène [1], le beau-frère du duc de Penthièvre. Dans la lettre qu'elle écrivit à son grand-oncle et qui se trouve dans la collection du marquis de Flers, Mademoiselle commençait par donner tous les détails de sa vie errante depuis le début de la Révolution : « En arrivant en Suisse, ajoutait-elle, je me vis absolument sans secours, sans argent, n'entendant pas parler de ma mère, à qui j'ai écrit plusieurs fois pour lui rendre compte de ma situation, vivant entièrement à la charge de Mme de Sillery, qui n'a eu de moyens de pourvoir à mon existence, qu'en vendant un ouvrage manuscrit... »

«.... Dans cette extrémité,, je m'adresse à vous, mon cher oncle, comme ayant l'honneur de vous appartenir, et comme à la personne que ma mère a toujours regardée comme un père ; d'ailleurs, je me rappelle qu'il y a quelques mois, une personne dit en ma présence, que ma mère avait dit qu'elle désirait passionnément que je fusse en Italie avec vous, mon cher oncle ; si j'avais eu assez d'argent pour m'y rendre, j'y aurais été. Que dois-je faire ? Auriez-vous la

1. Hercule Renaud d'Ast, né en 1727, avait alors 66 ans. Sa sœur, Marie-Thérèse, mariée au duc de Penthièvre, était la grand'mère d'Adélaïde. Son autre sœur, Fortunée-Marie, avait épousé Louis-François-Joseph de Bourbon Conti. (Cf. *Almanach de Gotha*, année 1789.)

bonté de me recevoir ? Voudriez-vous me donner un asile ? Jugeriez-vous convenable que je fusse dans un couvent, en Italie ? Je ferai tout ce que vous voudrez.

« Mais, comme j'ai été obligée de renvoyer tous mes domestiques en France, il faudrait, si vous ordonniez que j'aille à Modène, que vous eussiez la bonté d'envoyer, pour me chercher, une femme, des domestiques, l'argent pour payer le voyage, et, en outre, deux cent cinquante louis, sur lesquels j'en dois à Mme de Sillery deux cents qu'elle a avancés pour me faire subsister, et les cinquante autres, je les dois ici, dans la ville ; et, en outre, de quoi acheter un trousseau, afin que je puisse paraître décemment à votre cour, ayant l'honneur, mon cher oncle, de vous appartenir d'aussi près. Si mon cher oncle désirait que je reste ici, dans mon couvent, je ne demanderais pas tant...... J'ose supplier mon cher oncle de me donner ses conseils et ses ordres, et de me tirer d'une situation que je n'ai pas méritée, puisque, par mon âge, mon sexe, et le temps qu'il y a que je suis dans les pays étrangers, je n'ai pu contribuer en rien à tous les malheurs de la Révolution, dont je souffre cependant plus que personne.....

Le duc de Modène était lâche, et ladre aussi, encore que fort riche. Il répondit à sa nièce que « des raisons politiques l'empêchaient de la recevoir » et il lui envoya la modique somme de cent quatre-vingts louis.

Mais, le duc de Chartres, qui n'avait cessé d'être en correspondance avec sa sœur et qui, depuis longtemps, cherchait le moyen de l'éloigner de Mme de Genlis, « dont il avait tant à se plaindre [1] », apprit que vivait à Fribourg Mme la princesse de Conti [2], sa grand'tante. Il savait la princesse « très bonne, extrêmement charitable, secourable à tous et très bienveillante [3] ». Aussi, certain qu'elle ne refuserait pas d'appeler auprès d'elle la fille de sa chère nièce, la duchesse d'Orléans, il fit écrire par Mademoiselle la lettre suivante :

« Ma chère tante !

« Je suis depuis onze mois en Suisse et dans un couvent cloîtré depuis dix; en arrivant en Suisse, j'ignorois que ma tante y fût, j'écrivis à ma mère, libre alors, pour lui demander ses ordres, j'ai donné quatre lettres pour elle à mes gens que je renvoyai en France, en outre je lui ay écrit plusieurs fois par des occasions sûres, mais, aucune de ses réponses n'a pu me parve-

1. Lettre de Mme de Flahaut au gouverneur Morris.
2. Carmontelle l'a représentée en 1768 dans un élégant déshabillé blanc. Ce portrait se trouve à Chantilly : « La bonté de la princesse y fait presque oublier sa laideur. » GRUYER. *Les portraits de Carmontelle.*
3. Mme DE GENLIS.

nir et j'en ay vainement attendu et espéré pendant quatre mois; enfin perdant cette espérance, je m'adressai à M. le duc de Modène comme à la seule personne de ma famille qui pût me donner un asile, ce fut après cette démarche il y a cinq mois que j'appris que ma chère tante étoit en Suisse; ne voyant absolument personne je l'avois ignoré jusques là. M. le duc de Modène ne put me recevoir ; quand sa réponse m'arriva, j'étois dangereusement malade des suites de la rougeole et d'une maladie de langueur, dont je ne suis pas encore parfaitement rétablie, ce qui fit que je n'eus pas l'honneur d'écrire sur le champ à ma tante. Six semaines après, je priai M. Honeggre, un magistrat d'ici, de vouloir bien se charger de lui faire passer sûrement ma lettre à Fribourg ne voulant pas la mettre à la poste parce que j'imaginois que ma tante n'y étoit pas sous son nom et que j'ignorois celui quelle a pris. M. Honeggre ne voulut absolument pas se charger de cette commission sans pouvoir me donner une raison de ce refus. Je m'occupai de chercher une autre personne qui voulût s'en charger. Il y a deux mois que M. Hoze, un médecin très célèbre, passa ici, je le consultai sur ma santé et en même temps je lui demandai s'il connoissoit quelqu'un à Fribourg auquel il put envoyer une lettre qu'il se chargeroit de remettre à ma tante :

M. Hoze me répondit qu'il ne connoissoit personne à Fribourg, mais qu'il chercheroit et se chargeroit de ma commission ; voilà pourquoi, ma chère tante, la démarche que je prens la liberté de faire aujourd'hui a été si longtemps différée. . . . .

«... Ce sera sans doute une bien grande peine pour moi de me séparer d'une personne [1] que je n'ai pas quittée depuis le berceau, qui m'a montré tout ce que je sais, qui m'a fait les plus grands sacrifices et qui, surtout depuis six mois, m'a rendu en tout genre des soins et des services auxquels je dois l'existence ;..... mais il y a bien longtemps que, malheureusement, je suis préparée à cette séparation..... C'est donc avec sincérité et avec le désir d'obtenir cette grâce que j'ose, ma chère tante, vous demander avec instance de recevoir votre malheureuse nièce ! J'ai seize ans et demi, je suis depuis deux ans et demi hors de France, je n'ai ni assez d'expérience, ni assez de lumières pour avoir une opinion sur les affaires, non seulement on ne m'en a jamais entretenue, mais depuis deux ans on ne m'a laissé lire aucun papier public, je sais seulement qu'ils sont remplis de tant de cruautés et d'impiétés qu'il est impossible qu'une jeune personne puisse les

1. Mme de Genlis.

lire. Jamais rien de ce que j'ai entendu n'a pu altérer en moi les principes de religion et d'humanité qu'on m'a donnés dès l'enfance. Si ma tante daigne me recevoir auprès d'elle et me donner l'asile le plus honorable et le plus cher que je puisse avoir maintenant, elle trouvera en moi toute la soumission, tout le respect et toute l'affection de la fille la plus tendre. Je suis sûre d'ailleurs qu'en me remettant dans ses mains, je rempliroi le vœu de ma mère et il vaut mieux sans doute, pour la sûreté de ma mère, que ce ne soit que depuis qu'elle n'est plus libre, car si lorsqu'elle l'étoit j'eusse été sur-le-champ avec ma tante, on auroit pu dire en France que j'agissois d'après ses ordres, et cette idée auroit pu faire supposer entre elle et moi une correspondance dont on lui auroit fait un crime ; mais malheureusement cet inconvénient n'existe plus maintenant, puisqu'il y a plusieurs mois qu'elle n'est plus libre, et qu'il y a onze mois que je suis en Suisse. Je supplie ma chère tante de vouloir bien considérer que si elle ne daigne pas me donner un asile et que Mme de Genlis soit obligée de me quitter, je ne sais absolument ce que je deviendrois ; il me seroit impossible de rester sans elle dans le couvent où je suis ; outre que l'air de ce lieu ne m'est pas bon, ce couvent n'a point de grand jardin, les logements y sont affreux et je sens que j'y succomberois à mes peines si j'y étois seule avec une personne étrangère. Mon frère aîné n'a que vingt ans, par son âge et sa situation il ne peut me servir de guide ou de tuteur, et même quand il pouroit, comme on le croit, venir dans quelques mois loger avec M. de Montesquiou, je ne pourois loger avec lui dans cette maison, M. de Montesquiou ayant encore avec lui dans cette maison des jeunes gens qui ne sont point mariés; d'ailleurs, j'avoue que le séjour de Bremgarten, où j'ai éprouvé tant de malheurs, me seroit odieux si je n'y étois pas avec celle qui m'a élevée depuis mon enfance et surtout lorsqu'elle en seroit partie. Je prens la liberté d'entrer dans tous ces détails afin que ma tante connoisse parfaitement ma situation ; au reste, je ne veux faire que sa volonté, je lui demande ses ordres et je les exécuteroi quelqu'ils soient. Je la supplie avec instance d'avoir la bonté de me les donner promptement parce que Mme de Genlis sera vraisemblablement obligée de faire bientôt un voyage pour ses propres affaires. J'espère que ma chère tante voudra bien excuser cette longue lettre et recevoir avec bonté l'assurance du respect et de l'attachement de sa malheureuse nièce.

« ADÈLE D'ORLÉANS.

« Ce 3 avril 1794, à Bremgarten. »

Dix jours après, Mademoiselle reçut de sa tante une réponse « à la fois simple et touchante ». La princesse de Conti acceptait avec joie, mais les difficultés qu'elle avait rencontrées auprès des magistrats de Fribourg firent ajourner d'un mois le départ de sa nièce.

Les dernières semaines que Mademoiselle passa à Bremgarten furent attristées par la peine réelle qu'elle éprouvait à se séparer de sa gouvernante et par les maladroites tracasseries d'un magistrat de la ville, M. Diffenthaler. En relation sans doute avec le duc de Bourbon ou le prince de Condé, ce magistrat avait reçu l'ordre de veiller sur Mlle d'Orléans de peur que Mme de Genlis ne la fît secrètement partir avec elle. Adélaïde fut soumise à une surveillance blessante et se vit même privée de l'autorisation qu'elle avait eue jusqu'alors d'aller se promener dans la campagne, en dehors du couvent. Elle s'en plaignit dans plusieurs lettres qu'elle écrivit à M. Diffenthaler avec une fermeté telle qu'elle avait déjà obtenu gain de cause lorsque, envoyée par la princesse de Conti, arriva au couvent de Sainte-Claire, Mme de Pons Saint-Maurice. Elle était « fort belle »[1] et sa bonne grâce rendit moins douloureuse une séparation que Mademoiselle subissait malgré elle. La comtesse de

---

1. GRUYER, *les Portraits de Carmontelle.*

Pons conduisit Adélaïde dans un village non loin de Constance [1]. Elle y resta deux mois et fut d'ailleurs obligée par sa tante à rentrer de nuit à Fribourg et à aller se cacher dans un couvent. Mme de Conti, en effet, avait eu « beaucoup de peine d'obtenir des gouvernants la liberté d'appeler sa nièce auprès d'elle et même elle n'était pas sans inquiétude sur les permissions qu'elle avait obtenues [2] ».

A son arrivée à Fribourg, Mlle d'Orléans « ne savait presque rien des malheurs de sa famille [3] ». Elle n'ignorait pas que « depuis plusieurs mois » sa mère « n'était plus libre », mais elle ne connaissait pas les circonstances qui avaient précédé son arrestation. La princesse de Conti lui apprit que la duchesse d'Orléans, réfugiée à Eu avec le duc de Penthièvre, puis à Radepont, ensuite à Anet — au château d'Anet, si triste après tant de gaîté — était enfin allée s'établir à Bizy, près de Vernon. C'est là que le vieux duc avait appris la mort de Louis XVI et que, brisé par la douleur, il s'était doucement éteint [4]

1. Peut-être fut-il permis à Mademoiselle de voir cette sorte de communauté, composée d'ecclésiastiques émigrés que la comtesse de Pons Saint-Maurice — qui avait eu le temps de placer des fonds à l'étranger — avait réunis à Constance et « qu'elle faisait travailler à des broderies et avait disciplinés en les nourrissant ».
Cf. *Mémoires de l'abbé L...* Voir aussi comtesse de BOIGNE, *Mémoires*.
2. *Mémoires de l'abbé L....*
3. *Id.*
4. Le 4 mars 1793.

dans les bras de sa fille, qui fut arrêtée [1] quelques mois après, et conduite au Luxembourg, où elle était encore [2].

Rassurée, autant qu'elle pouvait l'être, sur le sort de sa mère, Mademoiselle s'enquiert alors de ses frères, toujours prisonniers à Marseille avec leur tante Bourbon et le prince de Conti. Aux questions qu'elle pose sur le duc d'Orléans, personne n'ose répondre ; soupçonnant un malheur, elle insiste tant qu'il faut bien lui avouer la vérité et que son père a été guillotiné par ceux-là même pour qui il avait sacrifié sa fortune et son honneur. Adélaïde, dans son atroce douleur, verse d'abondantes larmes, puis, elle interroge, obtient tous les détails qu'elle demande : la détention du duc à Notre-Dame de la Garde, le transfert au fort Saint-Jean, le calvaire de Marseille à Paris. en compagnie des commissaires du Comité de sûreté générale, les insultes de la populace à Aix, à Orgon, à Auxerre, les outrages qui attendaient à Paris le prince jacobin, puis, la Conciergerie, le Tribunal Révolutionnaire présidé par le marquis Antonelle, un ancien familier du Palais-Royal, enfin, l'exécution [3]....,.

1. 6 octobre 1793.
2. A l'époque de l'arrivée à Fribourg de Mademoiselle (au commencement du mois de juillet 1794).
3. 6 novembre 1794. (Cf. le *récit de Gamache*, valet de chambre du duc.)

C'est que la Révolution, impitoyable pour tous, n'a pas choisi ses victimes ; elle a « légalisé l'assassinat, tué avec des textes ». La guillotine a fonctionné en permanence. Ci-devants, prêtres, magistrats, financiers ont été livrés au bourreau. Les révolutionnaires n'ont pas été épargnés. Pétion, qui fut du voyage à Londres, Pétion, qui aima Mme de Genlis, a devancé l'échafaud et son corps a été trouvé dans les champs à moitié dévoré par les chiens. Et Barbaroux, l'accusateur de Philippe Egalité ? Exécuté à Bordeaux. Guillotinés Sillery, Duprat, Barnave, Vergniaud avec leurs amis girondins. Et Danton le « septembriseur », Danton « l'orléaniste » ? Sacrifié aussi à l'ambition de Robespierre, avec Camille Desmoulins que Mlle d'Orléans avait vu si souvent à Bellechasse.

La plupart de ceux qu'a connus Adélaïde sont morts. Personne d'ailleurs n'est sûr du lendemain.

> « La guillotine là-bas,
> Fait toujours merveille.
> Le tranchant ne mollit pas,
> La loi frappe et veille. »

Tous les soirs « à l'heure où le soleil allait laisser la ville aux ténèbres, à l'heure des firmaments rouges, dans le cliquetis de la ferraille et le galop des chevaux, débouchait sur la place de la Révolution, la grande hécatombe »... Et les charrettes se succédaient chaque jour plus nombreuses. « Le couteau tombait et la terre ne pouvait boire tout le sang de la guillotine. Et ceux qui revenaient de la place de la Révolution, traînaient par la ville deux semelles sanglantes [1]... »

Alors une tristesse profonde envahit Mademoiselle. Ce sont des étrangers, des ennemis presque qui l'environnent. Il n'est personne autour d'elle qui n'accuse secrètement son père, personne qui, pour lui, ait un mot de pitié. Ce père qui la chérissait, il faut qu'elle le pleure en cachette ; son nom est odieux à tous ; on lui impute tous les crimes d'une révolution dont il ne fut ni l'auteur ni le maître, mais l'instrument tour à tour employé et brisé par elle. A qui Adélaïde confiera-t-elle sa détresse ? Elle se tourne vers celle qu'elle a toujours appelée « sa chère maman » ; elle sait gré à Mme de Genlis de s'être contrainte à cacher sa propre douleur pour épargner la santé de son élève, et, toute meurtrie, elle lui écrit cette lettre :

« Oh !... amie chérie, à quel comble de malheurs le ciel m'a réduite ! Hélas !... je les connais tous ! Ah ! quelles douleurs et quelles souf-

---

1. E. et J. DE GONCOURT, *Histoire de la société française pendant la Révolution.*

frances... mon trop malheureux cœur n'éprouve-t-il pas ? que cette vie est cruelle !... Mais la religion et mon cœur, amie bien-aimée, m'ordonnent de la supporter pour ceux que j'aime ; elle est à eux et non à moi et je la soigne comme un dépôt qu'ils m'ont confié. Hélas ! il n'y a plus que ces chers objets que j'aime si tendrement qui puissent m'y attacher. Oh ! mon amie, pensez-vous que ceux qui sont tout à fait malheureux et qui ne se tuent pas soient sans religion ? Non, je ne le puis croire : sans ce motif tout-puissant, qui pourrait ne pas se débarrasser d'une existence devenue douloureuse dans tous les moments ?... Mais, grâce aux principes que vous m'avez donnés, ne soyez pas inquiète, amie bien chère. Dieu soutient votre infortunée Adèle et lui donne un courage et une force véritablement surnaturels. Ma tante me témoigne une tendresse et une sensibilité dont je suis bien touchée et m'adoucit, par son excessive bonté, autant qu'il est possible, mon affreuse et cruelle situation. Adieu, amie tendre et chérie, je vous embrasse avec toute la tendresse de mon malheureux cœur. Je ne puis vous écrire une plus longue lettre aujourd'hui, ce sera pour la première fois. Donnez-moi souvent de vos chères nouvelles ; hélas ! j'en ai tous les jours plus besoin !...[1] »

(1) Citée par Mme DE GENLIS (*Mémoires*).

CHAPITRE III

La vie de la princesse de Conti à Fribourg. — Mademoiselle est enfermée dans un couvent. — Elle s'habitue difficilement aux manières de sa tante. — Rupture des relations de Mlle d'Orléans et de Mme de Genlis. — La duchesse d'Orléans envoie des présents à sa fille. — Les armées françaises envahissent la Suisse. — Mademoiselle et sa tante se réfugient à Landshut, puis à Presbourg.

La princesse de Conti était connue à Fribourg sous le nom de comtesse de Friel. La comtesse de Coursac, le chanoine de Malte, le chevalier de Ravenel, la comtesse des Roches formaient son entourage [1]. Tout ce monde vivait sur les subsides envoyés par le duc de Modène qui avait conclu avec sa sœur « un marché très avantageux [2] ». Il s'était fait remettre tous les bijoux qu'elle possédait, et il lui servait en retour une rente viagère, peu importante d'ailleurs. Cette rente permettait à la princesse, à force d'économie, de venir en aide aux nombreux émigrés réfugiés à Fribourg, et, pour la plupart, dénués

1. Cf. GRUYER, *les Portraits de Carmontelle.*
2. *Mémoires de l'abbé L...* (l'abbé Lambert.)

de ressources. Il est vrai qu'il n'y avait « plus de recherche dans la toilette ; les femmes n'avaient de parure que leur vertu et leur propreté ; l'élégance des dentelles et des étoffes avait disparu ; tout ce qui les couvrait était solide et durable. Mme la princesse de Conti, elle-même, avait eu le courage de donner l'exemple de la réforme ; un habillement qu'elle portait ne lui avait coûté tout à fait et au complet que trente francs ». Elle ne jouissait à Fribourg « d'aucune considération à titre de princesse », « elle y était regardée comme les autres émigrés », « elle s'y voyait soumise aux mêmes règlements »… « On ne lui faisait pas grâce d'une visite et on venait à tout instant lui demander son âge, comme si on ne le savait pas encore, après le lui avoir demandé tant de fois[1]. »

Dès que Mademoiselle arriva à Fribourg, elle fut enfermée dans le couvent « de la Visitation de la Chapelle au Bois ». Elle y vécut très retirée, « n'ayant de relations que celles, en très petit nombre, autorisées par sa respectable tante[2] ».

---

1. L'abbé Lambert qui donne ces détails dans ses Mémoires avait été l'aumônier du duc de Penthièvre. Dès 1793, il fut chargé par la duchesse d'Orléans de négocier une réconciliation entre les membres de la branche aînée des Bourbons et ceux de la branche cadette. Ses mémoires sont d'autant plus intéressants qu'il rapporte seulement ce qu'il a vu. Malheureusement, toute la partie qui a trait aux négociations qu'il avait entreprises n'a pas été publiée.

2. *Mémoires de l'abbé Lambert.*

Elle ne pouvait librement parler qu'à M. Babé, son confesseur ; le président de Dax [1], conseil et ami de la princesse Louise et le « bon » évèque de Fribourg avaient seuls été admis à la voir. Pour que l'isolement de la jeune fille fût plus grand encore, on décora de pourpre et d'or les fenêtres de sa prison. « On ne lui fit grâce d'aucune de ces formes gênantes qui règlent les bienséances de son haut rang [2]. » Mme de Conti se priva pour elle, lui donna sa dame d'honneur, plusieurs femmes de chambre et tint à ce que la table de sa nièce fût mieux servie que la sienne propre.

Ces précautions, ce souci exagéré de l'étiquette, ces soins empêchèrent que personne pût approcher d'Adélaïde. On l'avait fait passer à Fribourg comme une jacobine exaltée ; la princesse de Conti craignait que les émigrés ne lui fissent un mauvais parti, en même temps qu'elle se défiait des opinions de la fille de Philippe-Egalité [3].

Mademoiselle, qui était à Bellechasse la compagne égale des filles et de la nièce de Mme de

1. Du Parlement de Dijon.
2. *Mémoires de l'abbé Lambert.*
3. La comtesse de Boigne raconte dans ses *Mémoires* que Mademoiselle se trouva « en butte aux persécutions de l'émigration » et qu'« on voulait lui arracher sous forme de lettre au roi une profession de foi où elle renierait son père et désavouerait ses frères ». Cela est bien impossible, car quel prix pouvait-on attacher à une profession de foi, signée par une jeune fille de dix-sept ans ?

Genlis, supporta difficilement la contrainte qu'on lui imposait. Elle en souffrit, pourtant sans se plaindre. Mais, quand la supérieure de la Visitation, qui remplissait auprès d'elle le rôle équivoque de dame de compagnie, voulut se donner des airs de gouvernante, elle fut sévèrement morigénée. Princesse obligée à une tracassière étiquette, Mlle d'Orléans tenait à être traitée en princesse et « ne reconnaissait qu'à Mme de Conti seule, des droits à son obéissance ».

L'abbé Lambert fut la « quatrième personne admise à l'honneur de lui présenter son hommage... Je la reconnus, écrit-il, plus encore à l'air de bonté répandu sur sa physionomie qu'aux traits de ressemblance que je lui trouvai avec sa respectable mère... J'attribuai un air d'embarras que je lui trouvai à la présence de la princesse de Conti, aux manières de laquelle je crus m'apercevoir qu'elle n'était pas encore bien accoutumée. Un air de mélancolie répandu sur son visage annonçait un cœur encore plus souffrant que le corps. Elle avait aussi quelques traces de maladie ; mais il n'était pas possible de les confondre avec celles que formaient des chagrins profondément sentis ».

La princesse de Conti était pourtant fort bonne. Quelque temps qu'il fît, elle allait tous les soirs rendre visite à Mlle d'Orléans qui, de son côté, ne désirait que se rapprocher de sa

tante. Ce n'est pas que les deux princesses fussent
hostiles l'une à l'autre ; elles étaient dissem-
blables. Comme tous les membres de sa famille,
la sœur du duc de Modène était très attachée à
l'ancien régime. Ses préjugés étaient grands,
son savoir nul, sa dévotion sincère, mais supers-
titieuse et exaltée. Mademoiselle, au contraire,
portait l'empreinte de l'éducation virile qu'elle
avait reçue. Une instruction forte l'avait rendue
clairvoyante et réfléchie. Elle était pieuse avec
modération mais, à cette époque, encore avec
franchise. Et, si la mort tragique de son père
avait attiédi son zèle révolutionnaire, elle était
restée, sans s'en douter peut-être, attachée aux
idées libérales qui avaient bercé son enfance.
Aussi n'avait-elle cessé d'entretenir avec Mme de
Genlis une correspondance que sa tante, très
indulgente, n'avait osé interrompre sans raison.
L'occasion se présenta bientôt. Mme de Genlis
avait envoyé à sa chère Adèle une miniature
« représentant sur un fond bleu une rose blanche
et une rose rouge ; Mme la princesse de Conti
dit que c'étaient les trois couleurs, par consé-
quent un signe révolutionnaire [1] ». Il était difficile de prouver le contraire ; Mademoiselle allé-
gua pourtant « que c'étaient les cinq couleurs
puisqu'il y avait une boîte verte et de petites

---

1. Mme DE GENLIS, *Mémoires.*

tiges brunes [1] »... la princesse de Conti persista dans son idée et en profita pour défendre à sa nièce d'écrire à son ancienne gouvernante.

« Mlle d'Orléans, rapporte dans ses *Mémoires* Mme de Sillery, trouva le moyen d'obéir et de me donner de ses nouvelles ; elle confia son chagrin à son confesseur [2] et le pria de m'écrire de sa part, ce que fit exactement cet ecclésiastique et ce qui dura plus de dix-huit mois. Je lui envoyais mes lettres qu'il remettait ; mais enfin, il fut obligé d'aller à Vienne. Mademoiselle lui écrivit dans cette ville et notre commerce continua ainsi pendant six mois ; mais, un jour, je reçus de Vienne une lettre d'une personne qui m'était inconnue et qui me mandait de ne plus écrire à ce prêtre parce qu'il venait de mourir. Je le pleurai sincèrement puisque je n'eus plus de nouvelles de Mlle d'Orléans... »

Deux mois après l'installation d'Adélaïde dans le couvent des Ursulines, le matin du 29 juillet, les cris de : « C'est fini. Robespierre est mort ! » avaient retenti jusqu'en Suisse, où l'on avait appris avec joie l'ouverture des prisons. Mademoiselle put alors correspondre avec la duchesse d'Orléans qui avait été transportée dans la maison du docteur Belhomme. Elle y était détenue, mais jouissait d'une plus grande liberté qu'au Luxem-

1. Mme DE GENLIS, *Mémoires*.
2. Probablement M. Babé.

bourg. Cette maison était un refuge pour les prisonniers qui disposaient de quelques protections. Tant qu'ils payaient, le docteur Belhomme les conservait, mais si leurs ressources venaient à s'épuiser, il les renvoyait dans une prison ordinaire où le tribunal révolutionnaire savait bien les trouver : la duchesse du Châtelet et M. de Gramont en firent la triste expérience [1].

Mademoiselle écrivit à sa mère des lettres affectueuses. Un M. Prévost fut chargé de les apporter à Paris où il était envoyé par l'abbé Lambert. Il ne put voir la duchesse d'Orléans qui lui fit remettre, par l'intermédiaire de Mme de la Noue, 180 louis, trois bagues en or, avec des cheveux et trois lettres.

La lettre qui était adressée à Mademoiselle « sous la forme et sous le titre d'extraits de Mme de Sévigné, était digne de cette dame célèbre et par la chaleur des sentiments maternels et par la tournure de l'expression [2] ».

L'abbé Lambert remit 160 louis à M. de Montesquiou, chargé de pouvoir du duc d'Orléans et il alla porter à Mademoiselle, de la part de la duchesse, sa mère, une badine incrustée d'une petite plaque en or sur laquelle ces paroles étaient gravées : « Quand te ramènera-t-elle vers moi [3] ? »

1. Cf LENOTRE, *Vieilles Maisons, Vieux Papiers.*
2. *Mémoires de l'abbé Lambert* .
3. *Id.*

On était au commencement de l'année 1795.
Depuis un an déjà, Mademoiselle d'Orléans vivait auprès de sa tante. Mme de Conti avait été
si bonne, si indulgente, la princesse si pieuse
que « la confiance s'était établie entre elles et
qu'il régnait dans leurs relations toute l'aisance
que comportait la différence de caractère, d'âge
et de position... Mademoiselle avait gagné tous
les cœurs par sa bonté... Bonne et très bonne
pour tout le monde, elle l'était principalement
pour les personnes chargées de la servir...
Chacun l'aimait dans le monastère ; le bien
qu'on en disait s'était répandu au dehors et
tout dans Fribourg pensait aussi avantageuse-
ment sur son compte que les religieuses au
milieu desquelles elle vivait et qu'elle édifiait
de ses exemples. Les émigrés eux-mêmes avaient
oublié leurs injustes préventions et ne ressen-
taient plus pour elle que de l'intérêt et de l'estime... Malheureusement sa santé était encore
incertaine et vacillante [1] ».

En même temps que des lettres et des présents,
M. Prévost avait apporté en Suisse des nouvelles
de France. Ces nouvelles sont satisfaisantes
pour les princesses. La nation affolée semble
précipiter la réaction. Paris est terrorisé par une
bande de jeunes gens « aux habits gris, aux cra-

---

1. *Mémoires de l'abbé Lambert.*

vates vertes, aux bas blancs, aux jarretières
flottantes [1] » : c'est la jeunesse dorée de Fréron
qui vient de jeter au ruisseau le buste de Marat.
Les Compagnies de Jésus et du Soleil pillent,
tuent et brûlent à Lyon, à Aix, à Tarascon, à
Marseille. Déjà, Carrier a été guillotiné, Fou-
quier-Tinville, Hermann, Lanne et treize de leurs
complices vont être exécutés en place de Grève
et Billaud-Varenne et Collot d'Herbois ont pris la
route de l'exil.

Les émigrés se réjouissent qui croient terminée leur vie de misère et de privations, tous
songent à rentrer en France, les plus audacieux
ont passé la frontière. Mais Stofflet et Charette
sont vaincus, arrêtés, et les derniers chouans
dispersés après la déroute de Quiberon ; les
élections de Vendémiaire ont été favorables au
Directoire et l'émeute du 12 a été réprimée par un
général de vingt-huit ans, portant avec lui l'espoir de la nation entière, « qui va se courber
en silence sous sa verge d'airain [2] ». Un vent de folie démocratique souffle sur toute l'Europe. Le
25 août 1796, les habitants de Reggio qui subissaient malaisément la domination des Este
se soulèvent, appellent Bonaparte qui rompt

---

1. *Chronique de Paris* (novembre 1790). Cf. E. et J. DE
GONCOURT, *Histoire de la société française pendant le Directoire.*
2. *Journal de Suleau,* 1792.

l'armistice conclu avec le duc de Modène et forme avec les pays voisins la république cispadane.

A cette époque, Mme la princesse de Conti, privée de la pension que lui servait son frère fugitif, était dans la situation « la plus alarmante ». L'abbé Lambert écrivit à la duchesse d'Orléans, « dans l'impuissance de rien faire par elle-même » et alla voir le prince de Conti, prisonnier à Marseille, encore plus impuissant. La princesse s'établit alors par économie, dans le couvent des Ursulines, auprès de sa nièce « dont la santé s'était un peu raffermie ». Mme la comtesse des Roches « avait la confiance des deux princesses ; son âge, intermédiaire entre l'extrême jeunesse de l'une et la vieillesse de l'autre, servait heureusement de liaison entre deux personnes faites pour s'aimer et s'estimer[1]. »

Quand le duc de Modène se trouva en sûreté dans les États de l'empereur, avec une grande partie de ses richesses,[2] il fit « prévenir sa sœur qu'il continuerait à tenir avec fidélité les engagements qu'il avait contractés avec elle ». Mais, ces embarras d'argent disparus, des soucis plus graves allaient obliger les princesses à quitter la Suisse qui, malgré les poteaux de

1. *Mémoires de l'abbé Lambert.*
2. Il avait dû livrer à la France 10 millions de livres, des tableaux et des statues.

sauvegarde, dont elle avait entouré ses frontières, semblait vouloir autoriser les armées françaises à violer sa neutralité. Déjà, du reste, la plupart des cantons s'étaient débarrassés des émigrés, déjà, Bâle, Lucerne, Zurich, Shaffhouse, les Grisons avaient accordé une constitution démocratique et Brune, ayant pu, sans combattre, pénétrer dans le pays de Vaud, marchait sur Fribourg, tandis que Schauenberg, ayant passé le Rhin, menaçait Soleure [1].

Il faut partir. Alors, à petites journées, en calèche, taisant leur nom, les deux princesses, séparées d'une partie de leur suite, se réfugièrent en Bavière, où elles savaient trouver un favorable accueil de l'Electeur.

Par une plaine boueuse et triste, elles descendirent les bords marécageux de l'Isar qui enserre de ses courbes gracieuses la coquette ville de Landshut, dont les maisons de briques rouges, entourées de jardins, sont dominées par le vieux château de Trausnitz, sorte de forteresse abrupte, que les armées françaises avaient occupée deux ans auparavant. Les deux princesses s'installèrent dans un faubourg de la

---

1. Cf. *Papiers de Barthélemy*, ambassadeur de France en Suisse, publiés par Jean KAULEK. Barthélemy savait que Mademoiselle était auprès de sa tante : « On m'a dit, écrit-il à son gouvernement, que Mme de Conti avait fait enlever Mlle d'Orléans à Mme de Sillery, cette SALOPE (*sic*). »
Cf. Aussi MURET, *l'Invasion de la Suisse en 1798*.

ville, appelé la vallée des bienheureux. Le duc
de Bavière leur avait assigné pour demeure un
vieux corps de logis séparé seulement du monastère de Seligenthal « par l'église à laquelle
il tient [1] ». Il n'avait rien de la magnificence
qu'annonçait son titre d'appartement électoral.
Il était petit, incommode, presque abandonné et
simplement garni de mauvaises chaises et de
quelques tables boiteuses. La princesse de Conti
dut se procurer à ses frais un ameublement
complet et faire quelques réparations. Alors le
logement fut habitable, mais il y avait juste
la place pour les princesses, la comtesse des
Roches et un petit nombre de servantes.

« Comme à Fribourg, écrit l'abbé Lambert,
qui accompagna sans doute Mme de Conti, la
table était servie par la communauté. La princesse se louait de l'espèce de magnificence qui
y régnait En effet, telle est la différence de la
fertilité, de l'abondance et de la cherté des den-
rées entre la Bavière et la Suisse, que, pour le
même prix, elle se trouvait beaucoup mieux
qu'elle n'avait encore été, depuis qu'elle avait
quitté la France. Je tiens même de Mme des
Roches que, sous plus d'un rapport, elle était
mieux qu'au temps de sa fortune. Elle avait surtout plus de tranquillité d'esprit et de santé. »

---

1. L'abbé LAMBERT.

Mlle Adélaïde d'Orléans resta deux ans en Bavière ; elle fut obligée encore à fuir devant l'invasion des armées françaises et, toujours accompagnée de sa tante, à aller se réfugier dans un couvent de Presbourg, en Hongrie, jusqu'au jour où elle put aller rejoindre sa mère en Espagne.

CHAPITRE IV

A l'époque où Mademoiselle d'Orléans quitta le couvent de Sainte-Claire, son frère aîné était encore à Reichnau, dans les Grisons. C'est là qu'il avait appris la mort de son père. « Ce coup le frappa douloureusement. » Mais, devenu dès lors le chef de la maison d'Orléans, il chercha à jouer un rôle. L'essentiel pour lui était de quitter Reichnau. Il y parvint, grâce au capitaine Jost de Saint-Georges, qui lui fit obtenir des passeports au nom de Corby.

C'est sous ce nom qu'il arriva à Bremgarten[1] où, par mesure de prudence, il entra la nuit. Il rencontra, chez M. de Montesquiou, une an-

1. 2 janvier 1794.

cienne amie de sa famille, la comtesse de Flahaut.

La comtesse avait conservé de bonnes relations avec un ancien ambassadeur des États-Unis en France, le gouverneur Morris [1], que la duchesse d'Orléans avait jadis accueilli avec beaucoup de bienveillance au Palais-Royal. Mme de Flahaut mit au courant le gouverneur Morris de la situation du nouveau duc d'Orléans « dont toute l'ambition, écrivait-elle, est d'aller oublier en Amérique la grandeur et les souffrances qui ont accompagné sa jeunesse [2] ».

Morris, ayant approuvé ce projet de voyage et envoyé l'argent nécessaire à son exécution, Mme de Flahaut lui adressa « mille remerciements pour sa lettre affectueuse et consolante », puis, pour le rassurer complètement sur les sentiments de repentir de l'ancien membre du club des Jacobins, elle ajoutait : « Hambourg est plein de gens qu'il ne veut pas voir, Mme de Sillery est à Altona... il y a aussi, à trois heures de Hambourg, le général Valence... il a des raisons personnelles pour désirer de ne jamais rencontrer ces personnes [3]. »

1. Né en 1752, mort en 1815. Avocat, puis ministre des Etats-Unis en France, il eut quelques démêlés avec le gouvernement révolutionnaire. Arrêté comme suspect, il quitta la France en 1793 et voyagea pendant plusieurs années à travers l'Europe.
2. *Mémorial du gouverneur Morris.*
3. *Id.*

Le duc d'Orléans partit quelque temps après pour l'Allemagne. Il emmenait avec lui la comtesse de Flahaut, Beaudoin et M. de Montjoie. Tout le monde se réjouissait de ce départ dont la duchesse d'Orléans, mise au courant par Morris, ressentit « un bonheur inexprimable[1] ». Le duc avait tout accepté pour avoir les moyens de quitter la Suisse. Arrivé à Hambourg, il y rencontra Dumouriez — qui était sans doute parmi les personnes qu'il ne voulait point voir — et... ajourna son départ pour l'Amérique. « Pour se dérober au monde », ou plutôt pour être « prêt à tout » et « près de tout », il entreprit un voyage dans le nord de l'Europe, passa par Copenhague, Elseneur, Gothenberg, visita le golfe de Salten, le Quastrom et les pêcheries des îles Lofoden. Ensuite, il traversa la Laponie suédoise, parcourut la Finlande et, après avoir séjourné quelques semaines à Stockolm, il établit sa résidence à Frederikstadt, dans le Holstein[2].

La politique avait seule empêché le départ du duc d'Orléans pour l'Amérique ; aussi, durant son voyage dans le nord de l'Europe, auquel, du reste, quelques auteurs n'ont pas voulu croire, il ne resta pas inactif. Mme de Genlis, qui connaissait bien son élève et qui ne se gênait plus

1. Lettre de la duchesse d'Orléans au gouverneur Morris.
2. Voir le marquis DE FLERS, *le Roi Louis-Philippe. Vie anecdotique.*

pour le juger, écrivait de lui, à cette époque :
« Le duc d'Orléans a beaucoup de partisans ; si
l'on n'y prend garde, il réunira la grande masse
des gens qui ont été pour quelque chose dans la
Révolution... toute la masse des quarante mille
individus qui ont acheté, revendu ou qui sont
encore propriétaires de biens nationaux [1]. »
Mme de Genlis a vu juste. « La faction d'Orléans s'agite dans tous les sens ; elle est renfor-
cée par tout ce qui s'appelle constitutionnel au
monde et acquiert de jour en jour plus de con-
sistance [2]. » Les populations les plus attachées
aux Bourbons se laisseraient même gagner au
parti du duc, puisque certaines « quoique monar-
chistes, refusent leur concours à Puisaye, à
moins toutefois que monseigneur le duc d'Orléans ne vînt se mettre à la tête des pays royalistes : tel est leur ultimatum [3]... » ; d'autres vont
jusqu'à écrire : « Le premier Bourbon qui se
mettra à notre tête deviendra roi [4]. »

C'est dans ces circonstances, au moins inop-
portunes, que fut faite, par *Louis XVIII*, auprès
du duc d'Orléans, une démarche qui ne pouvait
réussir. En 1795, le comte de Provence qui,
depuis la mort de son neveu le dauphin, s'était

1. Lettre datée de Hambourg (*Mémoires de Mallet du Pan*).
2. Comte DE VAUBAN, *Mémoires*.
3. *Id., ibid.*
4. D'ALLONVILLE, *Mémoires secrets.*

fait proclamer roi de France et de Navarre,
chassé de Vérone, était allé se mettre à la tête
de l'armée de Condé à Riegel, dans le duché de
Bade. C'est de Riegel qu'il envoya à son cousin
le duc d'Orléans, le baron de Roll « portant un
écrit de sa main où il était dit que, pour absou-
dre des égarements et des erreurs regrettables...,
il n'attendait qu'un repentir sincère qui lui serait
exprimé de vive voix, quand le prince viendrait
le rejoindre à l'armée de Condé ».

Le rapport que fit le baron de Roll, resté dans
les papiers du maréchal de Castries et publié par
le journal *le Temps*, le 27 novembre 1902, donne
de longs détails sur cette entrevue. Le duc
d'Orléans essaya d'abord de se dérober et Roll
ne put le joindre que le 4 juin. Le prince, après
force protestation de dévouement, dit à Roll :
« Le roi parle d'égarements et d'erreurs. C'est
toujours le même langage que la proclamation [1]...
Quant à rejoindre l'armée de Condé, c'est impossible... Cette armée est sous le commandement
d'un général autrichien... Tant que Sa Majesté
n'aura pas fait connaître son intention de donner à la France une monarchie limitée... je re-
garderai, comme mon premier devoir, de ne pas

---

1. C'était toujours le même langage d'un père et d'un maître :
«Vous fûtes infidèles au Dieu de vos pères...Vous fûtes rebelles
à l'autorité qu'il avait établie pour vous gouverner... Il est
des forfaits dont l'atrocité passe les bornes de la clémence...»

participer à des mesures contraires à mes principes et à mon opinion que je ne puis sacrifier et ne sacrifierai jamais. » Le lendemain, le duc d'Orléans « persista dans ses dires », ajoutant que s'il prenait part aux intrigues nouées contre sa patrie, il compromettrait sa mère et ses frères. Et il ne voulut ni écrire, ni envoyer quelqu'un au roi.

Devant ce refus catégorique, les royalistes prennent peur [1] et le gouvernement du Directoire, inquiet [2], cherche à éloigner le duc d'Orléans.

L'occasion est propice. La duchesse d'Orléans a quitté la maison du docteur Belhomme le 13 septembre 1795, mais ses biens sont toujours séquestrés et ses fils, Montpensier et Beaujolais, encore en prison à Marseille. Or, elle sollicite chaque jour leur mise en liberté. Un marché est conclu. Les princes seront relâchés, mais devront aussitôt partir pour l'Amérique, précédés de leur frère aîné. La duchesse fit connaître cet arrangement à Louis-Philippe : « L'intérêt de ta patrie, celui des tiens, lui écrit-elle, te demande de mettre entre nous la barrière des mers ; je suis persuadée que tu n'hésiteras pas à leur donner ce témoignage d'attachement, surtout lorsque tu sauras que tes frères, détenus à Marseille, partent pour Philadelphie... Les revers ont dû

---

1. « L'infâme duc d'Orléans revit dans son fils. » (Puisaye.)
2. Cf. *Moniteur*, 5 ventôse an V.

rendre encore plus précoce la maturité de mon fils, il ne refusera pas à sa bonne mère la consolation de le savoir auprès de ses frères... Que la perspective de soulager les maux de ta pauvre mère, de rendre la situation des tiens moins pénible, de contribuer à assurer le calme à ton pays, que cette perspective exalte ta générosité, soutienne ta loyauté... Puissé-je bientôt apprendre que mon Charles et mon Antoine ont embrassé leur aîné... Arrive à Philadelphie en même temps qu'eux, plus tôt qu'eux, si tu peux. Le ministre de France à Hambourg facilitera ton passage. »

Il était difficile au duc d'Orléans de rester sourd aux prières de la duchesse : « Quand ma tendre mère recevra cette lettre, répondit-il, ses ordres seront exécutés et je serai parti pour l'Amérique [1]. »

En effet, le 24 septembre 1796, il s'embarquait sur *l'America* et il arrivait le 21 octobre à Philadelphie où ses deux frères le rejoignirent le 8 février 1797. Le 14 août, le duc de Montpensier écrivait à sa sœur :

« J'espère que vous aurez reçu les lettres que nous vous écrivîmes de Pittsbourg, il y a près

1. *Explication de l'énigme du roman de Montjoie.*

Le duc d'Orléans écrivait en même temps à Morris : « Je viens de recevoir une lettre de ma mère qui m'ordonne d'entreprendre un voyage dans votre pays et m'annonce que ce voyage doit améliorer sa situation et celle de sa famille. En conséquence, je vais partir en toute hâte. » (*Mémorial du gouverneur Morris*).

de deux mois ; nous étions alors au milieu d'un grand voyage que nous venons de terminer, il y a quinze jours. Il a duré quatre mois ; nous avons fait, pendant cet espace de temps, mille lieues et toujours sur les mêmes chevaux, excepté les cent dernières lieues, que nous avons faites, partie par eau, partie à pied, partie sur des chevaux de louage et partie en stage ou voiture publique. Nous avons vu beaucoup de sauvages et nous sommes même restés plusieurs jours dans leur pays : ce sont, en général, les meilleurs gens du monde, excepté lorsqu'ils sont ivres ou excités à la colère. Ils nous ont reçus à merveille, et notre qualité de Français a beaucoup contribué à cette bonne réception, car ils aiment infiniment notre nation. Ce que nous avons vu de plus intéressant après eux, a certainement été la cascade du Niagara, vers laquelle je vous mandais de Pittsbourg que nous allions nous diriger ; c'est le spectacle le plus imposant, le plus majestueux que j'aie jamais vu ; j'en ai pris une esquisse et je compte en faire une gouache que ma chère petite sœur verra sûrement chez notre tendre mère, mais elle n'est pas encore commencée et me prendra beaucoup de temps car ce n'est en vérité pas un petit ouvrage.

« Pour vous donner une idée de la manière agréable dont on voyage dans ce pays, je vous dirai, chère sœur, que nous avons passé quatorze nuits dans les bois, dévorés par toutes sortes d'insectes, souvent trempés jusqu'aux os sans pouvoir nous sécher, et n'ayant, pour toute nourriture, que du lard... Non, jamais, je le déclare, je ne conseillerai un semblable voyage à qui que ce soit ; cependant, nous sommes loin de nous repentir de l'avoir fait, puisque nous en avons rapporté tous d'excellentes santés et nécessairement quelques connaissances de plus [1]. »

Quelques mois après, les trois frères sont à la Nouvelle-Orléans. Le 31 mars 1798, ils débarquent à la Havane. Le gouvernement espagnol, allié au Directoire, veut d'abord les chasser [2] de cette île, puis, de peur qu'ils n'aillent retrouver leur mère en Espagne, ils les y retient prisonniers. En mai 1799, ils s'enfuient [3]. L'Angleterre

1. *Le roi des Français et sa famille.*
2. « Le comte de Froberg, fondé de pouvoir des ducs d'Orléans qui se trouvent dans cette île, a sollicité pour eux quelques secours et la permission de voyager dans les domaines du roi aux Amériques. Mais Sa Majesté, en raison de l'état des finances, n'a pu accéder à la première demande, ni à la seconde par de justes considérations; et elle m'a chargé de prévenir Votre Excellence qu'il ne veut pas que les dits seigneurs restent à la Havane, ni dans aucune autre partie des possessions espagnoles au Nouveau Monde, si ce n'est à la Louisiane. J'en instruis Votre Excellence pour qu'elle connaisse la volonté du roi et l'accomplisse. Dieu garde Votre Excellence beaucoup d'années.

A Aranjuez, le 21 mai 1799.

       Signé : MARIE ANNE LOUIS DE URQUIJO.

          (Traduit de l'espagnol).

     (*Explication de l'énigme du roman de Montjoie.*)
3. *Moniteur*, 26 thermidor an VII.

s'oppose à les recevoir. A la fin de la même année, ils sont à New-York. Après le 18 brumaire, ils s'embarquent sur *le Grantham* avec l'autorisation de l'Angleterre et arrivent à Londres en janvier 1800. Bonaparte, « accompagné du dieu de la guerre et du dieu de la fortune »[1], tout-puissant en France, prépare l'Empire. L'intérêt du duc d'Orléans est de se rapprocher des membres de la branche aînée et de leur proposer une sorte d'alliance contre « l'usurpateur ». Il n'y manque pas[2]. Dès le mois de février, il a obtenu du comte d'Artois l'entrevue qu'il sollicitait et, le 16, ses deux frères signent avec lui une lettre dans laquelle ils offrent au « roi légitime » « le tribut d'hommages de leur inviolable fidélité ».

Le comte de Provence répondit avec bonne grâce et, en témoignage de son pardon, il décora le duc de Montpensier et le comte de Beaujolais de l'ordre du Saint-Esprit et accepta d'être le parrain[3] du plus jeune fils de Philippe-Égalité, qui n'était encore qu'ondoyé.

Le duc d'Orléans, dans le feu de la réconcilia-

1. Déclaration de Bonaparte au conseil des Anciens.
2. Voir dans *la Revue des Deux-Mondes* du 15 septembre 1905 l'article de M. ERNEST DAUDET : « *Une réconciliation de famille en* 1800. *Récit des temps de l'émigration.* »
3. A la condition que son filleul ne s'appellera pas Joseph : « Vous l'appellerez Louis, écrivait-il à son frère, et tel autre nom que vous ou lui jugerez à propos, mais pas Joseph, car c'était le nom de leur père et il ne faut plus qu'il se retrouve dans cette branche. » (*Id.-ibid.*)

tion, accepta d'aller rejoindre à Minorque la
flotte anglaise et l'armée de Condé[1] et il ne dut
qu'à un contre-ordre de pouvoir affirmer plus
tard qu'il n'avait jamais porté les armes contre
son pays. Il ne put cependant détruire les lettres
qu'il avait écrites à cette époque : « Si l'injuste
emploi d'une force majeure parvenait à placer de
fait et non de droit sur le trône de France tout
autre que notre *roi légitime*, nous suivrions,
avec autant de confiance que de fidélité, la voix
de l'honneur qui nous prescrit d'en appeler jusqu'à notre dernier soupir à Dieu, aux Français et
à notre *épée*[2]. »

« Je suis lié au roi de France, mon aîné et
mon maître, par tous les serments qui peuvent
lier un homme, par tous les devoirs qui peuvent
lier un prince[3]... »

A la cour de Sicile, du reste, où bientôt le
duc d'Orléans ira chercher fortune, on le verra
faire preuve d'un attachement plus grand encore
aux idées qu'il avait combattues dans sa jeunesse et qu'il combattit encore, par intérêt, sous
la Restauration.

---

1. 1801. — On a invoqué, plus tard, le désir qu'avait le duc
de voir sa mère, mais il ne fit aucune tentative pour la
rejoindre et ce n'est que huit ans plus tard qu'il se rendit
auprès d'elle, non par affection, mais pour obtenir le consentement qui lui était nécessaire pour se marier.

2. Lettre à l'évêque Llandaff (MONTGAILLARD, *Histoire de
France*).

3. LOURDOUEIX, *la Révolution, c'est l'Orléanisme.*

CHAPITRE V

Après le coup d'État du 18 fructidor, le Directoire déporta en masse : « Il ne faut pas verser
une goutte de sang, avait dit aux Cinq-Cents le
député Boulay de la Meurthe, il faut éloigner les
conspirateurs. La déportation sera désormais le
seul moyen de salut public : c'est comme cela
que nous nous débarrasserons des émigrés et
des prêtres. » On se débarrassa aussi des aristo-
crates. C'est ainsi que le décret du 6 septembre
1797 expulsa de France la citoyenne Egalité [1] et
la citoyenne Vérité [2], sa belle-sœur. Elles quittèrent Paris dans la nuit du 28 fructidor (14 septembre), emmenant avec elles un assez grand nombre
de serviteurs et quelques fidèles : Mmes de la

1. La duchesse d'Orléans.
2. La duchesse de Bourbon.

Tour du Pin et de Chastellux, le docteur Gueydan, l'abbé de Kayser [1]. Le Directoire mit à la disposition des proscrits quatre ou cinq mauvaises berlines où « l'on avait empilé en hâte tant de paquets et de provisions que les gens ne pouvaient trouver à se caser [2] ». Le voyage fut long et pénible ; il fallut dix-huit jours pour atteindre Perpignan.

Un membre du Conseil des Cinq-Cents, Rouzet, avait demandé à suivre le convoi. Il avait connu la duchesse d'Orléans dans la maison du docteur Belhomme, où, accusé de « modérantisme », il avait été incarcéré pendant la Terreur. On lui refusa l'autorisation qu'il désirait, mais il avait voué à la veuve de Philippe-Egalité un culte respectueux, « sentiment infiniment tendre où il entrait autant de pitié pour le malheur de la noble femme que d'admiration pour la philosophie souriante avec laquelle elle le supportait [3] ». Il partit quand même, se casa tant bien que mal au milieu des bagages et ce ne fut qu'à Uzerches qu'on le retrouva affamé, fourbu, mais dévoué plus que jamais.

Les voyageurs arrivèrent au col du Perthus le 13 vendémiaire et, après être restés deux mois à

1. Aumònier de la duchesse d'Orléans.
2. Lenotre, *Vieilles Maisons, Vieux Papiers* (1re série). *Le comte de Folmont.* Voir aussi comte Ducos, *la Mère du duc d'Enghien*, et Bonhomme, le *Dernier abbé de cour.*
3. Lenotre.

Figuières, s'installèrent à Saria, à un quart de lieue de Barcelone.

La maison habitée par les princesses, « vieille, pleine de rats et d'insectes plus incommodes [1] », leur était louée 3,000 francs [2] et n'en valait pas 10.000. L'appartement de la duchesse d'Orléans « consistait en deux petites pièces, séparées par un cabinet secret de la chambre de sa femme de service. Son ameublement mérite d'être décrit. « Pour table de travail et de jeu, un assemblage maluni de planches simplement sciées, montées sur des pieds aussi grossiers, le tout de la façon du cocher, devenu charpentier et menuisier par l'envie d'être utile. La table à manger était à pieds mobiles et se repliait contre le mur de manière à n'occuper dans sa largeur qu'un ou deux pieds. Mme la duchesse de Bourbon avait aidé à construire le magnifique écran où l'on voyait des couleurs et des enjolivures de sa façon. Il se composait de deux cartons soutenus par diverses pièces de bois et roseaux. La cheminée était petite et basse ; on l'avait rétrécie pour la mettre au goût français. Des chaises de paille, de l'espèce la plus commune, garnissaient le pourtour de la chambre. Au milieu, du côté du cabinet, était, à poste fixe, un fauteuil aussi en paille, mais garni dans tous les sens de

1. L'abbé LAMBERT, *Mémoires*.
2. Voy. Comte DUCOS, *la Mère du duc d'Enghien*.

coussins recouverts en maroquin rouge et qu'à force d'industrie, on était parvenu à transformer en chaise longue. C'était avec sa garniture un présent du cousin Roi ; vis-à-vis était un lit sans rideaux ; à l'angle, une encoignure à table et à pieds dorés à l'antique. Entre ces vieux meubles et la porte-fenêtre qui s'ouvrait sur la terrasse à côté de la cheminée, était une glace pendue au mur. [1] »

Pendant son séjour à Saria, la duchesse d'Orléans reçut souvent des nouvelles de sa fille. Le 17 septembre 1799, l'impératrice de Russie lui écrivait : « Je viens de voir, ma tendre amie, « quelqu'un qui vit dans le même lieu que Ma- « demoiselle votre fille et qui la voit souvent ; il « ne tarit pas sur les éloges qu'il en fait. Que ne « pouvez-vous vous en rapprocher ! Qu'il serait « consolant pour vous d'être dans ses bras, de « pleurer avec elle et de vivre ensemble [2] ! » Cette consolation fut bientôt accordée à la duchesse d'Orléans. Louis-Philippe, alors à Twickenham avec ses frères, réconcilié avec le comte de Provence, obtint en effet des gouvernements étrangers une autorisation que sa mère et sa sœur sollicitaient depuis longtemps. Et, le 29 novembre 1802, Adélaïde arriva à Fi-

---

1. L'abbé LAMBERT.
2. Lettre citée par DELILLE, *Journal de la vie de S. A. S. la duchesse d'Orléans.*

guières[1] où la duchesse d'Orléans s'était installée depuis le mois d'avril de la même année. « Quelle joie pour cette tendre mère d'embrasser sa chère fille, écrit Delille. Combien elle était heureuse de la presser chaque jour sur son cœur !…. Mademoiselle, qui réunissait toutes les qualités nécessaires pour adoucir la situation de Son Altesse, se faisait aussi remarquer par un esprit soigneusement cultivé, par des grâces infinies et par un talent supérieur pour jouer de la harpe et pour peindre. »

Elle trouva à son arrivée à l'Ermitage[2] un nombreux personnel : vingt et une personnes vivaient aux dépens de sa mère[3]. Il est vrai que Rouzet, « le bon Rouzet », qui avait pris le titre de chancelier de S. A. S. dirigeait la maison de la princesse[4] avec zèle et économie. Son dévouement n'avait pas faibli, bien au contraire, mais il commandait en maître et, sur la duchesse d'Orléans, son influence augmentait chaque jour. Il était devenu, par la grâce du roi d'Espagne, moins avare de ses titres que de ses écus, comte de Folmont et « portait, sur son habit de satin

1. La princesse de Conti se retira alors à Venise, dans un couvent et mourut quelque temps après.
2. C'est ainsi qu'on appelait dans le pays la maison habitée par la duchesse d'Orléans.
3. Cf. Comte Ducos, *la Mère du duc d'Enghien*.
4. Quand la duchesse d'Orléans était partie pour Figuières, la duchesse de Bourbon était allée s'installer seule à Garcia. Voir à ce sujet l'ouvrage du comte Ducos.

brodé, la croix de Malte et le grand-cordon de Saint-Charles de Naples. »

Il semble que Mademoiselle n'ait pas éprouvé une grande joie à se trouver auprès d'une mère dont le chancelier occupait tous les instants e[t] dans une petite ville où les distractions, chaque jour pareilles, consistaient en de fréquentes stations à l'église, quelques visites à l'hôpital et une courte promenade sous les galeries couvertes de la grande place. Parfois, pourtant, dans la belle saison, on prenait une *volland*[1] et on allait, par la vaste plaine de la Muga, plantée d'oliviers, jusqu'au petit port de Rosas ou bien l'on grimpait, par la route de montagne, ombragée de chênes-lièges, au château de Bellegrade, pour voir de loin la terre de France.

Un soir, une élégante *tartane*[2] traînée par un équipage de mules, aux harnais à pompons et à clochettes, s'arrêta devant l'Ermitage. Un abbé était mollement étendu sous la capote blanche de la voiture. Il portait « soutane de drap fin couleur puce, attachée par des boutons de diamant, jabot et manches de dentelles, souliers à boucles d'or, serties de rubis[3] ». C'était l'abbé de Saint-Farre, le fils insouciant et prodigue de Mme de Villemonble, l'oncle naturel de la

1. Voiture de louage.
2. Sorte de voiture à deux roues recouverte d'une capote de toile blanche.
3. BONHOMME, *le Dernier abbé de cour*.

princesse Adélaïde. Il venait, car il s'ennuyait à Garcia chez sa sœur, la duchesse de Bourbon, qui lui faisait des leçons de morale, comptant trouver, auprès de la duchesse d'Orléans, une plus grande indulgence, un peu d'argent de poche et la liberté de folâtrer à son aise.

Il fut accueilli avec plaisir et soigné « comme un coq en pâte ». Il partageait la maigre chère de la duchesse « un potage, un morceau de bœuf bouilli et deux entrées [1] » et remerciait par son entrain, sa bonne humeur, son pétillant esprit. Sa nièce s'amusait à le poursuivre de ses taquineries. Il ne s'en fâchait point et lorsqu'il ne s'absentait pas pour aller se divertir à Barcelone, il emmenait avec lui la jeune fille faire des promenades en mer dans la petite barque qu'il avait achetée pour elle.

Saint-Farre était à Figuières lorsque s'y arrêta la reine d'Etrurie avec son fils [2]. Dépouillée de ses États par Bonaparte, elle allait prendre possession de ce chimérique royaume d'Oporto qué Napoléon lui avait promis, mais qu'il ne lui donna jamais.

1. Comte Ducos, *la Mère du duc d'Enghien.*
2. La reine avait une âme sainte, mais sa tournure était vulgaire. Pour son fils, il était si craintif qu'il pleurait pour monter à cheval et se trouvait mal à l'aspect d'un fusil. (Voyez Mme DE BOIGNE, *Mémoires* et le beau livre de T. DE WYZEWA: *Quelques figures de femmes aimantes ou malheureuses*).
Marie-Louise-Joséphine de Bourbon, née en 1782, morte en 1824, fille aînée de Charles IV, roi d'Espagne, avait épousé le fils aîné du duc de Parme.

En février 1808, une armée française envahit
la Catalogne et vint occuper Figuières. Les
princesses ne furent pas inquiétées, mais les
soldats, vivant de rapine, lassèrent bientôt la
patience des habitants qui, le 12 juin 1808, se
soulevèrent. Les Français, attaqués à l'impro-
viste, durent fuir devant l'émeute. Ils se réfugièrent
dans le fort San-Fernando, d'où ils bombardèrent
la ville. La première bombe tomba sur la maison
de la duchesse d'Orléans. Prises de peur, les
princesses assemblèrent en hâte quelques hardes
et s'apprêtaient à quitter l'Ermitage lorsque les
troupes françaises, qui s'étaient rendues maîtresses de la ville, vinrent en occuper les carrefours. Le 13, Figuières fut encore bombardée et,
comme il n'était pas possible de se sauver en plein
jour, on attendit que la nuit fût venue. Mais, un
détachement de soldats entourant la maison, il
fallut se résoudre à essuyer le feu de la journée
du 14. Le soir de ce jour, la canonnade cessa
et, le passage étant libre, on partit à neuf heures.

Ce départ fut romanesque et comique, tragique
aussi, car la moindre imprudence pouvait perdre
les princesses. Il fallait emporter le plus de linge
possible, des provisions, des souvenirs. Les
serviteurs sortirent avec leurs lourdes charges
sur les épaules, rasant les murs.

La duchesse songea à aller demander un asile
au couvent de Villasacra, situé à plus d'une

lieue de la ville. Pour y arriver, il fallait traverser la Manolde, sorte de torrent qui, sec en automne, charrie au printemps une grande quantité d'eau. Les fugitifs plongeaient jusqu'à la poitrine. On prit à bras la duchesse et sa fille et, après une montée pénible, on arriva au couvent. Il était minuit. « Mme la duchesse d'Orléans, Mademoiselle et leurs dames furent obligées de coucher à terre sur des matelas qu'on étendit dans une salle [1]. »

Les princesses restèrent trois semaines au couvent de Villasacra. Puis, quand tout espoir de retourner à Figuières fut perdu, elles partirent pour Terruel de Montgris. C'est là que Mademoiselle s'embarqua pour aller retrouver son frère à Malte. « Cette séparation, écrit Delille, quoique commandée par les circonstances, fut bien sensible à Mademoiselle qui avait donné à sa mère, depuis plus de six ans qu'elle était avec elle, les marques d'une tendresse et d'une piété filiale à toute épreuve. »

Delille n'explique pas quelles étaient ces circonstances impérieuses qui forçaient ainsi Mademoiselle d'Orléans à quitter sa mère. Elle y fut peut-être poussée par une question d'argent ; la duchesse d'Orléans en effet « ne touchait plus depuis janvier 1808 la modique pension que

---

1. DELILLE.

lui faisait le gouvernement français » et avait dû
avoir recours à Rouzet, ce qui, semble-t-il, ne laissait pas d'être délicat pour Mademoiselle. C'est
du reste dans la présence de Rouzet auprès de
la duchesse qu'il faut voir surtout la raison du
départ de la princesse Adélaïde. Certes, entre la
mère et la fille, il n'y eut jamais la moindre sympathie. Mademoiselle, lorsqu'elle avait appris
à Fribourg la mort de son père et tous les excès
de la Révolution, désorientée, pleine de remords
et, aussi bien, influencée par sa tante, avait écrit
à sa mère des lettres dans lesquelles elle s'était
exagéré ses torts. Son seul désir alors avait été
d'aller vivre auprès de la duchesse d'Orléans
qu'elle ne croyait pas aussi attachée à son chancelier. Quand elle arriva à Figuières, elle s'aperçut vite que la tendre affection qui liait Folmont
à la duchesse était exclusive et tracassière. Rouzet se prit d'ailleurs à détester, avec la jalousie
d'un homme profondément épris, la princesse
Adélaïde qui, alors âgée de trente et un ans, pouvait être importune par sa présence et n'était
pas d'un caractère à facilement supporter les
« inconcevables procédés de M. Folmont [1] ».
Au reste, la lettre suivante écrite en 1810, par
Louis-Philippe, à la reine Caroline de Naples,
explique, mieux que tout commentaire, pour-

______

1. Comtesse DE BOIGNE. *Mémoires*

quoi Mademoiselle fut obligée de quitter sa mère :

« .... Je vous exprime donc bien sincère-
« ment ma profonde reconnaissance pour tous les
« efforts que vous faites pour rendre ma pauvre
« mère à elle-même et recouvrer cette tendresse
« dont elle se glorifiait pour ses enfans. Qu'elle
« examine, de bonne foi, ses prétendus griefs
« contre ses enfans et elle verra qu'ils se rédui-
« sent au reproche imaginaire de n'avoir pas
« eu d'égards pour celui envers lequel ils ont
« fait beaucoup plus que ma Mère n'aurait
« jamais dû désirer qu'ils fissent pour sa propre
« considération et au reproche non moins ima-
« ginaire d'avoir bien accueilli et bien traité ceux
« et celles que l'incompatibilité d'humeur du
« susdit personnage a chassés de chés elle en la
« réduisant au tête-à-tête dont nous sommes
« les victimes ainsi qu'elle-même, car ne doutés
« pas, madame, qu'elle ne souffre beaucoup dans
« tous les sens..... [1] »

La duchesse d'Orléans ne put rester que deux mois à Terruel de Montgris. Elle se réfugia à Palamos chez M. Taverne, capitaine du port, puis trois mois après, elle partit pour Tarragone.

Une violente tempête l'empêcha d'atterrir dans

1. Cette lettre a été publiée dans l'*Intermédiaire des chercheurs et curieux* (10 janvier 1902).

cette ville [1]. Le 1ᵉʳ de l'an 1809, elle était à Mahon où Mademoiselle et le duc d'Orléans la vinrent bientôt chercher.

1. Cf. DELILLE, *Journal de la vie...*

CHAPITRE VI

Mort du duc de Montpensier et du comte de Beaujolais. —
Le duc d'Orléans à Palerme. Ses fiançailles officieuses avec
Marie-Amélie. — La princesse Adélaïde retrouve son frère.
Son affection pour lui. Leurs intrigues. Ils vont chercher
leur mère à Mahon. — Mariage du duc d'Orléans. — Le roi
et la reine de Naples. — Les membres de la famille d'Orléans assaillent le gouvernement anglais de leurs demandes
d'argent. — Le duc d'Orléans chassé d'Espagne. — Le duc,
la duchesse et Mademoiselle d'Orléans conspirent contre
Ferdinand IV et Marie-Caroline. Exil de la Reine de Naples.

Les princes d'Orléans[1] habitaient en Angleterre le château de Twickenham qu'ils avaient loué

---

1 « Retirés tous trois dans une petite maison à Twickenham,
aux environs de Londres, ils y vivaient de la manière la
plus modeste, mais la plus confortable. M. de Montjoie, leur
ami, composait toute leur cour, et remplissait les fonctions
de gentilhomme de la chambre, dans les occasions rares, où
il fallait quelque forme d'étiquette.

Malgré mes premières répugnances, je m'aperçus bientôt
que M. le duc de Montpensier était aussi aimable qu'il était
instruit et distingué. Il aimait passionnément les arts et la
musique. M. le duc d'Orléans la tolérait par affection pour
son frère. Rien n'était plus touchant que l'union de ces deux
princes et la tendresse qu'ils portaient à M. le comte de
Beaujolais.

Celui-ci ne répondait pas à leurs soins. Il était léger,
inconséquent, inoccupé, et, lorsqu'il a pu s'émanciper sur
le pavé de Londres, il est tombé dans tous les travers d'un

à Georges Pococke, membre du Parlement. Le duc d'Orléans, très répandu dans la société de Londres, devenait de plus en plus Anglais dans sa manière de vivre et même de se vêtir.

Le plus grand sujet de souci du prince était la santé de ses deux frères. Au cours de leur longue détention dans les prisons de Marseille, le duc de Montpensier et le comte de Beaujolais avaient en effet contracté les germes d'un mal qui leur devait être funeste. Au commencement de 1807, le duc d'Orléans les emmena avec lui dans un climat plus chaud, à Christchurt, dans le sud de l'Angleterre. Le duc de Montpensier y mourut bientôt et fut inhumé à l'abbaye de Westminster. Le comte de Beaujolais, cédant alors aux instances de son frère aîné, se détermina à partir pour Malte. La chaleur y était si forte

jeune homme à la mode. Malgré sa charmante figure, sa tournure distinguée, il avait pris de si mauvaises façons qu'il avait perdu l'attitude des gens de bonne compagnie. Et, lorsqu'on l'apercevait à la sortie de l'Opéra, on évitait de le rencontrer, craignant de le trouver dans un état complet d'ivresse...

M. le duc de Montpensier était laid, mais si parfaitement gracieux et aimable, ses manières étaient si nobles, que sa figure s'oubliait vite. M. le duc d'Orléans, avec une figure assez belle, n'avait aucune distinction, ni dans la tournure, ni dans les manières. Il ne paraissait jamais complètement à son aise. Sa conversation, déjà fort intéressante, avait un peu de pédanterie pour un homme de son âge. Enfin, il n'avait pas l'heur de me plaire autant que son frère avec lequel j'aurais fort aimé à causer davantage, si j'avais osé. »

Comtesse DE BOIGNE. *Mémoires.*

que Louis-Philippe écrivit au roi de Naples, Ferdinand IV, pour obtenir de lui l'autorisation de
conduire son frère en Sicile, au pied du mont Etna.
Quand la réponse arriva, il était trop tard, le comte
de Beaujolais était mort[1]. Il avait vingt-huit ans.

Quelques semaines après les obsèques de son
frère, auquel « les plus grands honneurs furent
rendus[2] », Louis-Philippe, appelé par une nouvelle lettre de Ferdinand IV[3], se rendit au casino
de Camastra[4] où se trouvait réunie la famille
royale de Naples. « La reine, contait plus tard
le duc d'Orléans, m'attendait sur le perron du
palais et quand je me présentai, elle me prit par
la main et m'emmena dans son appartement.
Là, dans l'embrasure d'une fenêtre, me tenant
la tête entre ses mains, elle me regarda longtemps
sans parler : « Je devrais, dit-elle enfin, vous
« détester, car vous avez combattu longtemps
« contre nous et néanmoins, je me sens du pen-
« chant pour vous[5]. » Ensuite, Marie-Caroline

1. 29 mai 1808.
2. DE FLERS, *Louis-Philippe. Vie anecdotique.*
3. On avait certainement envisagé dans la maison de Naples
un projet de mariage entre Marie-Amélie et le duc d'Orléans.
Le placement des nombreux enfants de Caroline n'était pas
commode : « La liaison de la reine avec un amant avait
empêché sa fille aînée d'épouser le duc d'Aoste. » (Cf. Comte
FEDOR GOLOVKINE, *Souvenirs.*)
4. Après Austerlitz et l'envahissement de l'Italie par Mas-
séna, Ferdinand IV avait dû quitter Naples et se réfugier
à Palerme.
5. Comtesse DE MIRABEAU, *le Prince de Talleyrand et la
maison d'Orléans.* (Préface.)

ayant fait appeler les princesses Isabelle et Marie-Amélie, elle leur présenta le duc d'Orléans : « Il est d'une taille ordinaire, notait Marie-Amélie, le soir même, dans son journal, plutôt gras, d'un extérieur ni beau ni laid. Il a les traits de la maison de Bourbon. Il est poli et très instruit. »

Fort habile, le duc d'Orléans fit montre à la cour de Palerme de sentiments très légitimistes et, après avoir conclu officieusement ses fiançailles avec Marie-Amélie, il alla même jusqu'à accepter de « servir de mentor » au prince de Salerne, son futur beau-frère, que Ferdinand IV envoyait en Espagne pour exercer la régence du royaume, après l'internement de Ferdinand VII. Une fois en Espagne, le duc comptait « décider Murat et Junot à trahir l'Empire et il se proposait de franchir les Pyrénées et de marcher sur Paris au nom de Louis XVIII [1] », mais la junte de Séville, cédant à la pression de l'Angleterre, interdit le territoire d'Espagne aux deux princes. Le duc d'Orléans partit alors pour Londres. Il s'y efforça de faire lever cette interdiction, mais ce fut en vain.

Pendant que Louis-Philippe se trouvait en Angleterre, sa sœur, Mademoiselle Adélaïde, était allée à Malte à sa rencontre, puis à Gibraltar ; ce n'est qu'à Portsmouth qu'elle put l'atteindre.

---

1. Cf. Fauche Borel, *Mémoires*, t. III et Lourdoueix, *la Révolution, c'est l'Orléanisme.*

On peut s'imaginer avec quelle joie le frère et la sœur se retrouvèrent. Il y avait quinze ans qu'ils ne s'étaient vus. Ils jurèrent de ne plus jamais se quitter. A partir de cette époque, en effet, la princesse Adélaïde se fit toute à son frère. Elle lui voua un culte désintéressé, une affection ardente, maternelle. Elle partagea ses joies, ses douleurs, ses périls. Elle identifia ses idées aux siennes, le dirigea souvent, l'assista toujours, vécut à son foyer dans le renoncement et l'oubli de soi-même.

A Portsmouth, le frère et la sœur s'embarquèrent sur un vaisseau de guerre anglais à destination de la Sicile. Partis de Spithead, le 15 octobre, ils arrivèrent le 20 décembre à Gibraltar[1]. De là ils se rendirent à Malte. Le duc d'Orléans s'y occupa à entretenir en Espagne des intrigues tendant à démontrer à la régence insurrectionnelle l'utilité de son concours[2] — toujours l'idée d'être le Bourbon qui ira en France ; — mais une affaire plus pressante l'appelait en Sicile. Toute une coterie s'était formée à la cour de Palerme qui voulait empêcher le mariage du duc avec Marie-Amélie. Fabrizio Ruffo, prince de Castelcicala, ambassadeur de Ferdinand IV à Londres, et le marquis de

1 « Le prince et la princesse se portaient à merveille. » (Lettre écrite par M. de Broval à M. de Guilhermy, *Papiers d'un émigré*, publiés par son petit-fils, le colonel de GUILHERMY)
2. Cf. *Mémoires de Toreno*.

Circello, qui connaissaient « l'ambition dé-
mesurée du duc », étaient à la tête de cette
coterie. Ils invoquaient la pénurie du pouvoir
royal.

Alors, laissant sa sœur à Malte avec Mme de
Montjoie [1], Louis-Philippe partit pour la Sicile.
Il débarqua à Girgente et alla à cheval jusqu'à Palerme. Quelques jours lui suffirent pour
dissiper les préventions que l'on avait contre
lui.

De Palerme, le duc s'embarqua pour Cagliari [2]
où il comptait rencontrer sa mère, mais la duchesse avait quitté la Sardaigne depuis trois mois
et s'était installée à Mahon ; son fils n'en resta pas
moins quelque temps à Cagliari où l'on s'occupait
à rassembler des troupes contre la France. « Il y
a, écrivait le duc à cette époque, en Espagne, à
Naples, en Dalmatie, des armées françaises qui
vont se trouver, *je l'espère au moins*, dans des
positions désastreuses. C'est là le moment de
parler aux passions des hommes. » C'est à savoir
de décider les généraux vaincus à la trahison
puis, de soulever les populations royalistes du
Midi de la France.

Eckmül, Essling, Wagram détruisent les
illusions du prince qui retourne à Palerme où sa

1. « Je me porte fort bien, écrit, de Malte, le duc d'Orléans,
le 29 mars 1809, je pars pour la Sicile, je laisse ma sœur
ici. » (*Papiers d'un émigré.*)
2. Il était à Palerme le 22 avril et à Cagliari le 27.

sœur le vient bientôt rejoindre [1]. Partie de Malte le 1er septembre 1809, sur le *Pylades,* elle vit, le 3 au matin, lentement se dérouler devant ses yeux le panorama de la conque d'or et apparaître, dans toute sa grâce rayonnante, Palerme dont les maisons blanches émergeaient des vapeurs. Elle prit pied sur la place de l'église de la Catena, qui rappelle la loggia de Florence et fut reçue au palais royal avec beaucoup d'égards. Elle devint aussitôt « ma bonne, ma chère Adèle » pour la princesse Amélie, qui trace ainsi, dans son journal, le portrait de sa future belle-sœur : « Elle est de ma taille, très délicate ; elle a un visage large, une grande bouche, de grands yeux et une belle chevelure blonde ; elle m'a paru fort aimable, de beaucoup d'esprit et me plaît beaucoup [2]. »

Après quelques jours seulement passés en Sicile, Mademoiselle, accompagnée de son frère, partit pour Mahon. Ils y rencontrèrent la duchesse d'Orléans qu'ils avaient avertie de leur arrivée prochaine. « Quelle jouissance pour une mère si tendre ! que de larmes de joie elle versa en revoyant son fils unique ! Les plus tendres caresses furent prodiguées à ses deux en-

---

1. « Sir Alex Bell ayant bien voulu ordonner au Pylades de la recevoir à son bord », écrit Louis-Philippe (*Papiers d'un émigré*).
2. Cf. Trognon, *Vie de Marie-Amélie.*

fants », écrit béatement Delille qui feint d'ignorer que ce voyage avait seulement pour but d'amener à Palerme la duchesse d'Orléans, dont la présence avait été exigée par Marie-Caroline.

La princesse qui, jusqu'alors, avait résisté aux supplications de ses enfants, se laissa convaincre, à la condition toutefois que le *roi* consentît au mariage projeté par le premier prince du sang. Le duc d'Orléans acquiesça au désir de sa mère. Il écrivit à *Louis XVIII* et adressa au comte d'Artois un paquet qui contenait des lettres de la duchesse d'Orléans, pour la *reine*, pour Monsieur, pour Madame d'Angoulême et pour le comte de Provence qui envoya son autorisation.

Louis-Philippe alors, dans la hâte de faire partager sa joie à ses amis, écrivit à M. de Guilhermy [1] : « Suivant votre conseil, je me marie à celle à laquelle vous vouliez que je me mariasse, et quand je serais tout ce que je ne suis pas et que les temps seraient ce qu'ils ne sont pas, il serait difficile que je puisse mieux me marier sous aucun rapport. De quel avantage ce mariage n'est-il pas pour moi ! Quelle tape aux préjugés ! Quels rapprochements tant de ma famille que de la maison d'Autriche ! Quel avantage pour moi d'épouser une Bourbon et proba-

1. Lettre très confidentielle datée de Mahon le 25 septembre 1809.

blement (at least I think so) d'avoir des enfants ! »

La duchesse d'Orléans s'embarqua sur la frégate anglaise *la Résistance* et arriva à Palerme, le 15 octobre. Elle fixa sa demeure au palais de Santa-Croce, à un mille de la ville, sur le chemin de Montréal. Elle reçut le plus gracieux accueil de Marie-Caroline et pria la reine de se souvenir qu'en 1776 S. M. eut la bonté de lui dire qu'elle voulait « que la première fille que Dieu lui donnerait fût une épouse pour son fils aîné, le duc de Valois [1] ». Marie-Caroline se souvint fort bien d'avoir autrefois exprimé ce désir et, poussée par la duchesse d'Orléans, « cet ange-là », elle s'occupa à régler les apprêts de la cérémonie.

Le contrat fut signé le 15 novembre, « les lettres du roi de France datées d'Hartwell y furent annexées [2] ». Mais, Ferdinand IV étant tombé dans l'escalier du palais, le mariage ne put être célébré que le 25 novembre. Mgr Monarchia unit les deux époux dans la chambre de « l'auguste malade » où un autel avait été dressé. Ensuite, on descendit dans la chapelle palatine, longue seulement de 26 mètres, mais si bien ordonnée qu'elle semble une grande église, réunissant les beautés de l'art mauresque, byzantin et roman.

Le roi et la reine de Naples, « pour éviter les

1. DELILLE, *Journal de la vie...*
2. *Id*.

froissements qui ne manquent guère, à la cour comme ailleurs, entre ménages trop rapprochés [1] », assignèrent pour demeure à leur fille et à leur gendre le palais de Santa-Teresa. Mais ce palais était une vieille maison délabrée, inhabitable. En attendant qu'elle fût restaurée, le duc et la nouvelle duchesse s'installèrent au palais royal, dans un appartement séparé. Adélaïde n'alla pas vivre avec sa mère à Santa-Croce, mais resta auprès de son frère. Les relations des deux belles-sœurs devenaient chaque jour plus affectueuses ; le culte que Mademoiselle avait voué au duc d'Orléans n'était d'ailleurs pas pour déplaire à sa jeune femme qui s'était entourée de Français et avait pris la comtesse de Vérac comme dame d'honneur. La princesse Adélaïde, avait gardé de son long séjour avec Mme de Genlis une âme de pédagogue, elle en profita pour apprendre le français à Marie-Amélie qui ne l'entendait pas, lors de son mariage. Le duc d'Orléans cultivait son jardin et recevait beaucoup de monde ; un émigré. qui divertit Palerme comme il avait diverti Paris, M. de Montron, chassé par la police impériale, égayait, par le charme de sa conversation, les longues soirées inoccupées du palais des Colli.

Mais les habitants de ce palais eux-mêmes

1. Trognon.

n'échappent pas à l'espionnage qui pesait alors
sur tout le monde à Palerme, car Catrone, un
forban, le chef de la police, aidé par le « queen
Mary rifle corps [1] », n'épargne personne. Le roi
de Naples, Ferdinand IV, est pourtant un brave
homme, « intelligent, bien doué, bienveillant;
mais faible, léger et insouciant [2] », il ne s'occupe qu'à contre-cœur des affaires du royaume
et voudrait aller vivre simplement à la campagne. « Ma femme sait tout », répéte-t-il sans
cesse, et il lui abandonne le gouvernement dont
le meilleur soutien est formé par une chiourme
de Français et de Napolitains qui profitent des
« vices innombrables [3] » de la reine.

Grande, fort instruite, mais hautaine et altière,
Marie-Caroline a « le visage éminemment autrichien, mais bien moins agréable que celui de ses
sœurs [4] », elle a bien vieilli, d'ailleurs ; elle est
ridée et ressemble à une « sorcière » ; « ivre
d'opium, couverte du sang de ses sujets, elle est
tombée dans tous les déréglements [5]. » Ses
amants — Saint-Clair, Afflito, laid et guindé —,
ses séides — le chevalier de Bressac, un voleur,

1. Corps des coupeurs de bourse de la reine.
2. Weil, *Ferdinand IV et le duc d'Orléans*. Documents
inédits du Record Office.
3. Cf. Gagnières, *la Reine Marie-Caroline de Naples*. Citations du journal de Lord Annesley. (British Museum, manuscrit 19246).
4. Comte Fedor Golovkine, *Souvenirs*.
5. Gagnières.

Marialese, un faussaire — se pavanent couverts
de bijoux, de montres, de breloques et de chaînes.
Aussi le gouvernement de Naples est dans une
grande gêne. « Le duc d'Orléans, comme l'écrivait
le duc de Kent, a fait une bien mauvaise affaire »,
et tous les membres de sa famille, si peu désinté-
ressés par habitude, sont désemparés. Ils
assaillent le gouvernement anglais de leurs sup-
pliques. Ils écrivent au duc de Kent, au duc de
Portland, à tous leurs amis et demandent « again
again », demandent encore, encore. C'est que
depuis le commencement de l'année 1808, le gouvernement français ne sert plus de pension à la
mère d'Adélaïde qui elle-même ne reçoit plus rien
du « Foreign office » depuis qu'elle a quitté
Malte. La situation du duc d'Orléans n'est pas
meilleure : il n'a pas touché son allouance depuis
son départ de l'Angleterre. Aussi, il écrit chaque
jour, il sollicite, supplie, implore. « Ma mère est
malade, dit-il, elle doit de l'argent, servez-lui son
allouance dans quelque partie de la Méditerranée
qu'elle se trouve..... Un autre objet qui tient encore plus au cœur de ma mère est ce qui concerne
ma sœur.... » Et il demande pour la princesse
Adélaïde, « des bontés du roi d'Angleterre et de
son gouvernement », les deux cents livres par
mois qu'on servait jadis à Beaujolais, « cette
somme d'ailleurs étant la même que lord Castle-
reagh avait ordonné à sir Alex Bell de remettre tous

les mois » à sa sœur à Malte. En avril 1810, il
écrit au duc de Kent pour obtenir « un secours
quelconque, mais immédiat » pour la duchesse
douairière et pour Mademoiselle, qui, le 22 octobre 1810, mande à Guilhermy : « Je sais
par mon frère que mon allouance est accordée ; mais l'ordre pour que je puisse la tou-
cher est encore à venir. Ce retard est pénible....
Vous comprendrez mon inquiétude. » Et, dans
ses lettres, la fille du duc de Penthièvre se
plaint de « la cherté excessive des vivres [1]..... »

Mais voici qu'au milieu de cette cour disso-
lue, parmi les tristesses et les embarras d'argent,
arrive une grande nouvelle : les intrigues de
Louis-Philippe ont réussi et la régence espa-
gnole vient lui offrir un commandement en Catalogne. Aussitôt, il s'embarque sur la frégate *la
Vengenza* à destination de Tarragone. Il
laisse sa pauvre femme « bien triste et bien
abattue [2] », mais satisfaite aussi de le voir enfin
sortir du « dormitoire ». Mademoiselle se réjouit
du départ de son frère : l'Espagne, où les
armées françaises se sont engagées, est proche
de la France et un échec de Napoléon se peut
bien prévoir... La reine Marie-Caroline, que son
gendre gênait peut-être déjà, est doublement

1. Voir pour toute cette correspondance : *Papiers d'un
émigré.*
2. Lettre du duc d'Orléans à Guilhermy.

heureuse : « Allez à la gloire, lui dit-elle, vous
la méritez, sauvez-nous et guérissez l'Europe. »
Le duc part et, à Palerme, les têtes se montent;
on le voit déjà revenir couvert de lauriers.
Pour la propagande, on a fait graver à Londres
« son portrait en uniforme de capitaine général
espagnol, en ajoutant le Saint-Esprit [1] », la
vieille décoration française.

Louis-Philippe a quitté la Sicile en emportant
avec lui une autre espérance : « Ma femme est
grosse tout à l'heure de cinq mois, écrit-il à M. de
Guilhermy... La plupart des personnes qui prétendent s'y entendre prédisent un garçon : Cosi
sia ! Je prendrai très volontiers ce qu'il viendra...
Je tiens le principal, je suis marié, ma femme
est grosse... et l'enfant remue beaucoup. Alleluia ! »

Oui ! Alleluia ! si c'est un garçon, car Marie-
Amélie, poussée par sa « chère Adèle », partage
déjà l'ambition de la famille et écrit à son mari
en juillet 1810 : « Ici tout le monde calcule que
ton fils sera l'héritier présomptif du royaume de
France [2]. »

Et quels résultats n'attend-on pas à Palerme
de cette campagne d'Espagne « chez un peuple
étranger, accablé de revers ». Les émigrés sont
déçus, surtout le petit groupe qui s'est réuni à

1. Lettre de Broval à Guilhermy.
2. Cf. LOURDOUEIX.

Londres sous le nom de « république de Manchester ». Et la sœur et la femme de Louis-Philippe exultent. Un point noir seulement : la crainte que le duc d'Angoulème ou le duc de Berry ne viennent supplanter leur cousin. Mais les tentatives de la branche aînée avortent : on respire à Palerme, le duc est « plein d'espoir et d'un espoir fondé [1] ».

Cependant, en Espagne tout le monde est prévenu contre le duc d'Orléans. Il a dû quitter Tarragone sans avoir exercé le commandement qu'on lui avait promis et les Cortès lui enjoignent de partir de Cadix où il s'est retiré. Il essaie de résister, il ne veut retourner en Sicile que s'il « le faut absolument ». Il le faut, car on le menace d'une arrestation et il est obligé de s'embarquer le 5 octobre 1810 sur la frégate *Esmeralda*, à destination de Palerme.

Il n'apporte pas de lauriers ; il s'est encore buté à des forces supérieures à la sienne. Sa femme, sa sœur sont navrées : « Les motifs de son retour, écrit Adélaïde à Guilhermy, me font plus de peine que je ne puis vous l'exprimer. »

Le moment de l'action n'est pas encore arrivé. Que de coups manqués déjà depuis la défection de Dumouriez ! Qu'importe ! il faut intriguer encore, intriguer toujours, être habile,

____

1. Broval à Guilhermy. 11 juillet 1810.

louvoyer, flatter, courber l'échine, et le duc d'Orléans est passé maître en cette matière; n'a-t-il pas d'ailleurs un précieux auxiliaire dans la princesse Adélaïde qui « aime son frère pour lui plus que pour elle » ?

A son arrivée en Sicile [1], le duc d'Orléans fut d'abord obligé par les Anglais, tout-puissants dans ce pays, à vivre en simple particulier. Il ne put s'y résoudre et demanda à Wellington de l'employer « sur la frontière du Béarn pour former un corps destiné à pénétrer dans la patrie du grand Henri IV, son ancêtre [2] ». N'ayant pas abouti dans ses démarches, il se mit à la tête de l'opposition sicilienne; sa villa Baghéria, située hors des murs, devint, comme le fut plus tard le Palais-Royal à Paris, le lieu de réunion de tous ceux qui avaient à se plaindre de la politique royale. La princesse Adélaïde et Marie-Amélie, elle-même, le secondaient sans hésiter.

1. Il débarqua à Palerme, le 21 octobre 1810. Marie-Amélie lui présenta le duc de Chartres « qui est ravissant, ressemble beaucoup à son père » et sera peut-être un jour « l'héritier présomptif du trône de France ».

En janvier 1811, M. de Folmont étant « devenu maître absolu de l'esprit » de la duchesse douairière d'Orléans « envenima par sa maligne influence de petits débats d'intérêts qui s'étaient élevés entre elle et ses enfants, et parvint à en faire une rupture déclarée... L'on s'étonna enfin d'apprendre un jour que, sans prévenir personne, sans avoir fait remerciements ni adieux aux hôtes qui l'avaient accueillie, elle s'était embarquée pour retourner à Mahon ». (Trognon.)

2. Montgaillard, *Histoire de France*, t. VII.

Dépouillant tout amour-propre, le duc rechercha l'appui de l'Angleterre et de ses ambassadeurs, lord Amherts, d'abord, lord Bentinck, ensuite. Habile à profiter des événements plutôt qu'à les provoquer, il évitait de s'engager à fond, ménageait tous les partis et ne négligeait jamais ses intérêts matériels. Traité en suspect par Marie-Caroline, qui ne cachait pas, même à sa fille, l'aversion que lui inspirait son gendre, il s'était vu retirer par le roi l'autorité attachée à la charge de capitaine général de l'armée sicilienne qu'il exerçait depuis son mariage. Un jour même, les princes de Belmonte et de Villafranca, Angio et Castelnuovo, tous familiers de la villa Baghéria, ayant été arrêtés, le duc d'Orléans put craindre un instant pour sa sécurité personnelle [1]. Mais Castelnuovo et Belmonte, soutenus par lord Bentinck, passèrent de la prison au ministère. La réconciliation passagère de Murat et de Napoléon ruina les projets de Marie-Caroline qui intriguait pour livrer la Sicile à la France, en échange du royaume de Naples. « Et même les choses en vinrent à ce point, écrit le baron de Durant, ministre de France à Naples, que l'ambassadeur d'Angleterre songea à détrôner le prince royal, » en faveur duquel Ferdinand IV avait abdiqué en 1811 et à installer à Pa-

---

1. Marie-Amélie nous apprend dans son journal qu'il avait un cheval tout sellé pour gagner la campagne.

lerme un conseil de régence, composé du duc d'Orléans et du prince de Belmonte.

C'est alors que, poussé par sa femme, le roi des Deux-Siciles se décida à faire un effort pour ressaisir le pouvoir. Le 9 mars 1813, il déclara à son fils, aux applaudissements de la populace, qu'il prenait la direction des affaires. L'intervention prompte et énergique de lord Bentinck, qui menaça de faire bombarder la ville par les vaisseaux anglais, fit reculer le roi qui, pour obtenir son pardon, dut exiler la reine. Ce fut le duc d'Orléans qui se chargea d'obtenir de Ferdinand IV qu'il consentît à cette mesure cruelle [1] et Marie-Caroline, reléguée à Castelvetrano, attendit pendant trois mois que les conditions de son départ fussent réglées et que la saison lui permît de prendre la mer [2].

Mais, on touchait à la fin de l'année 1813; les armées alliées marchaient sur la capitale de la France. La capitulation de Paris allait mettre fin aux intrigues du duc d'Orléans, en lui ouvrant un théâtre plus digne de son ambition.

---

1. Cf. S. WEIL, *Ferdinand IV et le duc d'Orléans.*
2. Marie-Caroline arriva à Vienne où, après avoir appris l'alliance de l'Autriche avec Murat, elle mourut d'une attaque d'apoplexie foudroyante dans la nuit du 7 au 8 septembre 1814.

TROISIÈME PARTIE

LA RESTAURATION

CHAPITRE PREMIER

Chute de Napoléon. — Le duc d'Orléans part pour la France. — Il est reçu par Louis XVIII. — Il va chercher sa famille à Palerme. Arrivée de Mademoiselle d'Orléans à Paris. — Paris en 1814. — Visite aux Tuileries. Louis XVIII.

Le 23 avril 1814 [1], entra dans la baie de Palerme le vaisseau de guerre anglais *l'Aboukir*, qui apportait des nouvelles de France. Les lazzaroni du port s'étaient portés vers la rade à l'arrivée du bateau et c'est par leurs cris d'allégresse bruyante que la famille d'Orléans apprit la chute de Napoléon, il est difficile d'imaginer avec quelle joyeuse exubérance. Le duc se pré-

1. TROGNON, *Vie de Marie-Amélie.*

cipita dans la chambre de sa femme : « Bonaparte est fini, clama-t-il, Louis XVIII est rétabli et je pars sur ce vaisseau qui vient me chercher[1]. » Marie-Amélie « tomba dans les bras[2] » de son mari, Mademoiselle d'Orléans joignit ses larmes à celles de son frère et de sa belle-sœur, puis tous les trois coururent aux Colli annoncer l'heureux événement à Ferdinand IV qui s'agenouilla « faccia in terra per rengraziare Dio[3] ».

Cette joie ne dura pas. Ni Louis XVIII, ni Monsieur n'avaient songé à envoyer des lettres de rappel à leurs cousins. Aussi, dans la crainte que cet oubli ne fût prémédité, la famille d'Orléans résolut de ne tenter aucune démarche auprès du nouveau roi et de se passer de son autorisation.

Le reconnaissant lord Bentinck mit *l'Aboukir* à la disposition du duc d'Orléans qui partit de Palerme le 1er mai, accompagné seulement de son valet de chambre White et du capitaine anglais Gordon[4].

A Gênes, lisant dans *le Moniteur* la déclaration du comte d'Artois : « C'est encore le pouvoir absolu[5] », dit le duc, mais, par prudence, il

---

1. TROGNON.
2. *Journal de Marie-Amélie* (TROGNON).
3. « Face contre terre pour remercier Dieu. »
4. TROGNON.
5. VATOUT, *Le Palais Royal (Souvenirs historiques des résidences royales)*.

borna là ses critiques, cherchant au contraire à
prendre, dès son débarquement, les anciennes
prérogatives du premier prince du sang. A
Marseille, il trouve à emprunter un habit de
général de division, l'endosse tant bien que
mal et, le cordon de Saint-Louis en baudrier, il
passe gravement en revue les troupes de la
garnison. A Lyon, il en fait autant et, dans
toutes les villes qu'il traverse, il tient à ce qu'on
lui rende les honneurs.

Arrivé à Melun, et, si près de Paris qu'un
refus du roi était impossible, il écrivit à
Louis XVIII. Celui-ci « se divertit fort d'avoir
oublié son cousin [1] » et l'autorisa d'ailleurs à
continuer son voyage.

A Paris, le duc d'Orléans descendit dans un
hôtel de la rue Grange-Batelière, où il s'était
fait réserver la veille un appartement par le
capitaine Gordon et, le soir même, il alla au
Palais-Royal [2]. Il le trouva encombré et dévasté.
Déclaré propriété nationale le jour de l'exécution de Philippe-Égalité, le Palais-Royal avait
été occupé jusqu'en 1807 par le Tribunat. Le Tri-

1. PEUCHET, *Mémoires tirés des archives de la police.*
2. « En 1814, un auguste exilé revient dans sa patrie ; il
se présente seul et sans se faire connaître au Palais-Royal.
Le suisse, qui portait encore la livrée impériale, ne voulait
point le laisser entrer ; il insiste, il passe, il s'incline, il
baise avec respect les marches du grand escalier... C'était
l'héritier des ducs d'Orléans qui rentrait dans la demeure de
ses pères. » (VATOUT. *Le Palais-Royal).*

bunat dissous, plusieurs parties furent louées, les appartements des ducs d'Orléans servirent de garde-meuble [1] et, après tant de dégradations, ce palais « resta tellement discrédité que, dans les dernières années de l'Empire, on alla jusqu'à proposer de le mettre en vente pour en faire un objet de spéculation [2] ».

Le 17 mai, le lendemain de son arrivée à Paris, le duc d'Orléans se rendit aux Tuileries ; le roi le reçut avec bienveillance et lui dit : « Il y a vingt-cinq ans, vous étiez lieutenant-général, vous l'êtes encore [3]. » Louis XVIII fit plus : par une ordonnance, en date du 18 mai, il restitua au duc d'Orléans et à sa sœur, le Palais-Royal et le parc de Mousseaux et, le 20 mai, une deuxième ordonnance les mettait en possession de « tous les biens leur appartenant qui n'ont pas été vendus, soit qu'ils soient régis par l'administration des domaines, soit qu'ils soient employés à des établissements publics ».

Fort de ces ordonnances, le duc d'Orléans s'occupa à faire restaurer son palais pour y recevoir sa famille. Pendant son séjour à Paris, et, malgré la faveur inespérée dont il avait été l'objet, il reçut chez lui un certain nombre de

1. Vatout.
2. *Id.*
3. Cf. *Histoire de la Restauration par un ancien magistrat*, puis Vatout, Trognon, Mme de Genlis, etc...

libéraux et de bonapartistes[1], puis, après être allé à Londres pour mettre de l'ordre dans ses affaires, il s'embarqua pour la Sicile, sur le vaisseau amiral *Ville de Marseille*, avec le baron Atthalin et le comte de Sainte-Aldegonde.

Arrivé à Palerme le 14 juillet, il quitta cette ville quelques jours après, accompagné de sa sœur, de sa femme, de son fils, le duc de Chartres et de ses filles, la princesse Louise[2] et la princesse Marie[3]. Mademoiselle et la duchesse d'Orléans quittèrent avec joie « cette île où elles n'avaient trouvé que déplaisir, amertume et inquiétude[4] ». Le 18 août 1814, les voyageurs arrivèrent à Marseille, puis, remontant le Rhône jusqu'à Arles, ils y prirent le coche, s'arrêtèrent à Avignon, à Valence, à Vienne. Ils étaient le 4 septembre à Lyon où ils furent reçus par le général Augereau. Le soir même, Mademoiselle eut la joie de conduire sa belle-sœur au théâtre. Mlle Mars, en tournée, jouait le rôle d'Araminte dans *les Fausses Confidences*. Le naturel, la grâce, la voix admirable, les yeux superbes de l'actrice préférée de Napoléon, séduisirent les deux princesses, qui occupèrent

1. Peuchet.
2. Née le 3 avril 1812.
3. Née le 12 avril 1813.
4. *Journal de Marie-Amélie* (Trognon).

les cinq autres jours qu'elles restèrent à Lyon à des divertissements moins profanes [1].

Le 9, les voyageurs s'embarquèrent sur la Saône. A partir de Châlon, ils continuèrent leur voyage par terre. A Dijon, le comte d'Artois était venu les attendre [2]. Ce prince « si agréable, si charmant, si français [3] » était un peu souffrant. Il ne voulut voir en Louis-Philippe que son parent, son ami, parut avoir oublié jusqu'au nom même de son compagnon de plaisir, Philippe-Égalité, se montra galant, prévenant, attentif, tel qu'il était, chevaleresque et généreux et tel qu'il fût resté, s'il n'était devenu en vieillissant « un moine de la trappe [4] ». Il avait mis une grosse cocarde blanche à son chapeau et en distribua aux voyageurs. Cheval blanc, panache blanc : c'était une manie du prince.

Le soir du 22 septembre, ils arrivèrent à Paris. Tout était changé dans la patrie : mœurs, institutions, esprit religieux. Une génération nouvelle était née, plus exubérante que celle qu'avait connue Mademoiselle et qui lui rappelait les foules tapageuses de Palerme. Paris avait pris un autre aspect ; le petit commerce avait progressé ; les rues de la capitale étaient égayées par de nombreuses boutiques, que le change-

1. « Elles visitèrent les églises. » (Cf. TROGNON.)
2. TROGNON.
3. Duchesse D'ABRANTÈS. *Mémoires.*
4. Duchesse D'ABRANTÈS. *Mémoires.*

ment de régime avait fait barioler de fraîches couleurs. Des outrages de la Révolution, la grande ville avait été lavée. Quinze ans de pouvoir absolu avaient relevé les ruines accumulées. De nombreux monuments embellissaient Paris ; des ponts avaient été jetés sur la Seine ; des rues venaient d'être percées ; la ville pavoisée avait un air de fête, les attributs de l'Empire ayant été cachés sous des faisceaux de drapeaux blancs.

Dès le lendemain de leur arrivée, et malgré le deuil récent [1] et la grossesse avancée de Marie-Amélie, tous les membres de la famille d'Orléans se rendirent au « château » apporter au « roi légitime » l'hommage de leur fidélité et de leur dévouement.

Louis XVIII avait réorganisé avec un grand luxe la maison militaire des anciens rois. Aux abords des Tuileries, mousquetaires, chevau-légers, gens d'armes, gardes du corps se pressent, dans leurs habits chamarrés. Au pavillon de Marsan, la garde-suisse rend les honneurs ; au pavillon de Flore, tandis que les princes et les princesses d'Orléans descendent de voiture, la garde-royale présente les armes et, dans le vestibule de l'escalier de pierre, les tambours des Cent-Suisses battent au champ. Un majestueux maître d'hôtel en habit rouge

---

1. C'est en arrivant à Fontainebleau que Marie-Amélie avait appris la mort de sa mère, la reine de Naples.

introduit les visiteurs dans le cabinet du roi [1]. Toute la famille royale était réunie autour d'un vieillard, « assis dans un fauteuil roulant, portant poudre et queue, des bottes et de velours encore, découvrant des jambes en manière de poteaux ou des poteaux en manière de jambes [2]... » Il avait les mains appuyées sur le pommeau d'une canne, dont le bout était fourré dans son soulier [3]. C'était Louis XVIII. Il avait une « belle figure sans expression [4] » ; il souriait en pinçant les lèvres ; la souffrance le faisait retomber dans son fauteuil [5].

Il accueillit, avec une bonhomie un peu froide, le duc d'Orléans et Mademoiselle, présenta ses condoléances à Marie-Amélie, fit l'éloge de la reine de Naples, puis, montrant Madame « avec un geste affecté et théâtral », il rappela encore qu'elle avait été son Antigone. La fille de Louis XVI « démentait par sa vive rougeur et l'éclat de ses yeux les paroles bienveillantes [6] » qu'elle était obligée d'adresser à ses cousins. Elle parlait d'ailleurs « d'un ton sec et d'une voix rauque » et son visage « respirait haine et vengeance ». Monsieur fut fort aimable, comme toujours. Le

1. Cf. Prince de JOINVILLE, *Vieux souvenirs.*
2. Duchesse D'ABRANTÈS, *Mémoires.*
3. Cf. Comtesse de BOIGNE, *Mémoires.*
4. *Id.*
5. Voyez : CAPEFIGUE, *Histoire de la Restauration.*
6. PEUCHET, *Mémoires tirés des archives de la police.*

duc d'Angoulême, gauche et craintif, le duc de Berry, distrait, se tenaient à l'écart ; les deux Condé étaient là.

Mademoiselle, le duc d'Orléans, Marie-Amélie surtout remerciaient le roi de ses bontés. Le fils de Philippe-Egalité portait la main sur son cœur, protestait de son dévouement, offrait ses services. Le frère de Louis XVI, le successeur de Saint Louis, écoutait avec condescendance ; impassible, il semblait approuver. Depuis vingt ans qu'avec ordre, méthode et sagacité il se préparait à son métier de roi, il savait admirablement jouer son rôle. Passé maître dans l'art de feindre, « il était parvenu à faire plier sa physionomie à toutes les émotions de circonstance[1] ». Il excellait à prendre un maintien noble et digne, à donner à son visage un air de hautaine majesté, mêlé de conciliante bonhomie. Méfiant, sournois, rusé, « homme d'esprit philosophe, mais faux comme un jeton[2] », il fut un prétendant habile, mais un roi médiocre. Il avait le jugement droit, une grande habileté à se ménager entre les partis, mais il voyait petit, ne généralisait pas, s'obstinait à des détails de police ou de protocole. « Egoïste, perclus, vieux avant l'âge », craignant tout travail, fuyant tout ennui, il ne s'intéressait pas

1. Capefigue.
2. C'est ainsi que parlait du roi le vieux prince de Condé.

aux affaires de l'État. Il était grondeur, criard, impatient, mais ses souffrances en étaient la cause ; sa paresse et son égoïsme procédaient de sa maladie. Les douleurs physiques le diminuèrent. Le moyen de lui plaire était de lui laisser ignorer les mauvaises nouvelles, de l'écouter parler avec beaucoup d'attention et de savoir louer les petits billets qu'il écrivait à ses intimes dans une langue claire, très nette précise, un peu recherchée. Infatué de sa supériorité, plein de morgue, il tenait à être complimenté. Ne pouvant être un débauché de fait, il le fut d'esprit ; sa conversation était licencieuse, souvent grossière ; la lecture des rapports de police était son régal. Il apportait dans les affaires une sorte de dilettantisme aimable et sceptique qui ne lui fut pas nuisible. Il se tira fort bien de sa politique de bascule, mais il ne fit rien pour résoudre les difficultés prochaines ; et, s'il parvint par des concessions à allonger son règne, il laissa à son frère, qu'il savait incapable, une situation embarrassée. Il crut, ou feignit de croire, que le duc d'Orléans en voulait plus à sa liste civile qu'à sa couronne ; par lassitude, il le gorgea d'or, et par crainte, il le tint à l'écart. Ce fut un faux calcul. L'immense fortune du duc d'Orléans et son éloignement de la cour lui créèrent une popularité, qui le porta au trône en 1830, qui même l'y faillit porter après les Cent jours.

CHAPITRE II

A l'époque de sa rentrée en France, Mademoiselle avait trente-sept ans. Le duc d'Orléans
avait essayé de la marier pendant qu'elle était
encore à Palerme [1], mais ce ne fut là qu'un
projet vite abandonné par la princesse Adélaïde
elle-même qui n'eût jamais consenti à se séparer de son frère et dont le caractère indépendant aurait difficilement supporté une tutelle.
La ressemblance de la princesse avec sa mère
s'était accentuée, depuis que s'était empâté
son visage. Elle avait la même bouche que la
duchesse douairière, le même menton un
peu fort, l'habitude pareille de tenir la tête in-

---

1. Cf. *Papiers d'un émigré, publiés par son arrière-petit-
fils,* le colonel de GUILHERMY.

clinée [1], mais son regard était plus grand et moins doux et elle avait le front large et haut et, malheureusement aussi, le teint de Philippe-Égalité. Avec cela, aucune distinction dans les manières, une façon de parler péremptoire, une démarche délibérée, des haines ardentes, des défauts que l'on attribuait à une éducation tracassière, mais une physionomie vive, mobile, des yeux admirables, une lumineuse intelligence, beaucoup de jugement, une grande indulgence pour les fautes d'autrui, un dévouement sans bornes pour son frère.

Au contraire de sa belle-sœur, Marie-Amélie — « grande et maigre », — avait « très grand air ». « Elle supportait bien la parure, avait bonne grâce avec beaucoup de dignité [2]. »

C'est un mois seulement après son établissement au Palais-Royal que la duchesse d'Orléans accoucha du duc de Nemours. « Louis XVIII et la duchesse d'Angoulême tinrent le nouveau-né sur les fonts du baptême, dans la chapelle des Tuileries, avec tout le cérémonial de l'ancienne cour [3]. »

Lorsque la santé de Marie-Amélie fut rétablie, Mademoiselle l'emmena avec elle visiter le vieux

---

1. Voyez les portraits de la princesse à Versailles, à Chantilly, les gravures du temps, les lithographies populaires, etc...
2. Comtesse de Boigne.
3. Trognon.

Paris, le charmant Paris des légendes et de l'histoire. Il n'était pas une église, pas un monument qu'elles n'allassent voir. La princesse Adélaïde, qui avait conservé le souvenir des promenades instructives qu'elle avait faites avec sa gouvernante, conduisit sa belle-sœur dans tous les musées. Elles visitèrent les ateliers des peintres célèbres. On les vit parfois au Jardin des Plantes et souvent dans les salles de spectacles.

Dans la joie du retour, la duchesse douairière d'Orléans avait oublié les dissentiments qui la séparaient de ses enfants et elle les recevait, soit dans sa propriété d'Ivry, soit dans l'hôtel de Nivernais[1] où, ne pouvant se faire restituer l'hôtel de la Vrillière[2], elle avait établi sa résidence. Le comte de Folmont habitait avec la duchesse et ne la quittait pas. « Il était tellement le maître chez elle, qu'on le dit son mari[3]. » La duchesse douairière le comblait de soins exagérés; le sachant gourmand, elle lui faisait passer, à table, devant les convives gênés, les

1. Rue de Tournon. Ce fut la demeure du maréchal d'Ancre ; habitée quelque temps par Louis XIII qui voulait se rapprocher de sa mère, concédée à Charles de Luynes ; le duc de Nivernais y habitait en 1789. Elle fut séquestrée pendant la Révolution et sert de caserne depuis 1830. (Cf. Marquis DE ROCHEGUDE, *Promenade à travers le vieux Paris.*

2. Construit par Mansart en 1635 ; habité plus tard par le duc de Penthièvre ; banque de France depuis 1812. (Cf. ROCHEGUDE).

3. Comtesse DE BOIGNE, *Mémoires.*

meilleurs morceaux que l'on servait. Elle lui préparait elle-même son café et il n'aurait pas fallu que quelqu'un, au salon, osât venir occuper la place réservée au « bon Rouzet ». La maison était tenue sur le pied le plus bourgeois et la duchesse finit même par ne plus recevoir que les admirateurs de M. de Folmont. On comprend ainsi pourquoi Adélaïde préférait, à la société de sa mère, celle de sa tante Bourbon.

La sœur de Philippe-Égalité était gaie, charmante, spirituelle et très charitable. Toute petite, mise ridiculement, avec son bonnet à la mode du temps de Louis XVI, « une dévotion mystique lui brouillait la cervelle [1] ». Ses deux frères, l'abbé de ville et l'abbé des champs [2], égayaient sa demeure.

Le duc de Bourbon, toujours séparé de sa femme, habitait avec son père, le prince de Condé, grand-maître de la maison du roi, colonel général de l'infanterie française. L'un et l'autre vivaient dans leurs terres, le plus souvent à Chantilly ou à Saint-Leu. Le prince de Condé, vieillard vénérable, mais toujours somnolent sous sa perruque blanche et son catogan, avait conservé les scrupules et les ridicules de l'armée des princes. « L'émigration était son dieu Lare... il n'était pas bien sûr d'avoir eu un

1. Duchesse D'ABRANTÈS.
2. Saint-Albin et Saint-Farre.

petit-fils ; il sentait seulement dans son nom un
certain accroissement de gloire qui pouvait bien
tenir à quelque Condé qu'il ne se rappelait plus[1] ».
Il appelait le roi, M. de Provence et lui gardait
rigueur de n'avoir pas été de la première émigration. Le duc de Bourbon était rude et sauvage. Mme de Reuilly, sa fille naturelle, avait
pris un grand ascendant sur son esprit, mais, si
elle était parvenue à peu près à le faire renon-
cer à ses désordres grossiers, elle n'avait pu
vaincre sa sordide avarice et sa timidité. Il ne
se plaisait qu'à la chasse, « ses journées commençaient par l'aboiement des chiens et finis-
saient par la fanfare des cors[2] ».

Au Palais-Royal, les princesses reçurent de
nombreuses visites. Mme de Genlis eut le bonheur « inexprimable » de revoir ses élèves. « L'un
et l'autre, écrit-elle, me montrèrent dans ces premières entrevues l'émotion, l'attendrissement, la
joie que je ressentais moi-même. Hélas ! il me
manquait cependant dans cette réunion trois
élèves chéris et bien dignes de l'être, M. le duc
de Montpensier et son frère le comte de Beaujolais, tous deux morts en exil et, enfin, mon
cher et malheureux neveu, César Du Crest !...

« Au bout d'un quart d'heure de cette entrevue
si touchante pour moi, le duc d'Orléans nous

1. CHATEAUBRIAND, *Mémoires d'Outre-tombe.*
2. CAPEFIGUE.

quitta en nous annonçant qu'il allait chercher la duchesse d'Orléans; il vint presque aussitôt en la tenant par la main. Cette princesse s'avança, elle me fit l'honneur de m'embrasser en me disant qu'elle désirait depuis longtemps me connaître et elle ajouta : « car il y a deux choses que j'aime passionnément, vos élèves et vos ouvrages». Il était assurément impossible d'exprimer avec plus de charme, d'esprit et de grâce, dans une seule phrase, des sentiments d'épouse et de sœur et de montrer plus de bonté pour moi. »

Seuls, quelques émigrés, fidèles à leur inimitié contre les d'Orléans, firent grise mine aux princesses qui étaient pourtant accueillies à la cour avec bienveillance. Cette cour de Louis XVIII était austère et froide. Le roi était impotent et Madame toujours triste et hautaine. L'élégant Galaor (le comte d'Artois) avait vieilli et, en vieillissant, il était devenu dévot. Cette dévotion le rendait ennuyeux, son charme de jadis étant fait de grâces libertines qui eussent choqué son confesseur. Il avait, au moral comme au physique, une tête d'oiseau; son regard petit s'étonnait sans cesse et son front étroit semblait vide d'idées. Mais il avait une distinction naturelle, une prestance majestueuse et souple, l'allure d'un grand seigneur. Il fut le dernier représentant de cette noblesse du dix-huitième siècle qui savait allier, à une politesse aimable, l'ironie et l'impertinence du sourire protecteur. Le duc d'Angoulême ne parlait pas à la cour, où il était intimidé par sa propre ignorance et le duc de Berry, distrait, semblait toujours penser à Mlle Virginie [1].

Une population d'évêques, de prêtres, de moines sillonnent les salons magnifiques des Tuileries ; il y règne une étiquette de messes, de saluts, d'offices, souvent de *De profundis*. On a recouvert les attributs de l'Empire de draperies de velours incarnat. L'installation paraît provisoire et concorde du reste avec l'entourage du nouveau roi : « Ici, un officier échappé au désastre de Moscou, là, un autre qui a repris l'uniforme de l'armée de Condé, plus un Vendéen vêtu de vert [2] »... « Aux uniformes de la garde de Napoléon, dit Chateaubriand [3], se mêlent les uniformes des gardes du corps exactement taillés sur le même patron. Le vieux duc d'Havré, avec sa perruque poudrée et sa canne noire, chemine en branlant la tête auprès du maréchal Victor ; le duc de Mouchy défile à la messe auprès du maréchal Oudinot... » et Madame Royale parle avec la fille de Philippe-Egalité !

L'étiquette a été rétablie dans ce qu'elle avait de plus rigoureux et de plus mesquin. Elle en-

1. Cf. Duchesse D'ABRANTÈS, *Mémoires* ; Comtesse de BOIGNE *Mémoires*, etc...
2. IMBERT DE SAINT-AMAND, *la Cour de Louis XVIII.*
3. *Mémoires d'Outre-tombe.*

laidit même les jolies femmes : « Pas de diamants, pas de bijoux, pas de fleurs, quelques plumes et voilà tout [1]. » Une ridicule toilette de cour [2] a été imposée par la duchesse d'Angoulême. Le modèle désuet, déposé chez les couturières de Madame, doit être exactement copié. On a fait revivre la cérémonie du grand couvert où la présence des duchesses de « noblesse vilaine [3] » est tolérée avec peine.

« La branche aînée, en raison de la rigoureuse et ancienne étiquette à laquelle elle regardait comme une grave faute de déroger, ne pouvait donner la vie, le mouvement, et encore moins la gaîté à ses royales réunions, tandis que celles de la famille d'Orléans conservaient la dignité du palais avec les avantages d'amusements et de plaisirs de bonne société, ce qui leur donnait une toute autre physionomie... On était gêné, mal à l'aise, aux Tuileries, on s'y ennuyait ; on était joyeux, aimable, charmé, au Palais-Royal, on s'y trouvait heureux [4]. » On y rencontrait « avec l'élite des plus anciennes familles du royaume..., des maréchaux, des généraux, des sénateurs convertis en pairs de France, tous

---

1. Duchesse D'ABRANTÈS, *Mémoires*.
2. « On attacha à nos coiffures grecques de ridicules barbes et on remplaça l'élégant chérusque par une lourde mantille et une espèce de plastron plissé... » (Comtesse DE BOIGNE. *Mémoires.*)
3. Noblesse de l'Empire.
4. APPERT, *Dix ans à la cour du roi Louis-Philippe.*

personnages de la Révolution et de l'Empire,
assurés de trouver là des égards qu'ils ne trouvaient pas toujours aux Tuileries ».

« L'état dans lequel le duc d'Orléans avait
trouvé la demeure de ses pères ne lui permettait
pas les grandes et splendides réunions qu'on
admira plus tard au Palais-Royal. Mais, dès lors,
sous la direction pleine de goût de Mademoiselle
que secondait le compositeur Paër, d'excellents
concerts rassemblaient une société nécessairement plus choisie que nombreuse [1]. » Chateaubriand lut un soir une nouvelle inédite du *Dernier
des Abencerrages* et recueillit des applaudissements « auxquels il fut très sensible ».

Les réceptions du Palais-Royal avaient lieu
le premier mercredi de chaque mois. On n'y
allait pas en habit de cour et on n'avait pas
inventé, comme aux Tuileries, ces absurdes dé-
filés qui séparaient les hommes et les femmes [2].
La bonne grâce, la simplicité, la politesse du
duc d'Orléans étaient vantées par tous. Sa sœur,
très bonne, très accueillante, avait une horreur
profonde de l'étiquette. Elle aimait à parler politique, tenait le salon de Marie-Amélie, peut-
être « la plus grande dame de l'Europe [3] », mais
non la plus causeuse.

1. TROGNON, *Vie de Marie-Amélie.*
2. Comtesse DE BOIGNE, *Mémoires.*
3. TALLEYRAND, *Mémoires.*

On vivait sans inquiétude ; « on s'abandonnait avec sécurité à la jouissance des jours meilleurs qui renaissaient au sein de la patrie [1] ». Mademoiselle en profitait pour s'occuper, ainsi que son frère d'une fortune qu'ils n'avaient pas encore partagée. Déjà, « mille grands et menus procès » avaient été engagés par eux. Rien ne se faisait sans Dupin. Brusque, inculte, sa laideur était loin de lui nuire. Il avait l'esprit caustique, la répartie vive ; travailleur infatigable, il fut un puissant auxiliaire pour le duc d'Orléans et pour sa sœur. La princesse Adélaïde s'y connaissait en hommes ; c'est elle qui l'avait découvert. Il lui en sut toujours gré, ne l'appelait que *la belle Mademoiselle* et, avec elle, cachait sa franchise sous une grande servilité.

Cette aride besogne de procès, grâce à Dupin auquel le duc d'Orléans et la princesse Adélaïde, qui « plus que personne au monde avait l'esprit des affaires [2] », ne ménagèrent pas leur concours, fut terminée avec une rapidité qui tient du prodige. Aucun sentiment, aussi bien, ne fut pris en considération. La duchesse douairière, elle-même, ne fut pas à l'abri des agressions de son fils et de sa fille [3]. Pour les

1. TROGNON.
2. Comtesse DE BOIGNE, *Mémoires*, t. III.
3. Il s'agissait d'apurements de comptes, de dettes communes à liquider. La solution fut différée à l'arbitrage royal. Les conclusions furent en faveur de la duchesse.

créances anciennes, la prescription fut invoquée ; des transactions avantageuses furent adoptées pour les dettes trop récentes. Le prince et la princesse arrivèrent ainsi, avec 4 millions et demi, à éteindre 25 millions de dettes et à rentrer en possession de la grosse fortune que leur père avait dispersée dans sa lutte contre la royauté [1]. Et cette fortune, sagement administrée, augmentée chaque jour, permit aux anciens élèves de Mme de Genlis de pouvoir préparer et réaliser enfin la « grande idée » de leur gouvernante.

[1]. On peut voir au sujet de ces questions financières les *Mémoires* de Dupin. Mais il faut se défier de l'évidente partialité de leur auteur.

CHAPITRE III

Au « château », et surtout au pavillon de Marsan, les émigrés, croyant avoir conquis la France, ne pensaient pas qu'on les en pût chasser. Le gouvernement de la Restauration avait pourtant « accumulé les fautes ». Le retour aux vieux usages, les formes surannées du langage et du costume, l'introduction des aumôniers dans les régiments, avec le titre de premier capitaine, l'obligation de la messe pour les protestants, comme pour les catholiques, avaient choqué la masse du pays. L'abandon des trois couleurs, l'imprudente lettre de Louis XVIII, qui avait déclaré devoir son trône « après Dieu, au régent d'Angleterre », la mise en demi-solde

des vieux soldats de l'Empire, leur expulsion de
Paris, le dédain que manifestaient les anciens
officiers de l'armée de Condé aux lieutenants de
Napoléon avaient blessé l'orgueil national, et les
acquéreurs de biens nationaux « qui couvraient
la surface de la France et qui exerçaient une
grande influence étaient particulièrement dans
une grande anxiété [1] ». Le mécontentement était
général. Une sorte de conspiration lente, indé-
terminée, menaçait le gouvernement. Elle était
faite d'une multitude de petits complots isolés
dont le principal se fomentait à Paris, où
quelques membres de la famille impériale
étaient restés. Des généraux, de riches ban-
quiers, des artistes de talent se réunissaient
dans le salon de la duchesse de Saint-Leu [2], préparaient le retour de l'Empire. Une campagne
de presse avait été engagée : des chansons
patriotiques circulaient parmi les officiers ; des
pamphlets, des portraits de propagande, des caricatures avaient été distribués partout et, aux spirituelles attaques du *Nain jaune*, à la dialectique
serrée du *Censeur européen*, les royalistes ne
savaient opposer que les larmoyants articles de
la Quotidienne ou du *Journal royal*.

Mademoiselle d'Orléans et son frère étaient, par
leurs relations, au courant d'une agitation que

1. ODILON BARROT, *Mémoires*, t. I.
2. La reine Hortense

Louis XVIII voulait ignorer. Libéraux, républicains, constitutionnels, bonapartistes même fréquentaient au Palais-Royal. Mortier, Valence, Beurnonville, Macdonald y rencontraient le banquier Laffitte avec Benjamin Constant, Camille Périer, Guizot, le duc de Broglie. Le duc de Bassano [1] — le chef du complot bonapartiste, avec Mme Hamilton et Regnault de Saint-Jean-d'Angély — ne manquait pas aussi de rendre visite souvent à son ancienne compagne de voyage, à la jeune fille exilée que, sur l'ordre de Philippe-Egalité, il avait, avec Mme de Genlis, ramenée de Londres à Paris.

Aussi, lorsque, le soir du 5 mars 1815, le duc d'Orléans fut appelé en hâte, aux Tuileries, par Blacas qui lui apprit, d'un ton d'insouciant persiflage, l'arrivée de Napoléon, « avec quelques centaines d'hommes », il ne partagea pas les opinions optimistes du roi. Il ne croyait pas qu'une ordonnance royale, déclarant *Buonaparte* traître et rebelle et enjoignant à tout citoyen de lui « *courir sus* [2] », fût suffisante pour arrêter la marche de l'Empereur. Il partit pour Lyon

---

1. Maret. Quelques années plus tard, un procès le brouilla avec la famille d'Orléans.

2. Ordonnance Royale du 6 mars (*Moniteur*, 7 mars).

« *Courir sus* en 1815 ! écrit Chateaubriand, *courir sus* ! et *sus* qui ? *sus* un loup ? *sus* un chef de brigands ? *sus* un seigneur félon ? Non : *sus* Napoléon qui avait couru *sus* les rois, les avait saisis et marqués pour jamais à l'épaule de son X ineffaçable ! »

« comme un homme qu'on pousse par les épaules[1] ». Il craignait de se compromettre dans une aventure dont il prévoyait l'issue. Il eût préféré de beaucoup voir le duc de Berry s'en aller à sa place[2]. Louis XVIII insista qui tenait à éloigner de Paris son cousin, et le duc d'Orléans dut se soumettre. Il emmena avec lui Montmorency, Atthalin et Sainte-Aldegonde, mais ne resta que trois jours à Lyon ; le 12 mars, il venait déclarer au roi que toute résistance avait été impossible. Le soir même, à l'aide de faux passeports et sans l'autorisation de Louis XVIII, il fit partir sa femme et ses enfants pour l'Angleterre[3], sous la garde du fidèle comte de Grave. La princesse Adélaïde demeura au Palais-Royal : « C'était une consolation véritable, écrit Louis-Philippe, dans son journal, que de garder ma sœur auprès de moi ;... la présence de ma sœur rendait le départ de ma femme moins marquant et... si j'étais obligé de m'éloigner subitement, ma sœur pourrait rester longtemps après moi pour terminer mes affaires. »

Ces affaires étaient plutôt d'ordre politique. Un complot existait en effet, mais « le retour de

1. Louis-Philippe, *Mon Journal. Evénements de 1815.*
2. Cf. *Id.*
3. La duchesse écrivit au roi lui annonçant son départ, mais assez tard, pour que Louis XVIII ne reçût sa lettre que le lendemain du jour où elle quitta Paris. (Cf. Trognon, *Vie de Marie-Amélie.*)

Napoléon n'en était pas l'objet [1] ». A la tête de
ce complot, étaient le général Drouet d'Erlon,
le colonel Lefebvre-Desnouettes, les frères
Lallemand, tous en garnison dans le nord de la
France. C'est pourquoi le duc d'Orléans s'était
habilement fait nommer à Péronne et avait, non
moins habilement, laissé sa sœur à Paris. Il
savait que, sur elle, il pouvait compter plus
que sur lui et que la haine de la princesse Adélaïde pour les membres de la branche aînée
des Bourbons et « l'amertume qu'elle avait conservée contre les émigrés qui avaient abreuvé sa
jeunesse de dégoûts [2] » l'emportaient même sur
l'affection qui la liait à son frère. Le roi, qui avait
été fâché de voir qu'on lui avait désobéi [3] en
éloignant Marie-Amélie et ses enfants, « daigna
pourtant promettre au duc qu'il veillerait sur
sa sœur et la ferait avertir à temps de tout ce
qui pourrait l'intéresser [4] ».

Il est difficile de discerner quel fut exactement le rôle de la princesse pendant les journées
d'affolement, les mouvements de crainte et d'espérance qui précédèrent l'arrivée de Napoléon.
Toujours est-il qu'après le départ du duc
d'Orléans, elle ne parut pas aux Tuileries et
qu'elle fit de nombreuses et obscures démarches

1. De Las Cazes, *Mémorial de Sainte-Hélène.*
2. Comtesse de Boigne, *Mémoires*, t. III.
3. Louis-Philippe, *Mon Journal. Evénements de 1815.*
4. *Id.*

dans Paris qu'elle quitta seulement le 20 mars et quand elle eut la certitude que rien ne pourrait empêcher l'entrée de Napoléon dans la capitale de la France. Elle partit dans une voiture attelée de quatre chevaux que son frère avait eu la précaution de lui laisser. Quelques heures auparavant, Blacas était venu la voir et lui apporter de la part de Louis XVIII une ordonnance de 100.000 francs, mais il n'avait pas rencontré Mademoiselle qui était sortie [1] ou qui n'avait pas voulu le recevoir. Le 21 mars, la princesse avait, avec Mme de Montjoie, rejoint son frère à Lille.

Le lendemain, vers midi, tandis que le duc d'Orléans passait une revue, on annonça l'arrivée du roi, accompagné du prince de Poix, du duc de Duras et du comte de Blacas. Louis XVIII tenait en une telle méfiance son cousin qu'à la vue des troupes assemblées, il eut peur d'une conjuration et songea à rebrousser chemin. C'était mal connaître le duc d'Orléans qui était l'homme des moyens termes, non des partis extrêmes. Il alla au roi, lui fit, comme toujours, des protestations de fidélité et de dévouement et même, quelques jours après, il était parvenu à persuader à Louis XVIII de partir pour Dunkerque et d'aller s'y défendre.

1. Lettre du comte de Blacas d'Aulps au duc d'Orléans.

Au dernier moment, tout fut changé et le roi, qui se défiait, non sans raison, décida de passer la frontière.

Après le départ de Louis XVIII, Mademoiselle quitta Lille, ainsi que son frère et Mme de Montjoie — c'était le 24 mars, à cinq heures du matin —. Le duc de Trévise les accompagna jusqu'aux portes de la ville. Ils arrivèrent à Tournay à la pointe du jour, et, le 3 avril, ils étaient à Londres [1]. « Le duc d'Orléans était aise au fond de se trouver hors de la bagarre : l'ambiguïté de sa conduite portait l'empreinte de son caractère [2]. » Son voyage à Londres, « fait sans demander l'assentiment du roi et contre la marche évidente des circonstances [3] », affligea tous les sincères royalistes. Louis XVIII ne pardonna jamais au premier prince du sang, sa lettre au duc de Trévise [4] : « Je m'en rapporte à ce que votre patriotisme si pur pourra vous suggérer de mieux pour les intérêts de la France », et l'ordre du jour qu'il adressa aux troupes, les dégageant du serment qu'elles avaient prêté au roi.

A Londres, le duc et Mademoiselle d'Orléans rejoignirent d'abord Marie-Amélie au *Grillon's Hotel*. Un mois après, toute la famille s'installa à l'hôtel de *Star and Garter*, situé sur le point le

---

1. Cf. Louis-Philippe, *Mon Journal, Événements de 1815.*
2. Chateaubriand, *Mémoires d'Outre-Tombe.*
3. Bourienne, *Mémoires.*
4. Mortier.

plus élevé de la jolie ville de Richmond, pour partir bientôt au château de Twickenham, qui devint dès lors *Orléans-House*. A cette époque, la duchesse d'Angoulême fut envoyée en Angleterre par le roi, son oncle, pour y surveiller sans doute les menées de la famille d'Orléans, mais, contre aucun de ses membres, elle ne put relever la moindre faute. Louis-Philippe et sa sœur, fort habiles, ne complotaient pas au grand jour : ils se tenaient dans une « inaction séparée », attendaient les événements.

La défaite de Waterloo les déconcerta ; leurs plans n'étaient pas prêts. Le duc d'Orléans envoya bien Valence à Paris avec la mission de soutenir sa candidature, appuyée d'ailleurs par Fouché — ministre de Napoléon — par Talleyrand — ministre du roi de France — et à laquelle le tzar lui-même était gagné ; le régent d'Angleterre se refusa à ce qu'il appelait une usurpation de famille, et toutes ces démarches n'aboutirent qu'à envenimer le ressentiment de Louis XVIII.

« Aussi le duc, écrit Villèle dans ses *Mémoires*, loin d'être appelé à présider un collège électoral, resta à Londres… Ce prince avait hésité à quitter Lille avec le roi lors de la rentrée de Bonaparte, et il avait tenu publiquement certains propos, qui étaient revenus aux oreilles de Louis XVIII. Il avait dit qu'il ne ferait aucune difficulté de reprendre la cocarde tricolore, avec laquelle il avait fait ses premières armes, et il avait exprimé le regret de voir compromettre inconsidérément ses droits d'expectative à la couronne, par les fautes des princes de la branche aînée. Le roi ne pouvait ignorer d'ailleurs que les représentants, envoyés à Wellington pour traiter de la capitulation de Paris, avaient proposé de déférer la couronne de France au duc d'Orléans. Le séjour prolongé du prince en Angleterre fut considéré avec raison comme un exil temporaire infligé par Louis XVIII. »

Toutefois, pour faire lever le séquestre que l'Empire avait mis sur ses biens et sur ceux de sa sœur, Louis-Philippe se rendit à Paris, dès le mois de juillet 1815. Il fut reçu par le roi « tout au plus bien » ; son voyage aussi ne dura-t-il que quatre semaines. De retour en Angleterre, le prince emmena sa femme et sa sœur voir la ville universitaire d'Oxford, ainsi que les châteaux de Blenheim, de Stowe et de Hatfield. Revenue à Twickenham, la famille d'Orléans y reçut la visite du prince Léopold de Saxe-Cobourg [1], qui venait d'épouser la princesse Charlotte de Galles [2].

La princesse était plus que blonde, et ses

____

1. Qui devint roi des Belges et épousa en secondes noces la fille aînée du duc d'Orléans, la princesse Louise.
2. Elle mourut l'année suivante.

yeux bleus, d'un éclat métallique, n'avaient ni cils, ni sourcils. Elle n'était pas laide pourtant, mais, héritière de trois royaumes, elle affectait le port de tête hautain et les manières décidées de la grande Elisabeth. Fort amoureuse de son mari, elle combattait le gouvernement de son père[1], détestait la reine, et vivait loin de Londres, à Claremont, où elle était très populaire. Elle venait souvent faire des courses à Twickenham, ainsi que la princesse Elisabeth et, entre Oatland, séjour de la duchesse d'York, et Orléans-House, il y avait de continuelles et amicales relations.

Malheureusement tous les membres de la famille d'Orléans ainsi que leur entourage — la comtesse de Vérac et Mme de Montjoie, Montmorency, Sainte-Aldegonde et Atthalin — eurent à souffrir des niaises tracasseries occasionnées par la « sottise courtisane » de notre ambassadeur à Londres, M. de la Châtre, qui les faisait surveiller par des espions à gages, et dénaturait dans ses rapports à Louis XVIII, leurs actions les plus innocentes[2]. Quand le marquis d'Osmond succéda à la Châtre « l'espionnage tomba de lui-même... la confiance la plus loyale s'établit... et si Mademoiselle fut ramenée la dernière, elle le fut complètement et à jamais[3] ».

---

1. Régent d'Angleterre pendant la folie de son père Georges III ; il devint roi sous le nom de Georges IV.
2. Voyez : Mme DE BOIGNE, *Mémoires*.
3. *Id.*

A l'occasion du baptême de la petite princesse d'Orléans [1], il y avait eu un grand déjeuner à Twickenham; le prince régent, qui menait du reste la vie d'un homme du monde et allait visiter les particuliers, y assista avec ses trois frères les ducs d'York, de Kent et de Glocester. La princesse Charlotte prétexta un gros rhume, mais avoua plus tard à la duchesse d'Orléans que son antipathie pour ses tantes et pour sa grand'mère l'avait seule empêchée d'assister à la cérémonie.

A la fin de l'été de l'année 1816, Mademoiselle étant souffrante s'en fut prendre les eaux de Cheltenham, pendant que son frère et sa belle-sœur parcouraient les comtés occidentaux de l'Angleterre. Enfin, en 1817, en février, le duc d'Orléans qui venait pourtant de prendre part à une souscription ouverte pour secourir les exilés français, réfugiés aux Pays-Bas, et qui, semble-t-il n'était pas exempt de culpabilité dans l'affaire Didier [2], partit pour Paris. Il y obtint de Louis XVIII le pardon qu'il était venu chercher, et, à un dîner aux Tuileries, où il avait été convié, il fut autorisé par le roi à aller prendre sa famille en Angleterre.

La duchesse d'Orléans, Mademoiselle — dont l'état de santé avait retardé la date du départ — les jeunes princes et les petites princesses arri-

1. Mlle de Montpensier, qui mourut à peu près en même temps que le vieux prince de Condé.
2. Voyez : PEUCHET, *Mémoires tirés des archives de la police.*

vèrent au Palais-Royal le 15 avril, à huit heures et demie du soir. Le voyage avait duré huit jours et s'était bien effectué mais, le lendemain de son arrivée, la princesse Adélaïde, ayant voulu « se forcer à faire tout le cours de visites », se trouva mal ; son état de faiblesse « surtout de nerfs » fut « terrible[1] » et l'empêcha de sortir de quelques jours. Elle avait été douloureusement impressionnée par l'accueil que lui avait fait Louis XVIII. La visite avait été pénible. La fille de Marie-Antoinette avait traité Mademoiselle avec « une répulsion marquée[2] ». La duchesse d'Orléans elle-même en était tout attristée. « Dans la salle à manger, le nuage répandu sur les visages, écrit Mme de Boigne, se dissipa à l'entrée d'un grand plat d'échaudés tout fumants : « Ah ! des échaudés du Palais-Royal ! » s'écria-t-on. Et l'amour du sol natal, la joie de la patrie effaça l'impression qu'avait laissée la réception des Tuileries. »

Le 23 avril, du reste, Adélaïde est chez Louis XVIII, presque chaque jour, elle va, avec son frère et Marie-Amélie, voir la famille royale. Le 3 septembre, Monsieur dîne à Neuilly où il revient le 9 avec ses deux fils, la duchesse d'Angoulême et la jeune duchesse de Berry. Le jour de la fête des Rois, la famille d'Orléans dîne au « châ-

1. Lettre de Marie-Amélie à la comtesse de Boigne, (21 avril 1817). [*Mémoires de la comtesse de Boigne*].
2. Cf. Comtesse DE BOIGNE, *Mémoires*, t. III.

teau ». Le 13 janvier 1818, il y a réception au
Palais-Royal; le 22, la fille d'Egalité est assise
à la gauche du catafalque pendant la cérémonie
du quatrième anniversaire de la sépulture de
Marie-Antoinette et de Louis XVI et, le 27 mai,
le duc d'Orléans préside aux obsèques du prince
de Condé auxquelles Adélaïde assiste dans les
tribunes réservées aux princesses du sang [1].

1. Les journaux.

CHAPITRE IV

A son retour de l'île d'Elbe, Napoléon avait offert le Palais-Royal à son frère Joseph qui n'en voulut point. Lucien, rentré en grâces, n'eut garde de mécontenter l'empereur en refusant une aussi belle résidence, et il l'habita pendant les Cent Jours, sans d'ailleurs y faire aucune modification. Le 7 juillet, les alliés s'étaient rués sur le palais qui « subit encore une fois la joie et l'insolence des vainqueurs [1] ». Mais, en 1817, le duc d'Orléans, rentré en France, continua les réparations commencées en 1814. Il confia à l'architecte Fontaine la direction des travaux qui durèrent plus de dix-huit années et ne coûtèrent pas moins de onze millions. Rien ne fut changé à la cour d'entrée. Mais les galeries de Chartres

1. CHAMPIER et ROGER SANDOZ, *le Palais-Royal.*

et des Proues, décorées de portiques et de colonnes, surmontées de terrasses, furent construites en même temps que la galerie d'Orléans remplaça les infectes galeries de bois « au sol boueux, peuplées exclusivement de boutiques de marchands de modes et, disait-on, de milliers de rats [1] ». A la suite de l'incendie de 1827, on édifia l'aile et le pavillon de Montpensier. Il fut en outre « pratiqué à chaque étage des couloirs et des corridors d'accès facile... des salons, des galeries, des bibliothèques, des archives, une chapelle [2] », etc.

Mademoiselle d'Orléans habitait l'aile droite à l'entrée du Palais, sur la rue Saint-Honoré. Les appartements de réception se trouvaient à côté de ceux du duc, au centre, dans le corps du logis principal que le salon de famille, sorte de galerie très vaste où, les jours de congé, on laissait jouer les jeunes princes, faisait communiquer avec l'aile du palais qu'occupait la duchesse, au premier étage, dans le pavillon de Valois [3].

« Les jeux n'empêchaient pas l'allée et venue des visiteurs, des habitués. C'étaient le duc de La Rochefoucauld, le bon duc comme on l'ap-

1. Prince DE JOINVILLE, *Vieux Souvenirs*.
2. FONTAINE et VATOUT, *le Palais-Royal*, Domaine de la couronne.
3. La salle d'attente qui se trouve rue de Valois, entre le cabinet du secrétaire d'État des Beaux-Arts et la direction des bâtiments, était la chambre de Louis-Philippe et de Marie-Amélie. Le roi Jérôme y mourut en 1860. A côté, se

pelait, très redouté des enfants parce qu'il les embrassait sans cesse et empestait la pipe, M. de Lally-Tollèndal... le maréchal Gérard, Raoul de Montmorency, Mme de Boigne, la princesse de Poix, la princesse de Vaudémont[1] » ; c'étaient des pairs tels que le duc de Broglie, le comte Molé, des députés comme Camille Jordan, Dupin, Stanislas de Girardin, Casimir Périer « qui étaient avec le prince, soit en relations d'amitié, soit en simple communauté de sentiments politiques[2] ». C'étaient des littérateurs, des artistes, des financiers, des industriels, Cousin, Laffitte, Manuel, Chauvelin, de Salvandy, Casimir Delavigne, « François Arago, l'astronome avec son esprit, sa verve intarissable... C'étaient enfin Macdonald, Marmont, Molitor, Mortier, les quatre maréchaux en M, les héros de cent combats[3] ». Villemain, voûté, un peu contrefait, côtoyait l'auteur des *Martyrs*, chauve, mais dont les yeux de feu, la physionomie énergique, les traits réguliers[4] étaient restés jeunes.

trouvait une petite pièce où Marie-Amélie faisait sa correspondance : « l'Ecrivaine ».

Dans cette aile de Valois, en partie incendiée par la Commune, existe encore, avec la plupart de ses anciennes décorations, la salle à manger des ducs d'Orléans qui est devenue la salle du Tribunal des Conflits du Conseil d'Etat.

1. Prince DE JOINVILLE, *Souvenirs*.
2. TROGNON.
3. Prince de JOINVILLE.
4. Cf. BEAUMONT-WASSY, *Salons de Paris et société parisienne sous Louis-Philippe.*

Au contraire de la duchesse — « j'écoute ce que l'on dit, je me tais et je réfléchis », écrivait-elle dans son journal — le duc d'Orléans aimait à se mêler à la conversation, il préférait même la diriger. Il avait d'ailleurs une élocution facile, un bon sens robuste, et la faculté de donner à sa pensée une tournure tantôt gracieuse, tantôt triviale, mais toujours saisissante. L'abbé Dupanloup, Horace Vernet, le peintre de l'*Épopée* orléaniste, se rencontraient souvent au Palais-Royal. Talleyrand, « qui ressemblait à un lion mort », était devenu, on le savait, l'ami et le conseiller de la princesse Adélaïde, peut-être à cause de leur goût commun pour l'intrigue politique, plutôt parce que l'ancien évêque d'Autun, le grand connétable de France, travaillait en cachette contre un gouvernement qui ne voulait plus de ses services. Puis, Mademoiselle d'Orléans aimait les gens de mérite, recherchait la société des hommes et des hommes graves. Elle se mêlait à leurs discussions: religion, histoire, philosophie, musique, peinture, elle parlait de tout « avec naturel et bonhomie [1] ». Quand elle était sûre de ceux qui l'écoutaient, elle donnait son avis avec véhémence, affichait hautement ses opinions libérales, tournait en ridicule les courtisans qui ne l'aimaient guère, épargnait à peine le roi qui la détestait. Elle était au reste

1. APPERT. *Dix ans à la Cour du roi Louis-Philippe.*

incapable le plus souvent de dissimuler ses impressions, et cet excès de franchise lui créa des ennemis implacables, en même temps que son manque d'abandon, ajouté à la crainte de se confier mal à propos, la fit accuser de fausseté [1].

Les députés de l'opposition subissaient l'influence de la princesse Adélaïde, ce qui flattait à la fois son orgueil de femme et sa passion politique, mais, « comme elle avait l'expérience des choses et des hommes publics [2] », « elle ne se laissait pas dominer par les apparences [3] », elle écartait les discussions inutiles et « mettait nettement son interlocuteur sur le point même [4] ». Elle exerçait un grand ascendant sur son frère qui n'entreprenait rien sans la consulter ; plus ardente que le duc d'Orléans, moins habile peut-être, plus franche aussi, plus décidée surtout, c'est elle qui prenait les résolutions importantes. Elle présidait une sorte de « petit cénacle dont Talleyrand était un assidu et où se rencontraient le maréchal Gérard, M. Dupin, Flahaut, un général de Lawoestine et quelques autres fidèles [5] ». Son instruction était supérieure. Elle affectionnait les arts et protégeait les artistes, mais sur-

1. Cf. Comtesse DE BOIGNE, *Mémoires*, t. III.
2. APPERT.
3. *Id.*
4. Comtesse DE BOIGNE, *Mémoires*.
5. Prince de JOINVILLE.

tout ceux qui avaient encouru les disgrâces de
la cour, « où elle ne paraissait d'ailleurs que
lorsque l'étiquette l'y obligeait[1] »

On la voyait souvent en aparté révolutionnaire
avec Benjamin Constant, si pauvre qu'il avait été
facile de l'acheter, avec le général Foy, l'éloquent orateur de l'opposition, avec Sébastiani,
le plus brillant causeur du salon.

« Quand il y avait grand cercle au Palais-
Royal, on y rencontrait l'élite, la crème, la fleur
de la cour et des courtisans ; on ne parlait que
par ducs ; les ministres étaient les moindres personnages de toute cette nombreuse société...
Vers huit heures, on se rendait dans la magnifique galerie du Théâtre-Français... Il y avait
place pour tout le monde sur des banquettes
élégantes en forme de gradins, mais la moitié
des sièges était vide ; toute la foule se pressait
autour des fauteuils des princes, dans une partie
de la galerie où l'on ne pouvait voir qu'eux[2] ».

« Quelquefois, lorsqu'on restait au salon, au
milieu de la soirée, on entendait une cloche...
c'était le signal annonçant que Madame la dauphine ou Madame la duchesse de Berry venait
en visite[3] ». Le duc « sortait au pas gymnastique
pour aller recevoir la visiteuse sur l'escalier[4] ».

1. Journal *la Mode.*
2. CUVILLIER-FLEURY, *Journal.*
3. Prince de JOINVILLE.
4. *Id.*

Les relations de la famille d'Orléans avec la gauche étaient en effet « si adroitement mesurées, qu'elles ne nuisaient en rien à ses relations avec le château[1] ». C'est après que le duc de Berry eut épousé la nièce de Marie-Amélie, mariage pourtant « accompagné de plus d'une amertume[2] », que devinrent plus fréquents les dîners[3] de famille où tous les princes, sans distinction d'altesses royales et d'altesses sérénissimes, étaient invités. Ils se retrouvaient aussi au spectacle, aux courses de chevaux du Champ de Mars, à la promenade de Longchamp. Malheureusement, entre la branche aînée et la branche cadette, existait une séparation de froissante étiquette, voulue par Louis XVIII. Seule, parmi les membres de sa famille, la duchesse d'Orléans, fille de roi[4], avait le titre d'altesse royale, ce qui ne laissait pas d'être assez ridicule. Le duc d'Orléans allait-il aux Tuileries avec sa femme et sa sœur, la duchesse était annoncée la première et les portes s'ouvraient à deux battants devant elle ; un seul restait ouvert pour laisser pénétrer son mari, la duchesse douairière et Mademoiselle.

---

1. Cauchois-Lemaire, *Histoire de la Révolution de 1830.*
2. *Journal de Marie-Amélie.*
3. Le 6 janvier 1819, on a tiré le gâteau. C'est Mademoiselle d'Orléans qui a eu la fève. Elle a choisi S. M. pour roi (*les Journaux*).
4. De plus, elle descendait directement de Philippe V, roi d'Espagne, fils de Louis XIV.

A sa nièce, la duchesse d'Angoulème, à Monsieur, à la duchesse de Berry même, le roi n'avait pas voulu accorder le titre d'Altesse royale qu'ils demandaient pour le duc d'Orléans : « Il est bien assez près du trône, je me garderais bien de l'en approcher davantage », avait-il accoutumé de répéter et, quand il en avait le moyen, il rendait publiques ces vexations inutiles. Après le Congrès d'Aix-la-Chapelle, le roi de Prusse vint passer quelque temps à Paris. En son honneur, de nombreux dîners furent offerts par Louis XVIII. On s'étonna que la famille d'Orléans n'y fût pas invitée. Par contre, le duc assista à un spectacle aux Tuileries avec sa femme et sa sœur : au lieu de les introduire dans la loge royale, où Louis XVIII avait donné place à des princes étrangers, en même temps qu'à sa famille, le premier gentilhomme de la chambre les fit entrer dans une autre loge, où ils étaient mêlés à des ambassadeurs et des officiers [1].

Le 13 décembre 1819, au baptême de Mademoiselle, l'affront fut encore plus visible. Le cardinal aumônier qui officiait présentait la plume au duc d'Orléans, lorsque le roi cria, de ce ton de voix impérieux qui lui était familier : « Lais-

1. Aussi, lorsque le duc de Glocester arriva à Paris, un concert fut donné en son honneur aux Tuileries, mais aucun des membres de la famille d'Orléans n'assista à ce spectacle où cependant le roi les avait tous conviés.

sez la plume et faites-la présenter par le clerc de la chapelle [1] ».

Le duc d'Orléans se vengeait de ses humiliations en faisant de la « populacerie », comme le disait Louis XVIII. Il achetait des tableaux rappelant les victoires des armées de la République, « associait son nom à nombre de sociétés philanthropiques et de bonnes œuvres [2] », fondait des écoles [3], protégeait les publications libérales [4]. Il voulut même aller plus loin et frapper un grand coup. Le matin du 15 octobre 1819, les journaux publièrent cette brève information : « On assure que le jeune duc de Chartres, fils aîné du duc d'Orléans, suivra cette année le cours de sixième du collège Henri IV ». Aussitôt, le roi, qui ne peut croire à tant d'audace, envoie Decazes à Neuilly où est confirmée la nouvelle. Mandé par Louis XVIII, le duc d'Orléans accourt au « château ». Une vive discussion s'engage. Le duc tient ferme, cite l'exemple de Henri IV et du prince de Condé, l'un envoyé aux écoles publiques du Béarn, l'autre à celles de Paris. Il ajoute que sa décision, d'ordre familial, est irrévocable. Le roi, à bout d'arguments, or-

1. Cf. Trognon, Billault de Gérainville, comtesse de Boigne, etc...
2. Il avait établi un bureau de secours au Palais-Royal.
3. A Dourdan, à la Ferté-Vidame.
4. Entre autres, la *biographie des contemporains* que devaient publier Jouy et Arnault pour combattre la *biographie universelle de Michaud*.

donne à son cousin de prendre au moins l'avis
de la duchesse qui, le soir même, écrivit à
Louis XVIII qu'elle déférerait « au désir de son
mari, autant par devoir que par sentiment... car,
ajoutait-elle, c'est ma conviction qui me porte à
désirer que mon fils participât, pendant quelque
temps, à l'éducation publique[1] ». Le roi n'insista pas, et le duc d'Orléans, qui savait la popularité qu'il allait s'attirer dans le pays[2], ne
s'arrêta pas aux déclamations calomnieuses des
salons et de la presse ultra-royaliste... et son
fils, le duc de Chartres, commença le 9 novembre
au collège Henri IV, le cours d'études qu'il devait suivre pendant six ans et que devaient suivre
après lui ses frères.

Le 13 février 1820, le dernier dimanche du
carnaval, toute la famille d'Orléans s'était rendue à l'Opéra. Les enfants étaient partis après le
ballet du *Carnaval de Venise*[3]. A dix heures, le
duc et la duchesse de Berry arrivèrent au théâtre.
Au commencement du deuxième acte, le duc de
Berry « conduisit jusqu'à sa voiture la duchesse
fatiguée[4] ». Quelques instants après, on entendit dans la rue les cris de : « Au secours, au vo-

1. Cf. Trognon.
2. Cf. P.-L. Courier, *Simple Discours de Paul-Louis,
Vigneron*.
3. Trognon.
4. Récit de Roullet, « l'époux » de l'ouvreuse de la loge
du roi, cité par le docteur Cabanès, *les Indiscrétions de
l'Histoire*, 3e série.

leur, à l'assassin ! » Le duc d'Orléans sort et, « reconnaissant dans les couloirs la livrée du prince [1] », il descend dans la loge royale où il trouve le duc de Berry, affaissé dans un fauteuil, devant la cheminée, mortellement blessé. Ses vêtements et ceux de la duchesse étaient couverts de sang.

Le duc d'Orléans, qui avait défendu à sa femme et à sa sœur de le suivre, va leur annoncer le crime que l'on vient de commettre. Marie-Amélie et Mademoiselle accourent dans le bureau de l'administration, où l'on avait transporté le blessé sur un lit de sangles. Quand les princesses arrivèrent, « on saignait le prince pour la seconde fois [2] » et Roullet préparait un autel sommaire pour les derniers sacrements. Mademoiselle d'Orléans ne put soutenir plus longtemps « un si déchirant spectacle [3] ». Elle tomba en syncope et il fallut l'emporter. Quelques instants après, le duc de Berry rendait le dernier soupir, entouré de toute la famille royale.

L'assassinat du duc de Berry, qui fut, comme le dit Capefigue, « la frénésie *isolée* d'un *seul* homme », aurait pu être invoqué contre les d'Orléans ; on les accusa à demi-voix ; l'intérêt qu'ils avaient à la mort du duc de Berry les dé-

1. Récit de Roullet...
2. *Id.*
3. *Constitutionnel* du 11 février. Cf. Aussi vicomte de Reiset, *Souvenirs*.

signait au soupçon. Aussi, dès le 17 février, ils sont tous chez le roi ; déjà la veille, Mademoiselle était allée à Saint-Cloud pour « partager dans cette journée avec la duchesse d'Orléans les soins pieux que S. A. R. rendait à son auguste nièce [1] ». La duchesse d'Orléans avait passé la nuit auprès de « l'infortunée veuve et ne la voulut quitter que lorsque sa douleur fut devenue plus calme et plus résignée [2] ». Le duc d'Orléans présida aux obsèques de son cousin ; Madame la duchesse de Berry continua d'aller au Palais-Royal et accepta même, deux mois après la mort de son mari, d'être la marraine du duc de Penthièvre. [3]

Lors de l'assassinat du duc de Berry, on apprit [4] que la duchesse était enceinte. Elle accoucha dans la nuit du 18 au 19 septembre [5]. La naissance du duc de Bordeaux « n'excita pas au Palais-Royal les mêmes transports d'enthou--

1. *Constitutionnel*.

2. « Nous avons reçu ensemble, écrit la duchesse d'Orléans dans son *Journal* les cendres de la main de l'évêque d'Amiens, cérémonie bien en rapport avec le triste spectacle dont nous avions été témoins. »

3. Quatrième fils du duc d'Orléans, né à Paris le 1er janvier 1820, mort en 1828.

4. Au moment où la duchesse de Berry se précipitait sur le corps de son mari, raconta la princesse Adélaïde à Mme de Boigne, le roi s'écria : « Duc d'Orléans, ayez soin d'elle elle est grosse ! » Cf. Comtesse DE BOIGNE, *Mémoires*.

5. Le duc d'Albufera et les soldats de la garde royale furent appelés comme témoins. Avec une rare présence d'esprit, la duchesse défendit que l'on détachât l'enfant de sa personne avant leur arrivée.

siasme qu'aux Tuileries », avoue Trognon ; on peut dire même que la déception y fut grande et peut-être le duc d'Orléans, voyant qu'il ne serait jamais « rien en France », fut-il l'instigateur de la protestation [1] odieuse qui parut dans le *Morning Chronicle*. Ses amis appelaient avec ironie le nouveau-né « l'enfant du miracle » et le duc lui-même mit le comble à ses torts par une démarche inconsidérée. Il alla trouver le maréchal Suchet qui avait été chargé par le roi d'assister à la naissance de l'enfant royal et lui dit : « Monsieur le Maréchal, votre loyauté m'est connue, vous avez été témoin de l'accouchement de la duchesse de Berry, est-elle réellement mère d'un prince ? — Aussi réellement que Monseigneur est père du duc de Chartres », répondit Suchet.

Mademoiselle d'Orléans s'attrista franchement de la naissance du duc de Bordeaux. Elle dit à Mme de Gontaut : « Vous aussi, Joséphine, vous êtes en colère contre mon frère, mais il faut pardonner à un premier mouvement bien naturel : on ne perd pas sans regret une couronne [2] ».

Louis XVIII, pour éviter le scandale, s'abstint de toute mesure de rigueur envers son cousin. Quelques jours après la naissance, au *Te*

---

1. Cette protestation était faite dans le but de prouver que le duc de Bordeaux n'était pas le fils du duc de Berry.
2. Cf. Mme DE GONTAUT, *Mémoires.*

Deum qui fut chanté à Notre-Dame, assistait toute la famille d'Orléans. Le duc était en grand uniforme, botté, avec le cordon bleu en sautoir, Madame la duchesse d'Angoulême avait mené les princesses dans sa voiture, et, le 1er mai 1821, le jour du baptême, leurs Altesses sérénissimes Monseigneur le duc, Madame la duchesse et Mademoiselle d'Orléans furent conduites par le marquis de Dreux-Brézé aux sièges qui leur étaient réservés, « autour du trône du roi, placé au milieu de la croix de l'église et surmonté d'un dais magnifique ».

La duchesse douairière d'Orléans n'avait pu être présente à la cérémonie du baptême du duc de Bordeaux. Depuis longtemps déjà, elle était gravement malade. La mort de Folmont, son ami fidèle, avait attristé ses derniers jours et occasionné un nouveau froissement avec ses enfants. Malgré eux, elle l'avait fait enterrer à Dreux, à côté de la place qu'elle s'était réservée pour elle même, dans la crypte[1]. « Elle passa près de six mois dans des souffrances continuelles qu'elle supporta avec beaucoup de courage. C'était un spectacle déchirant que cette longue maladie qui ne laissait aucune espérance. La duchesse d'Orléans mourait de plusieurs maux

1. « Quand Louis-Philippe fit élever autour de l'humble chapelle le somptueux monument actuel, il fit remonter le tombeau qui se trouvait dans la crypte. On n'y laissa que

devenus incurables : un cancer, une paralysie et l'hydropisie… Elle termina sa carrière un samedi… le duc et Mademoiselle d'Orléans la veillèrent pendant les trois derniers jours de sa vie et elle leur donna solennellement sa bénédiction [1] ».

Le duc d'Orléans questionna Mme de Genlis « sur le triste cérémonial ». « Tout se passa de la manière qui pouvait honorer le mieux la mémoire de la princesse [2] ». Le 2 juillet au matin, le corps de la duchesse douairière partit d'Ivry pour Dreux. Le cercueil était placé sur un corbillard, attelé de six chevaux et suivi de plusieurs voitures de deuil. Monseigneur le duc d'Orléans, accompagné de ses aides de camp, suivait le corps de sa mère. Le cortège était escorté par les lanciers de la garde et la gendarmerie du département.

Le 7 août, à onze heures du matin, un service solennel eut lieu dans la Métropole. Monsieur le coadjuteur officiait. « S. A. S. le duc

celui de Folmont. Même, la plaque de marbre qui recouvrait son corps fut enlevée. On la remplaça par une plaque posée contre le mur portant ces mots :
JACQUES MARIE ROSAY, comte DE FOLMON,
décédé à Paris le 21 mars 1820.
Le nom fut volontairement sans doute déformé… » (LENOTRE, *Vieilles Maisons, Vieux Papiers*).

Rouzet était marié. Il existe des lettres encore inédites adressées par la comtesse de Folmont à la duchesse d'Orléans.

1. MME DE GENLIS, *Mémoires.*
2. *Id.*

d'Orléans était placé dans la stalle à côté du trône de l'archevêque ; Madame la duchesse et Mademoiselle d'Orléans et Madame la duchesse de Bourbon étaient placées dans la tribune au-dessus du maître-autel. La messe a été exécutée en musique, le milieu du chœur était rempli de dames ; les nombreux serviteurs de la maison d'Orléans entouraient le catafalque. Après l'évangile, l'abbé Feutrier a prononcé l'oraison funèbre et développé cette double vérité : Madame la duchesse douairière d'Orléans se montra toujours supérieure aux dangers des grandeurs, aux rigueurs de l'adversité [1] ».

Le 6 juin, M. Chodron, notaire, avait reçu le testament de S. A. : « Je donne et lègue à mon cher fils, à titre de préciput et hors part, le tiers de tous les biens qui se trouveront composer ma succession. Par l'effet de cette disposition, mon fils recueillera les deux tiers de ma succession et ma chère fille l'autre tiers. Mon fils, ayant un grand nombre d'enfants, je suis intimement persuadée que ma fille approuvera la disposition que je fais en faveur de son frère, auquel elle porte une amitié toute particulière et qu'elle aurait été la première à m'en donner le conseil. Ils savent que mes vœux les plus chers sont de les satisfaire l'un et l'autre.

« Je donne et lègue à la princesse Amélie, ma

1. Les journaux.

belle-fille, sa vie durant, la jouissance de mon duché d'Aumale ; et après la mort de ma belle-fille, qui en aura joui librement, mon dit duché retournera dans ma succession.

« Je donne et lègue à mon petit-fils, le duc de Penthièvre, qui porte le nom de mon père chéri, le duché de ce nom ; mais, attendu que le revenu de ce duché est à peu près nul, je lui donne et lègue le marquisat d'Albert, tel qu'il est actuellement administré par M. Danicourt, notaire à Péronne, pour mon dit petit-fils, le duc de Penthièvre, être propriétaire dudit duché de Penthièvre et dudit marquisat d'Albert, à compter du jour de mon décès, pour n'en commencer la jouissance qu'à compter du jour de sa majorité, ma volonté étant d'en réserver la jouissance à mon fils jusqu'à cette époque. »

CHAPITRE V

Éloigné des affaires publiques par Louis XVIII
qui le tenait en méfiance, le duc d'Orléans semblait seulement préoccupé du désir de faire fruc-
tifier son apanage. Sa sœur et lui géraient avec
intelligence une fortune qu'ils voyaient s'accroître chaque jour. Une intimité bourgeoise
liait entre eux les membres de la famille d'Orléans, et la plus grande joie de tous était de
s'éloigner du Palais-Royal, pour aller vivre pai-
siblement à la campagne.

En 1824, au lendemain du baptême du duc de
Montpensier, la princesse Adélaïde étant un
peu souffrante et Marie-Amélie encore fatiguée,
on partit pour Eu [1]. « Le vieux château des Guise

---

[1] Le comté d'Eu, saisi en 1658, fut vendu le 20 août 1660 à
Mademoiselle de Montpensier moyennant 2.550.000 livres.
Donné au duc du Maine, le 6 février 1681, le comté passa

n'était à cette époque qu'une baraque avec des corridors ondulés comme des vagues. » Dans les tempêtes, toute la maison tremblait ; mais l'antique manoir n'était pas banal. Il dominait la jolie vallée de la Bresle et un parc magnifique, planté de hêtres séculaires, l'entourait. La façade, longue de 90 mètres, était en briques rouges, avec des pilastres de pierre. La mer était proche, au Tréport, et on allait souvent jusqu'à Dieppe, dont Madame la duchesse de Berry avait fait son séjour d'été.

entre les mains de son fils Louis-Auguste de Bourbon (1700-1755), puis de son petit-fils Louis-Charles de Bourbon (1701-1775), à la mort duquel il revint à son héritier et cousin germain, le duc de Penthièvre.

Mademoiselle de Montpensier avait fait reconstruire le château dont elle avait agrandi le parc. Le duc de Penthièvre dès qu'il devient comte d'Eu (1775), y réside. C'est lui qui fait creuser le canal d'Eu au Tréport, construire une écluse et améliorer le port et les jetées du Tréport : il y vient chaque année, et c'est là que le surprend la Révolution.

Sous l'Empire, le château et la sénatorerie de Rouen sont donnés au général de Rampan. Napoléon y séjourne deux fois et songe, vers 1813, à en faire un des palais impériaux.

En 1814, le château fut restitué à la duchesse d'Orléans.

En 1821, Louis-Philippe qui était souvent venu à Eu chez son grand-père alors qu'il n'était que duc de Chartres, s'y installe avec sa famille. Aussitôt, il s'occupe de réparer le château, forme la galerie de tableaux, embellit le parc, restaure l'église et les mausolées, etc.

C'est l'architecte Fontaine auquel Louis-Philippe avait confié la direction des travaux qui rétablit le château tel qu'on le voit aujourd'hui. C'est lui qui le meubla, car si le duc de Penthièvre depuis 1776, date de sa première visite, y avait accumulé meubles et tableaux, le château ayant été séquestré par décret du 4 octobre 1793, tout ce qu'il contenait avait été mis à l'encan ou brûlé et le château transformé en hôpital militaire.

Le duc d'Orléans, la duchesse et Mademoiselle avaient quitté Paris, non sans inquiétude.
La santé de Louis XVIII chaque jour déclinait ;
ses jambes n'étaient plus qu'une plaie ; d'hor-
ribles souffrances le tenaient cloué dans son
fauteuil et « sa tête, penchée sur sa poitrine, ne
se relevait plus qu'avec peine [1] ». Le roi finissait
dans la débauche. Mme du Cayla, cupide et
ambitieuse, augmentait les tentations de plaisirs
où se complaisait l'imagination de ce vieillard
plus que jamais impuissant. Les excès de
Louis XVIII abrégèrent ses jours [2]. A peine installé à Eu, le duc d'Orléans reçut une lettre [3] du
comte d'Artois : « La faiblesse du roi, écrivait-il,
s'est tellement aggravée depuis hier, mon cher
cousin, que je me trouve dans la pénible nécessité.. de vous engager à revenir ici le plus
tôt qu'il vous sera possible ».

Le 14 août, Adélaïde, son frère et sa belle-
sœur étaient auprès de Louis XVIII qui ne les
reconnut point. Ils restèrent aux Tuileries de
midi à quatre heures. Le 16, « le roi étant au
plus mal [4] », ils se rendirent de nouveau au
« château ». « Tout le monde était rangé autour

1. *Histoire de la Restauration par un ancien magistrat*
(CAPEFIGUE).
2. Le mercredi, après le départ de la favorite, le docteur
Portal trouvait au roi « le pouls petit, si petit ! »
3. 11 août 1824.
4. *Journal de Marie-Amélie* (TROGNON, *Vie de Marie-
Amélie*). Cf. Aussi, *le Constitutionnel* des 15 et 16 août.

de la chambre de l'auguste malade[1]. » L'abbé
Rocher récitait les prières des agonisants. Le
roi n'entendait déjà plus. « A quatre heures du
matin, on lui mit l'alcali sous le nez[2] » ; il ne fit
aucun mouvement, alors le duc d'Angoulême
s'étant approché de Monsieur : « Mon père, tout
est fini, lui dit-il. — Sire, le roi est mort »,
ajouta le comte de Damas. Le nouveau roi em-
brassa tout le monde en sanglotant ; on baisa
« la main glacée du monarque défunt[3] », et
comme Charles X, fort ému, sortait de la
chambre de son frère, M. de Damas ouvrit les
deux battants de la porte de la galerie de Diane
et, d'une voix solennelle, s'écria : « Le roi, messieurs ».

Une heure après, Charles X partit pour Saint-
Cloud, entouré de toute sa famille. C'était le cérémonial du château.

Le 19 septembre, une foule immense se pressait sur le quai des Tuileries. A deux heures un
quart, la duchesse et Mademoiselle d'Orléans
arrivèrent au pavillon de l'Horloge, dans une
voiture drapée de noir et attelée de huit chevaux[4]. Monseigneur le duc de Bourbon vint ensuite. A trois heures, les acclamations du peuple
annoncèrent l'arrivée du monarque ; on célébrait

1, 2, 3. *Journal de Marie-Amélie.*
4. La duchesse d'Orléans était altesse royale.

les funérailles de Louis XVIII où plus de douze
mille personnes avaient été invitées.

Charles X fut reçu au pied du grand escalier
par le duc d'Orléans, le duc de Bourbon, la duchesse et Mademoiselle d'Orléans, les maréchaux
de France et les grands officiers de sa maison.
Il portait un habit violet et des épaulettes d'argent. Le lit d'honneur du feu roi avait été dressé
dans la salle du trône. Après le *Miserere*, on
jeta l'eau bénite et, pour la première fois, l'as-
persoir fut présenté aux princes du sang par le
grand aumônier lui-même. Le duc d'Orléans
s'empressa d'aller remercier le roi de ses bontés.
Il avait été « particulièrement sensible à celle
qu'il avait eue pour lui à l'occasion du goupil-
lon [1] ». « Oui, fit le roi, j'ai voulu que cela fût
ainsi et justement je voulais vous dire que je
vous accorde le titre d'altesse royale. — Le roi
nous l'accorde à tous? demanda le duc en hé-
sitant. — Oui, à tous, reprit aimablement
Charles X, à la princesse Adélaïde, au duc de
Bourbon ». Le duc d'Orléans voyait enfin atteint
l'objet depuis longtemps poursuivi de tous ses
vœux. On disait même que la duchesse de Berry
avait un projet d'avenir pour sa fille qu'elle
voulait unir au duc de Chartres, nommé par le
roi colonel du 1er hussards.

1. Lettre du duc d'Orléans au duc de Bourbon.

C'est avec l'uniforme de ce régiment et le cordon du Saint-Esprit que le jeune colonel assista, le 29 mai 1825, avec son père et tous les membres de sa famille, au sacre de Charles X. « Le duc d'Orléans y déploya ainsi que l'ambassadeur d'Angleterre un luxe vraiment royal [1]. » Les équipages du premier prince du sang surpassaient tous les autres en élégance et il portait, paraît-il, sans trop de ridicule, la couronne ducale et la robe d'hermine et d'or de Pharamond [2]. Après le corps diplomatique, dont les costumes chamarrés brillaient au soleil, venait M. Rothschild. Il portait un « uniforme rouge, avec deux petites épaulettes et rappelait à s'y méprendre ces marchands d'eau vulnéraire suisse qui encombrent les carrefours de Paris [3] ». La dauphine avait une robe brodée d'argent sur un fond d'or. Madame était coiffée en cheveux avec une couronne de fleurs, mêlées de diamants, et sa toilette de soie rose était lamée d'argent. Mademoiselle et Madame la duchesse d'Orléans étaient vêtues de robes blanches, rehaussées de broderies.

Après le *Veni Creator*, l'archevêque de Reims, Monseigneur Latil, s'avança vers le roi et le couronna. Les princes s'approchèrent alors du mo-

1. APPERT, *Dix ans à la Cour de Louis-Philippe.*
2. Cf. Prince DE JOINVILLE, *Vieux Souvenirs.*
3. TH. ANNE, *Mémoires.*

narque en s'écriant : « *Vivat Rex in æternum* ! »
Les cris de vive le roi ! durèrent sans interrup-
tion pendant plus d'un quart d'heure, remplis-
sant la nef de l'antique cathédrale... Le 6 juin,
le roi sacré, précédé des ducs d'Orléans et de
Bourbon, faisait son entrée solennelle dans Paris.

Au titre d'altesse royale, Charles X allait ajouter bientôt un plus important bienfait. Dans le
projet de loi sur la liste civile que le ministre
des finances [1] déposa sur le bureau de la Chambre
des députés, l'article IV disait : « Les biens res-
titués à la branche d'Orléans... et provenant de
l'apanage, constitué à Monsieur, frère du roi
Louis XIV, pour lui et sa descendance mascu-
line, continueront à être possédés aux mêmes
titres et conditions par le chef de la maison d'Orléans. » L'éloquence du général Foy « couvrit
l'apanage [2] » qui fut voté par la Chambre, grâce
à l'intervention du roi. Ensuite la loi du milliard
d'indemnités aux anciens propriétaires de biens-
fonds, dépouillés par la Révolution, pourtant
combattue par le général Foy, avec l'approba-
tion du prince, fit obtenir au duc d'Orléans, ainsi
qu'à sa sœur, 17 millions de plus [3], grâce à

1. Villèle.
2. DUPIN, *Mémoires*.
3. En 1830, sur le milliard d'indemnités, 100 millions restaient à départir, Louis-Philippe ordonna froidement qu'ils
feraient retour au Trésor. (Voyez AD. LANNE, *la Fortune des
d'Orléans*.)

l'avis favorable du conseil d'État. La mort de la duchesse de Bourbon, survenue deux ans auparavant, avait encore augmenté leur fortune.

La sœur de Philippe-Egalité qui, depuis son retour en France, vivait en bonne intelligence avec son curé, avait fait une fin dévote. C'est en assistant aux vêpres, le 10 janvier 1822[1], dans l'ancien Panthéon païen, sanctifié quelques jours avant par Monseigneur de Paris, qu'elle avait rendu à Dieu son âme un peu brouillonne, mais d'une expansive bonté. Son neveu et sa nièce devinrent ses héritiers ; le bel hôtel qu'elle habitait, rue de Varenne[2], fut légué à la princesse Adélaïde qui ne l'occupa jamais, préférant vivre toujours auprès de son frère, quand elle n'allait pas en Auvergne, dans la propriété qu'elle avait achetée en 1821, au duc de Praslin.

Mademoiselle aimait la vie à la campagne et s'y retirait volontiers. « Toujours pressée de partir pour Randan, elle ne l'était jamais d'en revenir[3] » et quittait aussi à regret les bois, les vergers, les champs, les îles du château de Neuilly pour rentrer au Palais-Royal.

Louis-Philippe, revenu d'Angleterre, avait cherché une maison de campagne. Le Raincy, Mousseaux étaient morcelés, sans habitation

1. Cf. Comte Ducos, *la Mère du duc d'Enghien.*
2. Actuellement l'ambassade d'Autriche.
3. Lettre de Louis-Philippe à M. de Rumigny.

principale ; Villers-Cotterets, sans parc ni jardin. Il échangea avec la couronne [1] les châteaux de Neuilly et de Villiers contre les écuries de Chartres [2], rue Saint-Thomas-du-Louvre.

Le château de Neuilly avait été embelli et agrandi par ses différents possesseurs. Du joli pavillon qu'avait fait construire, en 1741, Voyer d'Argenson [3] par Cartaud, il ne restait que le bâtiment principal, « à la romaine », dont les colonnes ioniques étaient décorées de figures, représentant les attributs de la chasse et de la pêche [4]. Après la Révolution [5], Neuilly fut loué à Talleyrand qui meubla magnifiquement les pavillons du bord de l'eau [6]. Puis Murat, qui avait

1. L'acte fut passé le 28 mars 1820 d'après la loi du 16 juillet 1819 ; en réalité Louis-Philippe occupait le château de Neuilly depuis trois ans déjà, puisque Clémentine y naquit, en 1817, le 3 mai, et Joinville, en 1818, le 14 août.

2. Qui furent estimées 1.184.353 francs et Neuilly 1.034.187 francs. (Cf. DARNEY, *Neuilly.*)

3. Marc-René de Voyer de Saulmy d'Argenson a vendu, par l'intermédiaire de Guyet, bourgeois de Paris, à Radix de Sainte-Foix ; d'Argenson le tenait de Marie-Adélaïde de Gramont, comtesse de Gontaut-Biron, qui l'avait acquis du curateur à la succession vacante du sieur Desassenage *(Certificat d'exposition au tableau des hypothèques).* La vente eut lieu en 1766.

4. Cf. *Guide des amateurs et des étrangers.* THIÉRY, Paris 1787.

5. Le 5 avril 1792, Claude-Pierre-Maximilien Radix de Sainte-Foix, ancien ministre plénipotentiaire en Allemagne, avait vendu le château de Neuilly à Jeanne-Charlotte Béraud de la Haye de Riou (Mme de Montesson) pour la somme de 370.000 francs. *(Acte de vente et minute des lettres de ratification* n° 2405. Archives de Paris et du département de la Seine.)

6. Cf. L'abbé BELLANGER. *Histoire de Neuilly près Paris et de ses châteaux.*

acquis en l'an IX le château de Villiers[1], acheta,
trois ans après, celui de Neuilly. Il y dépensa
une partie des millions apportés d'Italie. L'aile
gauche et la vaste salle à manger en acajou,
décorée, avec une magnificence toute royale,
« de tentures représentant des fleurs et des oi-
seaux[2] » avaient été édifiées par ses soins. Il fit
construire aussi l'aile droite où se trouvait la
grande salle de bal « qui vit les fêtes auxquelles
assista Napoléon en 1810 ; elle était en parfaite
harmonie avec la salle à manger[3] ».

C'est ainsi, sauf les dévastations qu'y avaient
fait les alliés en 1815, que Louis-Philippe trouva
le château. Pauline Borghèse, en effet, à qui Napoléon l'avait donné, quand Murat était devenu
roi des Deux-Siciles[4], n'y avait fait aucune modification, sauf qu'aimant les fleurs et ne craignant
ni le faste, ni la dépense, elle avait arrangé le
jardin avec beaucoup de goût[5].

1. De Mme de Bullion. (Cf. *Bulletin de la commission municipale historique et artistique de Neuilly-sur-Seine*, année 1904,
communication du docteur Marmottan.)
   2. Cf. MONTALIVET, *le Roi Louis-Philippe*. Liste civile.
   3. Rapport du docteur Marmottan sur un plan du château
de Neuilly levé en 1820 par Lefranc. (*Commission municipale
de Neuilly*).
   4. Murat devint possesseur de Neuilly le 12 ventôse an XII.
Il l'avait acheté pour la somme de 230.000 francs à Marc-
Antoine-Joseph Delannoy, négociant à Paris, et à Barbe-
Rosalie Lemaire, épouse d'Ignace Vanlerberghe, négociant
à Amsterdam, lesquels l'avaient acquis de Mme de Montesson.
(Cf. *Minute des lettres de ratification et certificat d'exposition
au tableau des hypothèques.*)
   5. Cf. Lettre de Pauline à M. Michelot, son jardinier,

Louis-Philippe fit de nombreuses acquisitions.
Dès 1817, il avait acheté plusieurs îlots sur la
Seine et l'île de la Grande Jatte. En 1819, il
agrandit le parc ; en 1820, on démolit l'aile
droite et, à sa place, furent édifiés les appartements du duc d'Orléans et de sa sœur [1]. C'est là
que se trouvait le cabinet du duc. « Cette pièce
était l'une des plus modestes du château et ne
se distinguait des autres que par le grand nombre
des souvenirs de famille qu'il y avait réunis [2]. »
En 1821, il éleva la chapelle qui fit suite à la
salle à manger construite par Murat, et la façade principale et la grille d'honneur furent re-
faites en 1823.

Toutefois, malgré toutes ces restaurations,
Neuilly ne fut jamais qu'un vaste château
« sans prétention, sans architecture, composé
presque exclusivement de rez-de-chaussées
ajustés les uns au bout des autres, de plain-
pied avec de ravissants jardins [3] ». Le parc im-

auquel elle commande 6.000 pieds de rosiers, 1.000 de se-
ringa, 500 de lauriers-roses. (Documents sur le parc de
Neuilly, communiqués par le docteur Marmottan à la *commission municipale de Neuilly.*)

1. Il reste encore à l'angle du boulevard d'Argenson et du
boulevard de la Saussaye, une partie du pavillon habité par
Mme Adélaïde. L'architecture en est assez lourde. Rien n'a
été conservé à l'intérieur. On montre encore dans le jardin
le vieux micocoulier à l'ombre duquel la princesse jouait au
piquet avec son frère. (Cf. *Visite du pavillon de Mme Adélaïde,* par M. Augé de Lassus. *Commission municipale du
Vieux-Paris,* 1903.)

2. Montalivet.

3. Prince de Joinville, *Vieux Souvenirs.*

mense[1] s'étendait des fortifications à la Seine
dont il enfermait un bras et s'égayait de champs
de roses, de fleurs partout...

L'intérieur du château était orné de nombreux
objets d'art ; les antichambres, du style de
Louis XIV, le magnifique salon des étrangers,
avec le remarquable plafond, peint pour d'Argenson par Doublet et représentant le lever du
soleil[2], le vaste salon de réception avaient fort
grand air, mais la famille d'Orléans préférait se
réunir dans le billard. « Je vois d'ici ce billard,
écrit Joinville, avec les tableaux qui l'ornaient :
l'*Improvisateur* de Léopold Robert ; *la Femme
du brigand*, de Schnetz ; *le Faust* et *la Margue-
rite au rouet*, d'Ary Scheffer ; la *Venise*, de Zie-
gler, tous des chefs-d'œuvre. Je vois aussi les
habitués : deux abbés d'abord, aux noms signifi-
catifs : l'abbé de Saint-Phar et l'abbé de Saint-
Albin, héritages des faiblesses d'arrière-grands-
parents, bien avant la Révolution ; puis encore
un abbé à ailes de pigeon, l'abbé de Labordère,
ancien grand vicaire de Fréjus, devenu, je ne
sais comment, maire de Neuilly. Puis, le maréchal de Gouvion Saint-Cyr, notre voisin immédiat, autour duquel il y avait toujours un cercle ;
puis des amiraux : le comte de Sercey avec sa
queue, un vétéran des guerres de l'Inde ; l'amiral

1. Deux cent vingt-deux hectares.
2. THIÉRY, *Guide des amateurs et des étrangers.*

Villaumetz, des généraux, des officiers qui nous fanatisaient avec les récits de leurs campagnes. »

Mais à Neuilly, la princesse Adélaïde préférait le château de Randan [1], la seule, où elle se plaisait, de ses résidences particulières. Il était dans la destinée de ce manoir, du reste, de servir presque constamment de demeure à une femme. La mère du savant Pic de la Mirandole entreprit les constructions premières, Marie de Beauffremont érigea en duché-pairie la terre de Randan, Geneviève de Durfort de Lorge y laissa le souvenir de sa grâce et la comtesse de Grollier ne la céda qu'avec peine. Mademoiselle d'Orléans voulut, comme ses devancières, agrandir son domaine et en augmenter les dépendances. « Elle dépensait en acquisitions, constructions et réparations plus de 5o.ooo francs par mois [2] ». Mais

1. En 1806, par un jugement du 18 août, le partage des biens de la succession du duc et de la duchesse de Praslin fut ordonné. Il fallut procéder à la vente de la terre de Randan ; le nouveau duc de Praslin et la comtesse de Grollier, sa tante, se rendirent adjudicataires. En 1819, la comtesse de Grollier vendit sa part au comte de Lavallette et au gendre de celui-ci, le baron de Forget.

Le 18 septembre 1821, le duc d'Orléans et Mademoiselle se rendirent dans le Puy-de-Dôme (*Constitutionnel*) et Adélaïde acheta au comte de Praslin l'autre portion qui comprenait le château. En 1826, la princesse Adélaïde (*Contrat du 24 mars 1826*) fit l'acquisition de la partie vendue à MM. de Lavallette et de Forget en même temps que des terres de l'ancien domaine de Pragoulin que le comte de Lavallette avait eu de la maison de Pons. (Cf. Vicomte DE BASTARD, *Notice sur Randan*.)

2. APPERT, *Dix ans à la Cour du roi Louis-Philippe.*

elle enlaidit au lieu d'embellir. Elle jeta à bas
l'antique donjon qui semblait protéger la campagne et le remplaça par une vaste construction
édifiée sans art et dénuée d'élégance. Le pay-
sage, par contre, est magnifique ; de la terrasse
du château, la vue peut tour à tour ou s'étendre
sur la plantureuse Limagne, ou se reposer sur
les montagnes prochaines.

Randan est situé à cent lieues de Paris, non
loin de Riom. Mademoiselle y emmenait souvent
avec elle ses neveux et ses nièces que leurs parents presque toujours accompagnaient. On y
allait dans la grande voiture du duc d'Orléans,
sorte de « commode anglaise », qui ressemblait
alors à une « ménagerie ambulante[1] ». On cou-
chait en route, à Nogent-sur-Vernisson et à Moulins, où les autorités venaient saluer la princesse.
A Aigueperse, on quittait la grande route. Le
juge de paix, le maire, le curé prononçaient d'éloquentes ; harangues[2] ; une population naïve et enthousiaste acclamait Mademoiselle. La voiture
était attelée à six ou sept paires de bœufs ; « des
Auvergnats en grands chapeaux et costumes (il y
avait encore des costumes) armés de gaules, diri-
geaient l'attelage ; la voiture oscillait dans des
chemins boueux, coupés de montagnes et de

1. Prince de JOINVILLE.
2. Les journaux.

vallés ; on arrivait péniblement, mais on arrivait au château [1] ».

A Randan, les princes se levaient de très bonne heure et allaient dans la matinée voir les nouvelles acquisitions faites par Mademoiselle d'Orléans [2]. A dix heures, on sonnait le déjeuner. Ils sont restés fameux ces déjeuners du château de Randan où l'on avait installé des cuisines « prodigieuses aux casseroles, poêles et marmites à faire sauter, frire et bouillir tous les fruits et les légumes, tout le poil et la plume de la Limagne [3] ».

Dans la journée, chacun faisait ce qu'il voulait. Les uns allaient en promenade dans la forêt de Montpensier, les autres s'installaient pour lire dans la magnifique bibliothèque. Mademoiselle, le plus souvent, visitait ses domaines.

Le soir, il y avait beaucoup de monde à dîner. La princesse recevait dans la simplicité d'une bonne et agréable vie de campagne. Après le dîner, le duc d'Orléans lisait les journaux ou jouait au billard avec les princes, tandis que les princesses s'occupaient à des travaux de couture. Atthalin montrait dans son album les dessins qu'il avait « croqués » dans la journée, Montlosier disait des romances montagnardes et Paër

1. Prince de JOINVILLE.
2. Cf. APPERT, TROGNON, CUVILLIER-FLEURY, etc.
3. AJALBERT, *l'Auvergne*.

improvisait, « bouffonnait à plaisir »... ou bien
chantait la *Marseillaise*[1], ce qui, du reste, n'empêchait pas les habitants de Randan d'aller le lendemain, jusqu'à Vichy, rendre visite à la Dauphine.

. Les paysans tenaient en profonde vénération
la « bonne Mademoiselle ». La princesse les aimait, les secourait, elle était leur soutien et leur
guide ; en moins de trente ans, elle laissa plusieurs millions dans le pays[2]. Sous sa direction, des écoles s'ouvrirent pour les jeunes filles,
des ateliers pour les ouvriers ; elle fit bâtir des
maisons pour les pauvres, habilla les enfants et,
chaque année, son séjour était marqué par des
« grâces nouvelles[3] ».

1. Voyez CUVILLIER-FLEURY, *Journal intime.*
2. Cf. APPERT.
3. Vicomte DE BASTARD.

CHAPITRE VI

Les faveurs que Charles X avait accordées au duc d'Orléans, la bonne grâce du vieux roi, l'affection que témoignait à Marie-Amélie la « buona Delfina [1] » avaient rendu plus aimables les relations entre les deux branches de la famille royale. Les réceptions, au Palais-Royal, étaient chaque jour plus nombreuses et plus brillantes. Le duc et la duchesse d'Angoulême y assistaient souvent, les ministres étaient invités [2] et la duchesse de Berry, quand on dansait, se retirait la dernière. Elle offrait, elle aussi, de superbes fêtes ; la princesse Louise et la princesse Marie s'y faisaient remarquer, l'une par sa beauté et sa dis-

---

1. *Journal de Marie-Amélie* (TROGNON).
2. Le 17 janvier 1829 le ministre des finances, le chancelier Dambray, grand référendaire, le préfet de police (M. de Belleyme) etc... (Les journaux.)

tinction, l'autre par son entrain et son ardeur au plaisir[1]. Leur sœur, la petite princesse Clémentine, à un bal d'enfants aux Tuileries[2], reçut les félicitations de Charles X. Elle représentait une grande dame de la cour de Louis XV. Le roi était ravi : « C'est comme si je voyais ma femme, dit-il, tandis que Mademoiselle de Beaujolais, avec une gravité solennelle, dansait un menuet du bon vieux temps[3] ». Le duc de Chartres aussi avait sa grande part de succès. Il parlait peu, ne se livrait pas, mais il valsait à merveille. Il avait, avec sa haute stature, la prestance d'un soldat, mais ses yeux clairs et les traits un peu efféminés de son visage avaient conservé la grâce de l'enfance. « C'était un charmeur, charmeur de soldats, charmeur d'artistes, charmeur de femmes aussi[4]. » Tous les journaux parlèrent, le mardi gras de 1829, de l'élégance aisée avec laquelle il avait porté la veille, chez Mme de Gontaut, le pourpoint et la fraise de François II, tandis que, costumée en Marie Stuart, la chevelure en désordre et les jambes écartées, la duchesse de Berry « faisait peine à voir[5] ».

---

1. Le 14 janvier 1829, à un bal masqué chez la duchesse de Berry, « elles étaient costumées en tartaresses avec une addition de diamants et de pierres précieuses du plus bel effet ». (CUVILLIER-FLEURY.)
2. 25 janvier 1829.
3. Cf. CUVILLIER-FLEURY.
4. Prince DE JOINVILLE.
5. CUVILLIER-FLEURY.

Concerts, bals, soirées, spectacles se succédaient au Palais Royal. Mlle Sontag cherchait à surpasser sa rivale, Mme Malibran. Mademoiselle d'Orléans dirigeait. Mme du Bignon chantait une romance d'Isolina et Nourrit la *ballade napolitaine* de Casimir Delavigne, Tulou jouait de la flûte et Paër improvisait[1].

Aussi Madame délaissait les Tuileries où sa rigide belle-sœur la voulait voir claustrée dans les tristesses de son veuvage. Au mois d'août 1829, toutefois, la dauphine suivit la duchesse de Berry et elles demeurèrent toutes les deux, pendant plusieurs jours, au château d'Eu, chez le duc d'Orléans.

Au contraire de Marie-Amélie, jamais Adélaïde ne fut l'amie des princesses de la branche aînée et, sachant qu'elles « ne l'aimaient guère, elle le leur rendait[2] ». Elle ne se mêlait aux réjouissances de la cour que lorsqu'elle y était forcée et vivait à l'écart, dans une sorte de frondeuse bouderie. Si elle organisa les concerts des Tuileries[3], ce fut pour obéir à une prière courtoise de Charles X et aussi au désir du duc d'Orléans, qui ne voulait point déplaire.

Le duc, en effet, par caractère et par calcul, différait de sa sœur, non en sentiments, car il

---

1. Les journaux, Cuvillier-Fleury, etc.
2. Appert.
3. Les journaux.

pensait comme elle, mais dans la manière de les
exprimer. Il attendait : attendre était sa politique. Il semblait inactif et il agissait, mais avec
une prudence, une mesure, un tact d'une habileté consommée. Il voyait les Bourbons devenir
de plus en plus impopulaires et il comptait sur
le temps qui est un grand maître. Mademoiselle,
à ne sa voir pas temporiser, eût sans doute compromis une entreprise dont elle assura plus tard
le succès. Trop de hardiesse aurait tout perdu ;
s'effacer était la vraie tactique.

Charles X, au reste, travaillait pour le duc
d'Orléans. Il s'engageait chaque jour davantage
dans une politique absurde et funeste et, comme
ceux qui ne savent pas vouloir, il s'obstinait. Ce
n'est pas qu'il recherchât la toute puissance, il
n'avait ni le goût, ni le moyen de l'exercer, mais
il croyait utile à la France et pour lui-même honorable de rétablir l'ancien régime et l'absolu
pouvoir de Louis XIV. C'était tenter une aventure inopportune où — si tant est qu'ils s'y
fussent engagés — de plus habiles auraient
échoué sans doute.

L'opiniâtreté de Charles X n'eut d'égale que
sa maladresse. « Plus gentilhomme que roi », il
protégea les nobles, ces nobles revenus de l'émigration « sans avoir rien oublié ni rien appris »,
incapables et impopulaires, et sa dévotion tar-
dive lui fit soutenir les jésuites dans un pays

où, même avant Voltaire, le peuple, pourtant très attaché à la religion, ne l'était guère à ses ministres. De la sorte, il s'aliéna les classes moyennes qui avaient toujours, contre la noblesse et le clergé, soutenu le monarque. Le dernier roi de France, non seulement ne comprenait pas que de grands changements s'étaient produits dans la société française et que la bourgeoisie, en s'enrichissant, avait augmenté sa puissance, mais il méconnaissait encore l'histoire de son pays.

C'est ainsi que Louis-Philippe voyait « avancer d'autant les royales destinées des membres de la famille que ses aînés compromettaient les leurs par leur conduite [1] ». Il semblait se tenir à l'écart, faisait intriguer pour lui et, très humble à la cour, il avait surpris, par la sincérité apparente de ses démonstrations de loyalisme, la confiance de Charles X.

A la mort de Louis XVIII, le nouveau roi s'était fait adresser un mémoire sur la situation de l'esprit public [2]. On y parlait des chefs du parti orléaniste, de Dupin, de Camille Périer, de Laffitte, de Sébastiani, « mais, ajoutait-on, que le roi ne se défie pas de S. A. R. le duc d'Orléans, ce bon parent lui est toujours dévoué ».

---

1. APPERT.
2. PEUCHET, *Mémoires tirés des archives de la police*. Rapport de M. de L... (de Lalot.)

Charles X ne se défia point. Il était confiant, crédule et, « comme tous les êtres destinés à périr, il était de cœur avec ses ennemis [1] ». Pourtant ce mémoire était significatif : Camille Périer et Laffitte, Dupin et Sébastiani n'étaient-ils pas les protégés du premier prince du sang? et les maréchaux Macdonald, Molitor, Mortier, Gouvion Saint-Cyr, qu'on avait désignés au roi comme faisant de l'opposition à son gouvernement, ne trouvaient-ils pas au Palais-Royal un accueil empressé, des attentions flatteuses, tandis qu'au « château », ils passaient après des sous-lieutenants d'une noblesse plus ancienne que la leur ?

« Les protestants s'unissent à la bannière orléaniste », disait le rapport de police et les « républicains, dont le rôle est d'être la dupe des bonapartistes ou des orléanistes, auraient, en cas de crise, pour chefs visibles, le marquis de Lafayette [2] et le maréchal Jourdan... » Mais le duc de Broglie, Guizot et Cuvier, mais Lafayette aussi étaient depuis longtemps gagnés au parti d'Orléans.

---

1. Ed. Drumont.
2. Cf. Visite de Appert à Lafayette (1823) : à Appert qui demandait à Lafayette si le duc d'Orléans ne pourrait pas devenir roi de France, il répondit : « J'estime beaucoup le duc d'Orléans... mais en révolution on ne peut répondre de rien. Cependant, ce prince aurait bien des chances en sa faveur et, pour mon compte, si j'étais consulté sur un choix en pareille occasion, certainement, il aurait ma voix. »

Au reste, ce n'étaient pas seulement les familiers, mais encore les hôtes du Palais-Royal qui auraient dû être suspects à la police. Le duc avait des relations secrètes avec l'ambassadeur d'Espagne et le Foreign Office[1]. Il subventionnait un sieur Muller[2], conspirateur de profession et allait seul, le soir, chez le duc de Dalmatie[3] où il rencontrait le général Foy, Manuel et Benjamin Constant. Il protégeait un musée voltairien établi chez le libraire Bossange[4], envoyait d'importants subsides au comité grec, faisait usage de sa fortune pour augmenter sa popularité.

Sa sœur, la princesse Adélaïde, restait moins inactive encore. Elle recevait le plus de monde possible, supputait l'opinion des hommes, les obligeait à prendre un parti à une époque où ils auraient voulu « ne s'expliquer et ne s'engager qu'à peu près[5] », cherchait à « savoir des gens ce qu'elle voulait en apprendre[6] » et organisait autour d'elle comme un foyer d'opposition qui critiquait les actes du gouvernement avec hardiesse. Il ne lui déplaisait point qu'on l'appelât altesse jacobine et elle animait, par son argent

---

1. *Le livre noir de la police.*
2. *Id.*
3. *Id.*
4. *Id.*
5. Comtesse DE BOIGNE, *Mémoires*, t. III.
6. APPERT, *Dix ans à la Cour du roi Louis-Philippe.*

et par ses paroles, le zèle et le libéralisme de
ses fidèles.

A la cour, l'influence de Mademoiselle d'Orléans était négligée davantage encore que celle
de son frère, aussi en usait-elle plus ouvertement que lui. Elle allait chez le colonel Chail-
lot, ami du général Berton [1]. Elle recevait avec
bonté le fils d'un régicide proscrit, David, envoyait 6.000 francs, puis 3.000, puis 2.000 au
comité grec, s'intéressait à toutes les souscrip-
tions, distribuait des secours. L'enseignement
mutuel que protégeait, en opposition des frères
des écoles chrétiennes, la partie libérale de la
nation, était soutenu et adopté par elle ; elle accueillait les hommes politiques dont le nom réunissait les suffrages des électeurs et des populations indépendantes et osait soutenir les œuvres
de bienfaisance israélites [2].

Au mois d'août 1829, le ministère Martignac,
dont les opinions étaient sincèrement constitu-
tionnelles et qui était plutôt toléré qu'accepté
par la cour, tomba sous la coalition de la gauche
et de la droite. Charles X, alors libre de toute
contrainte, choisit comme premier ministre celui qui avait été le favori et le confident intime
de sa jeunesse, le prince de Polignac. La nouvelle de la composition de ce ministère fut

1. Cf. De Castellane, *Mémoires*.
2. Les journaux.

comme un coup de tocsin dans toute la France. La famille d'Orléans était à cette époque réunie au château d'Eu où l'on se préparait à recevoir la dauphine : « En arrivant au salon, écrit Cuvillier-Fleury, j'aperçois une préoccupation générale ; Mme de Montjoie me présente le *Moniteur*... Polignac ministre, Courvoisier ministre, De Montbel ministre, Bourmont... ai-je bien lu ? Bourmont de 1815, Bourmont de Waterloo, ministre !... Dans le salon tout était rumeur ; Mme de Montjoie gémissait, Mademoiselle, déjà malade, paraissait accablée... »

Le 20 août, le *Journal des Débats* fut condamné et la *Quotidienne* attaqua, pour avoir assisté au procès en protestataire, le duc de Chartres qui fut morigéné par Charles X. Quelque temps après, le *Globe*, auquel Trognon et Cuvillier-Fleury [1] collaboraient, fut saisi pour un article de Dubois sur la France et les Bourbons et le fils aîné de Louis-Philippe reçut une admonestation du roi pour être allé voir le général Drouot.

Les relations, pourtant, semblaient toujours cordiales entre les Tuileries et le Palais-Royal. Le 15 novembre 1829, le duc de Nemours avait reçu le cordon bleu ; le 1er janvier 1830, la dauphine fit aux enfants de la famille d'Orléans

---

1. L'un, précepteur du duc de Joinville, l'autre du duc d'Aumale.

des cadeaux « d'une grande magnificence et d'un goût exquis » et les réceptions recommencèrent comme l'hiver précédent.

Le 2 mars, eut lieu l'ouverture des Chambres. La dauphine, la duchesse de Berry et Mademoiselle d'Orléans s'étaient rendues à la salle des séances par le Louvre. La tribune diplomatique, où l'on remarquait, l'année précédente, l'absence de deux ou trois ambassadeurs, offrait un coup d'œil imposant ; tous les membres des légations étrangères s'y trouvaient réunis. Vers midi et demi, un huissier a annoncé à haute voix la chambre des Pairs. Aussitôt les Pairs de France sont entrés, ayant à leur tête Mgr le chancelier de France, en simarre violette, et le grand référendaire. Les messagers d'État et les huissiers à chaîne d'or accompagnaient le cortège. Les Pairs avaient leur grand costume de cérémonie, le manteau enrichi d'hermine et le chapeau à la Henri IV, ombragé de panaches blancs. Presque tous les députés étaient présents et beaucoup d'entre eux furent obligés de se placer dans les couloirs et dans les embrasures des croisées.

A une heure, une salve d'artillerie tirée aux Invalides a annoncé le départ des Tuileries de S. M. Le roi a traversé la grande galerie du Louvre et est arrivé par la grande galerie d'Apollon dans un premier salon, où il a reçu les députations des douze pairs et des vingt-cinq députés amenés par M. le grand maître des cérémonies.

Le cortège s'est bientôt mis en marche; les hérauts d'armes, les gardes de la Manche, vêtus de leurs tuniques d'or et d'argent et armés de hallebardes, se sont rangés le long de l'estrade du trône. Les acclamations les plus vives ont accueilli l'entrée du roi et des princes, derrière lesquels se sont placés les officiers de la maison royale.

Dans son discours, Charles X parla d' « insinuations perfides », de « coupables manœuvres », de « ses droits[1] ». Par la fameuse adresse des 221, inspirée pourtant par Royer-Collard, loyalement dévoué à la famille régnante, l'Assemblée répondit que « le concours permanent des vues politiques du gouvernement du roi avec les vœux de son peuple n'existait pas ».

La Chambre fut alors prorogée, puis dissoute. C'était une provocation. Elle fut accueillie dans le pays par un formidable mouvement de l'opinion. La couronne entrait ouvertement en lutte

---

1. A cette phrase menaçante, le chapeau du roi tomba aux pieds du duc d'Orléans qui, l'ayant ramassé, le tint jusqu'à la fin du discours. « Bien des gens firent attention à cette circonstance. »
Mlle d'Orléans dit le soir à la comtesse de Boigne : « Pourvu que les gazettes ne s'emparent pas de cet incident pour faire leurs sots commentaires ! » Cf. Comtesse DE BOIGNE, *Mémoires*, t. III.

avec la nation ; il fallait prendre un parti et se prononcer, non pour ou contre tels ou tels ministres, mais pour ou contre le roi. Le duc d'Orléans ne pouvait hésiter cette fois. Le duc de Chartres avait publiquement parlé du refus de l'impôt et la princesse Adélaïde, qui était de l'avis de son neveu, avait fait présenter le général Atthalin à Colmar avec le programme de l'opposition. Charles Dupin était candidat à Paris et les 221 votants de l'adresse étaient pour la plupart des amis du prince.

De plus, on n'ignorait pas à la cour que le duc d'Orléans subventionnait un journal nouvellement fondé, *le National*, « monarchique mais antidynastique[1] » et qu'il protégeait la société « Aide-toi le ciel t'aidera ».

Il en résulta un ralentissement dans les relations des deux branches de la famille royale. L'invitation au jeu du roi arriva en retard au Palais-Royal et, au jeu de la dauphine, Charles X reçut son cousin avec froideur[2] : « Il y a un siècle que je ne vous ai vu, » lui dit-il. Un jour même, comme Marie-Amélie et Mademoiselle Adélaïde prenaient congé du roi aux Tuileries, il leur dit : « Il n'y a rien de plus facile que de faire de l'opposition à tort et à travers à mon gouvernement, ce qui n'est pas si facile, c'est de la justifier une

---

1. Thiers résumait ainsi le programme de ce journal.
2. Voyez Cuvillier-Fleury, *Journal intime*.

fois sur mille ». « Il y avait de l'aigreur dans ses paroles et dans ses manières[1]. »

L'arrivée du roi de Naples mit une trêve à ces hostilités. Le 18 mai, il dîna au Palais-Royal. « Madame la duchesse d'Orléans, écrit Cuvillier-Fleury dans son *Journal*, nous a présentés à la reine qui nous a fait une grimace. Elle est fort laide, elle et sa grimace. Le roi est septuagénaire à cinquante ans ; il est voûté et son visage est couvert d'une forêt de poils blancs qui lui donne l'air d'un ours de la Baltique. »

La famille d'Orléans désirait de fêter officiellement le roi et la reine de Naples au Palais-Royal ; mais, comme ces souverains étaient les hôtes de Charles X, il fallait pour cela que le roi de France consentît à accorder à son simple cousin « l'immense faveur » d'assister à un bal chez une altesse royale. Charles X hésitait. Mais la duchesse d'Angoulème fit valoir que Marie-Amélie était sa parente très proche, tante de la duchesse de Berry et sœur du roi de Naples. Pour décider son oncle, elle ajouta même : « C'est qu'elle est excellente, cette chère princesse de notre sang et de notre famille, elle ». Le roi céda et donna son jour[2].

Le 31 mai, à sept heures du soir, une compagnie des gardes du corps, dans son magnifique

---

1. CUVILLIER-FLEURY.
2. Cf. APPERT. *Dix ans à la Cour du roi Louis-Philippe.*

uniforme, arriva au Palais-Royal. L'illumination commença à neuf heures. Toutes les lignes du palais étaient figurées par des lampions ; des guirlandes de verres de couleur brillaient entre les arbres et, sur les terrasses, on avait placé des pyramides de feu. Le duc d'Orléans avait fait de nombreuses invitations sans distinction d'opinions politiques. Le duc de Choiseul, Laffitte, Benjamin Constant, Jouy, Arnault, Gilbert de Voisin, le général Thiers, Ternaux, Dupin l'aîné.., tous de l'opposition, avaient été conviés. Vers onze heures, des courriers, des piqueurs, des gardes du corps à cheval, des tambours battant au champ, annoncèrent l'arrivée de Charles X. Il entra dans les salons du palais, précédé de tout son service. Il offrait le bras à la duchesse d'Orléans, le dauphin à Mademoiselle Adélaïde, le duc d'Orléans à la dauphine. « La musique excellente, réunie par les soins de Paër, aidé des conseils de Mademoiselle, se fait entendre. Les beaux gardes du corps du roi sont à leur poste et rendent les honneurs aux souverains. Les toilettes, les diamants, la richesse des appartements, des tentures, des dorures, des tableaux, des bronzes que reflètent mille et mille fois les glaces donnent à cette fête un aspect féerique[1]. »

« Après l'entrée des quadrilles costumés, écrit

1. APPERT.

le prince de Joinville, le roi alla se promener sur la terrasse qui s'étend au-dessus de la galerie d'Orléans. Les femmes y circulaient décolletées tant la nuit était belle et chaude, éclairée, comme en plein jour, par des illuminations éblouissantes... Je courais devant Charles X pendant qu'il faisait cette promenade et je le vis s'avancer avec sa taille droite et son air vraiment royal vers le parapet de la terrasse, du côté du jardin. Il agita plusieurs fois la main pour saluer la foule... Il n'y eut ni cri de : Vive le roi, ni cris hostiles... Un dernier salut de la main, accompagné d'un « Bonjour mon peuple » !, que le roi dit moitié sérieusement, moitié plaisamment, et Charles X s'en alla. Je ne devais plus le revoir. Presque immédiatement la foule prit les chaises du jardin, les empila dans le parterre où était le canon de midi et y mit le feu. Il fallut appeler la troupe et faire évacuer le jardin... »

Charles X était parti, suivi du dauphin et de la dauphine, avec le même cérémonial qu'à son arrivée. C'était la dernière fois qu'un duc d'Orléans recevait chez lui le roi de France [1].

1. Quelques jours après, le dauphin et la dauphine vinrent faire une visite au Palais-Royal. Mademoiselle d'Orléans, étant indisposée, ne quitta pas son appartement, mais le duc et la duchesse d'Angoulême se firent annoncer chez elle. « Cette visite, faveur bien rare de la part des deux augustes époux pour S. A. R., dura vingt minutes environ et lorsque Mme la duchesse d'Orléans eut remis, ainsi que

c'est l'étiquette, le manteau sur les épaules de Mme la dauphine, les princes des Tuileries furent reconduits par Mme la duchesse et le duc d'Orléans jusqu'au premier degré du grand escalier. Alors, le dauphin eut une absence, car en place de dire « adieu », il prononça plusieurs fois ces mots : « parole d'honneur, parole d'honneur ! » La dauphine s'empara de son bras et ils gagnèrent leur voiture...

... Je contai à S. A. R. l'absence du dauphin au moment où il venait de quitter Mme la duchesse et Monseigneur : « Je n'en suis pas étonnée, mon cher, répliqua la princesse, d'après ce qu'il m'a dit à moi-même, vraiment ce pauvre prince baisse bien, je ne sais où s'arrêtera cet affaiblissement intellectuel, sa femme le voit bien et paraît en souffrir. Dieu veuille que cela ne le porte pas à de plus grandes inconséquences. »..... APPERT, *Dix ans à la Cour du roi Louis-Philippe*.

QUATRIÈME PARTIE
LA MONARCHIE DE JUILLET

CHAPITRE Iᵉʳ

Signature des ordonnances. Indignation de Mademoiselle
d'Orléans — Visite de la comtesse de Boigne à la princesse
Adélaïde. — Le soir du 27 juillet au château de Neuilly.
Les angoisses de ses hôtes dans la journée du 28. — Victoire des insurgés. — Le duc d'Orléans au Raincy. — Les
cocardes tricolores de Mademoiselle. — Affluence de
visiteurs à Neuilly. Dupin. Thiers. Casimir Delavigne. —
Attitude décidée de la princesse Adélaïde. Tristesse de
Marie-Amélie. — Négociations de la comtesse de Boigne.
— Départ de la famille d'Orléans pour Paris. Paris, le
soir du 31 juillet,

Le matin du 26 juillet 1830, Paris connut par
le *Moniteur* les ordonnances qui dissolvaient la
Chambre nouvellement élue, rétablissaient la
censure pour les journaux, abrogeaient la loi
électorale existante et la remplaçaient par « un
mode d'élection qui restreignait le droit politique

déjà si restreint et rendait illusoire le gouvernement représentatif [1] ».

La famille d'Orléans était, depuis quelques jours, installée à Neuilly. Ce fut une «consternation générale » lorsqu'on y apprit le coup d'État de Charles et de ses ministres «Dès ce moment, toutes les habitudes paisibles et régulières de la maison furent changées. Le salon devint un rendez-vous de politique [2] »... Le duc d'Orléans était assis sur le grand divan adossé à la chambre de la duchesse. « Il était triste, il parlait peu, il écoutait [3]. » Chacun donnait son avis. Les précepteurs des princes (*l'Éducation*, comme on les appelait) étaient là. Trognon disait que la France n'était pas prise au dépourvu, qu'on s'était organisé à l'avance pour le refus de l'impôt. Le prince l'interrompit très vivement : « Non, non, ne croyez pas que les choses se passent ainsi... Le soufflet a été donné, il sera rendu [4] ».

« Ils sont fous, répétait-il sans cesse, ils vont
« se faire exiler encore ! Oh ! pour moi, je l'ai
« déjà été deux fois ; je n'en veux plus, je reste
« en France [5] ! »

---

1. ODILON BARROT, *Mémoires*, t. I.
2. CUVILLIER-FLEURY, *Journal intime*. (A dessein et par un souci de l'impartialité, nous avons accumulé dans ce chapitre les citations des écrivains qui n'ont pas quitté la famille d'Orléans pendant les journées de juillet.)
3. CUVILLIER-FLEURY.
4. Cf. TROGNON, *Vie de Marie-Amélie*.
5. Prince DE JOINVILLE, *Vieux Souvenirs*.

Mademoiselle envisageait la situation avec fermeté ; déjà elle avait pris son parti et ne cherchait plus qu'à vaincre les scrupules de famille de Marie-Amélie et à faire tomber les dernières hésitations de Louis-Philippe. Elle s'exprimait avec véhémence, avec indignation et « commandait la réserve à tout le monde[1] », mais parlait du roi et de ses ministres, non sans amertume.

Le soir de ce jour, on apprit à Neuilly la protestation des journalistes. « Une sympathie profonde se prononça pour eux dans toute la famille[2]. » Thiers, Mignet, Carrel, rédacteurs du *National*, de Rémusat et Guizard, rédacteurs du *Globe*, Cauchois-Lemaire, rédacteur du *Constitutionnel*, Alexis de Jussieu, rédacteur, et de Lapelouse, gérant du *Courrier français*, Léon Pillet, gérant du *Journal de Paris* étaient des amis politiques du duc d'Orléans. Aussi, quand le comte Molé, qui dînait à Neuilly, parla de la résistance légale qu'il fallait opposer aux ordonnances, il fut mal accueilli. La princesse Marie préconisait l'insurrection ; sa tante, Mademoiselle d'Orléans, adjurait son frère d'aller à Paris se mettre à la tête de l'opposition, Mme de Montjoie soutenait cette idée avec beaucoup d'énergie et la princesse Louise attaquait sa gouvernante[3]

1. Cuvillier-Fleury.
2. *Id.*
2. Mme de Malet.

qui, seule avec la duchesse d'Orléans, semblait approuver le comte Molé.

Le mardi 27, on apprit à Neuilly les détails des troubles de la veille. C'était peu de chose : une échauffourée. « Le prince avait donné rendez-vous à une vieille dame anglaise, sa voisine à Twickenham, pour lui faire visiter son parc et ils le visitèrent[1]. » A quatre heures, arriva la comtesse de Boigne. Elle fut reçue par Mademoiselle qu'elle trouva « désolée des ordonnances, très inquiète de l'effervescence populaire... et fort impatientée surtout de la crainte que le nom de son frère fût compromis ».

« Nous causâmes longuement, écrit Mme de Boigne, mais il ne fut pas question du remède que Neuilly pouvait éventuellement fournir à une position devenue si critique : Sans ces deux cérémonies de la messe du Saint-Esprit et de l'ouverture des Chambres où il nous fallait assister, dit la princesse Adélaïde, et la misérable attrape qu'on nous a faite, nous serions partis samedi pour Eu et en dehors de toute cette bagarre.. Quand j'y pense, je suis prête à m'en arracher les cheveux[2]... »

La fille de Philippe-Égalité, comme on voit, ne se livrait point, même aux plus dévoués amis de sa famille : « Si l'intention de la princesse a

1. Cuvillier-Fleury.
2. Cf. comtesse de Boigne, *Mémoires*, t. III.

été de me mystifier, elle y a parfaitement réussi »,
remarqua la malicieuse comtesse de Boigne, en
quittant Neuilly [1] où elle n'avait rencontré ni la
duchesse d'Orléans qui se promenait dans le
jardin, ni le duc qui se cachait, ni les enfants
qui étaient partis pour l'école de natation.

En rentrant le soir, les jeunes princes racontèrent ce qu'ils avaient vu à Paris. Les troupes
occupaient la place Louis XV ; il y avait « un régiment de la garde et l'artillerie de l'École militaire [2] », « mèche allumée [3] ». Près de la porte
Maillot, les princes avaient rencontré la duchesse
de Berry à cheval, entourée d'un grand nombre
d'écuyers et ils l'avaient amicalement saluée.

Après le dîner, il n'y eut aucun visiteur à
Neuilly [4]. Réaume et Vatout allaient et venaient,
apportant des nouvelles. La salle de billard, lam-
brissée de stuck précieux et dont les voussures
et le plafond étaient ornés de peintures et de
sculptures dorées [5], n'avait pas son aspect accoutumé de gaieté calme et familiale. Les portes
donnant sur la terrasse étaient à peine entr'ou-

1. Elle se rendit, avant de partir, chez Mme de Montjoie
La dame d'honneur de la princesse Adélaïde tint à peu
près le même langage que sa maîtresse et se montra
« désespérée aussi qu'on ne fût pas à Eu ». « Cela me parut
l'impression de la maison. » Comtesse DE BOIGNE, *Mémoires*.
t. III.
2. Prince de JOINVILLE.
3. TROGNON.
4. Cf. TROGNON, CUVILLIER-FLEURY.
5. MONTALIVET, *Lisle civile*.

vertes. « Tout le monde était assis sur les canapés. »
Personne n'osait parler. Le duc soupirait. Parfois, il se tournait vers la princesse Adélaïde et lui disait quelques mots à voix basse. La duchesse, triste, abattue, « recueillie dans sa douleur[1] », évitait de regarder, « priait sans doute[2] ».

Le mercredi matin[3], Cuvillier-Fleury partit pour Paris où sa famille était restée. Il revint à Neuilly à grand'peine : Paris fermentait, raconta-t-il, on arrêtait les voitures, on les brisait pour en faire des barricades. Il faisait une chaleur étouffante. « Tout carrefour avait sa digue de pierre[4] », élevée par des gens, sans veste, « les bras nus ». Partout on se préparait à combattre.

La journée se passa à Neuilly « dans les angoisses de l'incertitude[5] ». Ce n'étaient que nouvelles et rumeurs contradictoires. Pendant le dîner, on commença à entendre le canon tonner. L'après-midi, la famille se réunit dans la salle d'études du prince de Joinville ; Larnac était « hors de lui », Trognon s'indignait et « criait très fort », Cuvillier-Fleury était « féroce et ne parlait que de massacrer les ennemis » et, en entendant le bourdon de Notre-Dame qui son-

1. TROGNON.
2. *Id.*
3. 28 juillet.
4. Légende d'une lithographie populaire, publiée par Engelman.
5. CUVILLIER-FLEURY.

nait le tocsin, chacun maudissait Mgr de Quélen qui, disait-on, ayant suggéré au roi les ordonnances, était ainsi responsable des troubles
de Paris. « L'indignation du prince et de
Madame Adélaïde s'exprimait beaucoup plus
fort que les autres [1]. »

Le soir, on se réunit devant le salon, sur la
terrasse. Il faisait une nuit magnifique, mais,
sur Paris, les canons grondaient sans interrup-
tion. Les nouvelles arrivaient ; elles étaient effrayantes. « Le prince, avec sa femme et sa
sœur, se promenaient à l'écart, dans un étroit
espace, s'arrêtant sans cesse, et revenant sur
leurs pas [2]. » Vers dix heures, on n'entendit
plus le canon. A minuit, l'Anglais Tuthill, envoyé à Paris, arriva haletant et couvert de sueur :
Le peuple n'avait pas perdu tout espoir, mais on
craignait que bientôt il ne fût obligé de reculer,
faute de munitions. On se coucha sur cette mauvaise nouvelle que le lendemain matin, vers
huit heures, vint confirmer le peintre Ary Scheffer : « Les royalistes sont victorieux, dit-il, les
Parisiens sont découragés, leur défaite est certaine, Thiers et Mignet ont fui [3]. »

1. CUVILLIER-FLEURY.
2. *Id.*
3. On a dit que Thiers était parti pour Montmorency. mais
Mlle Dosne, nous a assuré un de ses familiers, racontait
souvent que son beau-frère s'était réfugié à Bessancourt,
chez une amie.

« Ce récit nous fit grand mal », écrit Cuvillier-Fleury. On était navré et déjà l'on songeait à quitter Neuilly pour échapper aux représailles, quand, une heure après, tandis que la famille s'était réfugiée au petit château, la princesse Marie vint en courant : « Victoire ! victoire ! cria-t-elle, la garde royale s'est rendue, elle est désarmée, revenez au salon !... »

Au salon, M. Badouix racontait les détails de ce grand événement. Il avait vu dans la rue de la Pépinière un bataillon du 5e de ligne fraterniser avec le peuple [1], changer ses uniformes militaires contre des vêtements civils.

Après Badouix, d'autres messagers étaient venus annoncer la victoire des insurgés et l'occupation du Louvre et des Tuileries ; du reste, on entendait se rapprocher la bataille ; les troupes royales se retiraient sur Saint-Cloud et Boulogne ; un boulet vint en sifflant s'abattre près du château [2], en même temps que des soldats en déroute frappaient aux grilles du parc. « On leur ouvre, on les fait entrer, on les fait manger, on

1. Voyez les lithographies Engelman (Bibliothèque nationale. — Réserve).
2. Cf. prince de JOINVILLE.
Après 1830, Mlle d'Orléans fit élever, à la place même où ce boulet était tombé, une fontaine allégorique sur laquelle on inscrivit ces mots : « Le jeudi 29 juillet 1830, le boulet motif principal du bas-relief, a été lancé dans le parc du château de Neuilly, par les troupes de la garde royale qui, repoussées de Paris, se retiraient sur le bois de Boulogne. »

leur donne des casquettes, des blouses... et on les passe en bateau de l'autre côté de la Seine [1]. »

Dans la nuit du mardi au mercredi, le duc d'Orléans, prévenu par Mme de Bondy et craignant quelque attentat contre sa personne, avait quitté le château de Neuilly et était allé se cacher dans un pavillon isolé de son parc [2]. Seules, la duchesse d'Orléans et Mademoiselle Adélaïde connaissaient le lieu de sa retraite et lui transmettaient secrètement les nouvelles de Paris. Mais, pensant que, dans l'excès de leur mécontentement, les royalistes pourraient bien venir s'emparer de vive force du duc d'Orléans, Mademoiselle, le vendredi matin, le fit partir pour le Raincy, accompagné seulement du fidèle Oudart.

Le duc, habillé fort simplement, portait un chapeau gris avec une cocarde tricolore que sa sœur lui avait donnée. La princesse Adélaïde, en effet, après le coup de canon tiré de Courbevoie, avait dit à la duchesse d'Orléans : « Ma chère amie, dès ce moment nous ne pouvons rester avec ces gens-là ; ils massacrent le peuple, tirent sur nous, il faut prendre un parti. » Et elle avait déchiré les étoffes de soie de couleur rouge, blanche et bleue de sa garde-robe et fa-

<hr>

1. Prince de JOINVILLE.
2. Cf. APPERT

briqué, avec ses petits-neveux et ses nièces, des cocardes nationales qu'elle avait distribuées elle-même à tous les domestiques du palais[1].

Après le départ du duc, la duchesse et **Made-moiselle** d'Orléans étaient restées seules au **châ-teau** car, la veille, on avait fait partir en toute hâte pour Villiers les princes et les princesses. Neuilly vit défiler ce jour-là une foule de gens importuns ou zélés. Thiers arriva à cheval, vers midi, avec le peintre Ary Scheffer. Dupin et Persil l'avaient précédé : « Je fus introduit seul auprès de Madame la duchesse d'Orléans, écrit Dupin[2]. Lorsque je lui annonçai qu'on jetait les yeux sur le duc, pour lui confier le gouverne-ment des affaires de l'État, elle se montra fort émue... et me dit : « Mais le duc d'Orléans est un « honnête homme, il n'entreprendra rien contre le « roi ». La duchesse versait des larmes... je lui dis que j'avais voulu seulement informer le duc d'Or-léans de ce qui venait de se passer et j'exprimai le désir de voir Madame Adélaïde... Elle se montra beaucoup plus décidée : « Je ne sais pas, me dit-elle, ce que fera mon frère, mais je connais son amour pour son pays et je pense qu'il fera tout ce qu'il dépendra de lui pour le sauver de l'anarchie..... »

Quelques instants après, Thiers et Scheffer

---

1. Voyez Appert, Joinville, Cuvillier-Fleury.
2. *Mémoires.*

reçurent le plus gracieux accueil. Mais, aux premières paroles qu'ils voulurent prononcer · « Monsieur, dit la duchesse en s'adressant à Scheffer, comment avez-vous pu vous charger d'une semblable mission ? Que Monsieur l'ait osé, je le conçois : il nous connaît peu, mais vous qui avez été admis auprès de nous, qui avez pu nous apprécier... ah ! nous ne vous pardonnerons jamais cela ! » Alors, tandis que les deux négociateurs restaient interdits, Mademoiselle d'Orléans s'écria : « Qu'on fasse de mon frère un président, un garde national, tout ce qu'on voudra, pourvu qu'on n'en fasse pas un proscrit ! » C'était une acceptation. Thiers n'eut garde, de peur de mécontenter Marie-Amélie, d'en demander davantage et, prenant congé, il se tourna vers la princesse Adélaïde : « Madame, lui dit-il, vous placez la couronne dans votre maison [1] ! »

Les messagers se succédaient au salon. « Dans le nombre des amis véritables de la famille se distinguaient les deux Delavigne. Casimir fut admirable de dévouement, d'instances nobles et pathétiques, d'éloquentes prières. » La duchesse lui prit les mains avec attendrissement. « Mon mari éprouve les scrupules d'honnête homme », dit-elle, mais Mademoiselle plus décidée : « Il

1. Cf. CUVILLIER-FLEURY, LOUIS BLANC (*Histoire de Dix ans*) BILLAULT DE GÉRAINVILLE (*Histoire de Louis-Philippe*).

faut que la Chambre des députés se prononce,
mais, cela fait, mon frère ne peut hésiter et s'il le
fait, j'irai moi-même à Paris et je promettrai en
son nom sur la place du Palais-Royal, au milieu
du peuple des barricades [1] ». Elle eût tenu parole. Elle était ambitieuse, d'un caractère aven-
tureux et douée de beaucoup de résolution. Sa
haine pour la branche aînée était vive ; elle ne
s'en cachait pas, du reste, car, ce jour-là, elle
parla des Bourbons avec une telle violence
qu'elle étonna même les auditeurs [2].

On convint alors que le duc serait prévenu par
M. de Montesquiou ; il semble toutefois qu'entre
les châteaux de Neuilly et du Raincy il n'ait jamais cessé d'y avoir de secrètes communications, et n'a-t-on pas dit aussi que la proclamation [3], lancée le matin de l'hôtel du banquier Laffitte, avait été inspirée par la princesse Adélaïde? Mais tout reste obscur dans
cette journée.....

Les nouvelles qui annonçaient le résultat de la
séance de la Chambre des députés parvinrent à
cinq heures du soir à Neuilly, où le duc d'Orléans se rendit quelques heures après. Comme il

1. CUVILLIER-FLEURY.
2. Cf. LA ROCHEFOUCAULD. *Mémoires*, t. IV.
3. C'est celle qui commençait ainsi : « Charles X ne peut
plus rentrer dans Paris ; il a fait couler le sang du peuple.

« La république nous exposerait à d'affreuses divisions,
elle nous brouillerait avec l'Europe. Le duc d'Orléans est
un prince dévoué, etc... »

importait que son arrivée fût tenue secrète, il ne rentra pas au château. Sa femme et sa sœur le rejoignirent « dans un endroit retiré du parc », appelé les *poteaux ronds*. C'est là que se firent les adieux, car le prince, dont Mademoiselle avait animé le courage, « partit aussitôt pour Paris, à pied, quoique harassé de fatigue [1] ».

Le lendemain matin, dans tous les carrefours de la ville, des hommes s'arrêtaient et lisaient à haute voix la proclamation [2] du duc d'Orléans, *lieutenant général du royaume.*

On apprenait en même temps la formation d'un gouvernement provisoire. Le général Sébastiani, disait-on, faisait partie du nouveau ministère. La comtesse de Boigne, qui savait l'aversion héréditaire de Pozzo di Borgo [3] pour Sébastiani, décida, sur les conseils de Pasquier, de faire une démarche auprès de la princesse Adélaïde pour empêcher, si c'était encore possible, la nomination du général. Elle avertit Mme de Montjoie de ce qui se passait et, sur un billet de la dame d'honneur l'appelant à Neuilly, elle partit à pied, malgré l'intolérable chaleur et les difficultés de la route. Elle fut reçue par Mme de Dolomieu et aussitôt introduite par

1. Cuvillier-Fleury

2. Celle qui se terminait par ces mots : « La Charte sera désormais une vérité. »

3. Ambassadeur de Russie en France et, comme Sébastiani, d'origine corse.

Mme de Montjoie dans le cabinet de Mademoiselle.

La princesse remercia Mme de Boigne de son dévouement et lui montra du reste un mot du duc d'Orléans qui disait : « Il n'y a pas à hésiter, il ne faut pas aliéner Pozzo. Sébastiani ne sera pas nommé. Tâchez de le faire savoir ». La comtesse de Boigne se chargea de cette commission. Ensuite elle rapporta à Mademoiselle les termes de la proclamation publiée le matin même dans Paris. Adélaïde parut satisfaite. Au reste, elle ne dissimulait plus : l'intervention de son frère, disait-elle, était nécessaire ; il devait se jeter au milieu des combattants pour conjurer la guerre civile et « s'emparer du pouvoir au titre le plus modeste, de façon à n'effaroucher personne [1] ».

Pendant qu'elle parlait, Mme de Dolomieu était entrée : « Allez vite chez ma sœur, dit alors Mademoiselle à la comtesse de Boigne, et tâchez de la remonter ; elle est dans un état terrible [2]. »

La duchesse d'Orléans se trouvait dans sa chambre à coucher. Elle sanglotait : « Oh ! quelle catastrophe, quelle catastrophe !... et nous aurions pu être à Eu », murmurait-elle. Et comme Mme de Boigne, pour « la calmer un

---

1. Cf. Comtesse DE BOIGNE, t. III.
2. *Id.*

peu [1] », essayait de comparer le duc d'Orléans à Guillaume III d'Angleterre : « Dieu garde, Dieu garde, ma chère, ils l'appelleraient usurpateur! », répondit Marie-Amélie en pleurant.

La comtesse, alors, l'engagea « à se laisser moins abattre [2] » et osa même lui conseiller de se rendre à Paris, en voiture, avec tous ses enfants, en voiture de gala, avec la grande livrée. A cette idée, la duchesse d'Orléans se révolta : « Cela me répugnera beaucoup, dit-elle. Cela aura l'air d'une espèce de nargue, de triomphe... vous comprenez... pour les autres. J'aimerais bien mieux arriver au Palais-Royal sans que cela fasse aucun effet [3]. »

C'est ce qui fut décidé et, le soir même, la nuit venue, Marie-Amélie, Mademoiselle et tous les enfants — les princesses Louise, Marie et Clémentine, les ducs de Nemours, d'Aumale, de Montpensier et le prince de Joinville — s'en furent rejoindre à Paris le nouveau lieutenant général du royaume. Ils sortirent du parc de Neuilly par la petite porte qui donnait sur le chemin des Ternes et, voyant passer une *Caroline*, ils y montèrent, sans être reconnus, avec MM. de Montesquiou, de Canonville et Oudart. L'omnibus ne put dépasser la place Louis XV,

1. Comtesse DE BOIGNE.
2. *Id.*
3. *Id.*

à cause des barricades. Il fallut mettre pied à
terre ; un homme même, pendant que M. de
Montesquiou parlementait avec les insurgés,
coucha en joue les voyageurs. On décida alors,
« après avoir remis un napoléon d'or au conduc-
teur étonné », de se diviser en trois groupes : la
duchesse d'Orléans donna le bras à Oudart, Mademoiselle prit avec elle les princesses, M. de
Montesquiou emmena les jeunes princes avec lui.

« Paris était ce soir-là bien curieux, écrit, dans
ses *Souvenirs*, le prince de Joinville, entièrement illuminé avec des lampions et des drapeaux tricolores à chaque fenêtre... Les rues
complètement dépavées et tous les pavés
empilés en barricades avec mélange de voitures versées, de tonneaux, de débris de toute
sorte ; derrière tous ces barrages, des gardiens improvisés, des passants, des promeneurs armés et tirant des coups de fusil à chaque
instant ; tout le monde, hommes et femmes,
avec de gigantesques cocardes tricolores au
chapeau, à la casquette, au bonnet, dans les
cheveux... Bien qu'il fût tard, quand nous arri-
vâmes au Palais-Royal il était tout éclairé,
toutes portes ouvertes ; entrait qui voulait et
lorsque nous montâmes l'escalier, bien des gens
étaient déjà installés sur les degrés, s'apprê-
tant à y passer la nuit [1] ... »

1. Prince DE JOINVILLE.

La famille entra par la cour des remises. Le duc attendait avec une grande impatience. Les salons de son appartement étaient remplis de toutes sortes de personnes et il s'était réfugié dans son cabinet avec Dupin et le général Sébastiani. Il portait l'uniforme de général de la garde nationale et le grand cordon rouge de la Légion d'honneur qui, désormais, succédait à celui de Saint-Louis. Il avait reçu, quelques heures auparavant, la consécration du peuple à l'Hôtel de Ville. En fait, la révolution était terminée et la princesse Adélaïde pouvait se réjouir, qui voyait enfin réalisés les rêves de sa fraternelle ambition.

CHAPITRE II

Le matin du 1er août, Mademoiselle d'Orléans
s'était levée de très bonne heure. Installée dans
la petite galerie, qui faisait suite à son cabinet
dont les glaces avaient été brisées et les boise-
ries trouées par les balles, elle recevait les familiers de la maison et les partisans de son
frère qui venaient solliciter des conseils ou chercher des ordres.

La princesse paraissait calme, avec l'air très
résolu, et sa fermeté de caractère contrastait
avec l'affolement de ceux qui l'entouraient. La
duchesse d'Orléans surtout, le visage ravagé, les

yeux rougis par les larmes et le manque de sommeil, était déconcertée. Elle reculait devant les moindres obstacles et venait à tout instant consulter sa belle-sœur sur l'attitude qu'elle devait prendre. Un valet de chambre de la duchesse de Berry étant venu chercher des nouvelles, Marie-Amélie se précipita en sanglotant chez la princesse Adélaïde pour lui demander un avis : « Dites des politesses insignifiantes, mais n'écrivez pas », conseilla froidement Mademoiselle et, tandis que la femme de Louis-Philippe sortait déconfite et attristée, Adélaïde, se levant précipitamment, s'écria avec insistance : « Surtout, ma sœur, n'écrivez pas. »

La duchesse revint presque aussitôt : « Ma sœur, ma sœur, dit-elle toute craintive, voilà Sébastiani, il est furieux, vous savez. — Je me charge de lui parler [1] », répondit Mademoiselle d'Orléans qui fit entrer dans la petite galerie le général avec sa femme et sa sœur. Ils y restèrent longtemps, mais la princesse parvint à calmer le ressentiment de son vieil ami. Elle trouva les mots qui pansent les cruelles blessures de l'amour-propre et s'attacha davantage encore le général Sébastiani qui sortit de chez elle, « avec l'air fort grognon [2] » certes, mais décidé par dé-

---

1. Voyez pour toute cette partie, comtesse DE BOIGNE, t. III. *Mémoires.*
2. Comtesse DE BOIGNE.

vouement à abandonner sans maugréer une situation qui lui avait été formellement promise et que du reste il méritait hautement par les services qu'il avait rendus.

Dès sept heures du matin, la princesse Adélaïde, qui désirait causer avec l'ambassadeur de Russie en France, lui avait fait demander une entrevue. Mais Pozzo di Borgo ayant trouvé plus prudent de ne pas aller au Palais-Royal, Mademoiselle avait décidé de lui fixer un rendez-vous dans l'hôtel de la comtesse de Boigne, rue d'Anjou-Saint-Honoré. La comtesse, qui avait été chargée de toutes ces négociations, accompagna la princesse d'Orléans. Les deux femmes sortirent du palais par le petit escalier de la tourelle sans être reconnues. Elles donnaient le bras à un maître d'hôtel.

Il faisait une splendide journée d'été, mais, du ciel, pourtant sans nuages, une chaleur lourde, angoissante tombait. La fusillade avait cessé et Paris ne songeait plus qu'à se réjouir de sa victoire. La ville tout entière se promenait, s'en allait, bruyante et gaie, par les rues, par les boulevards, par les places publiques. « La foule ressemblait à un immense troupeau de moutons dont on avait chassé les bergers... Aucun mauvais instinct, quelquefois une panique ; tout le monde se sauvait à toutes jambes sans savoir pourquoi, puis on s'arrêtait et on se mettait à rire [1] ». On buvait surtout : les trottoirs, les barricades, la chaussée, on eût dit d'un immense cabaret, où l'on chantait, où l'on dansait, où l'on s'enivrait. Et la foule riait, et le rire de cette foule était sincère [2], car elle avait oublié les massacres de la veille et s'amusait à regarder les arbres abattus, les réverbères renversés [3], les maisons criblées de balles et les patrouilles qui passaient, composées de soldats improvisés, vêtus seulement d'un pantalon et d'une chemise et qui s'étaient affublés de casques et de cuirasses « pillés partout, au musée d'artillerie entre autres [4] ».

Tapissant les maisons, servant d'enseignes aux boutiques où le mot « royal » avait été effacé, couronnant les amoncellements de pavés qui barraient les rues, dominant tous les édifices, des drapeaux, des banderoles, des oriflammes flottaient au vent, flamboyaient au soleil. Les trois couleurs égayaient le corsage des femmes, serraient leur taille, liaient leur chevelure ; rubans aux boutonnières, cocardes aux chapeaux, elles redevenaient étendards entre les mains des en-

1. Prince DE JOINVILLE, *Vieux Souvenirs*.
2. Cf. V. HUGO, *les Chants du Crépuscule*. *Dicté après juillet* 1830 :

> « Comment donc as-tu fait pour calmer ta colère,
> Souveraine cité qui vainquis en trois jours ? »
> . . . .

3. Cf. Comtesse DASH, *Mémoires*.
4. Prince DE JOINVILLE.

fants et des hommes qui les portaient, comme un jouet tout neuf, depuis longtemps désiré, obtenu enfin.

Dans le jardin des Tuileries, les grilles du côté de la place Louis XV étant fermées, Mademoiselle d'Orléans et la comtesse de Boigne furent obligées de revenir sur leurs pas et de prendre la rue de Rivoli. Tout en marchant, elles s'entretenaient de la situation politique et la princesse promit son appui à Chateaubriand et à Glandevès que lui recommandait son amie. En passant devant l'hôtel de Talleyrand, rue Saint-Florentin : « Je ne veux pas que le vieux homme boiteux m'aperçoive », dit Adélaïde qui, pour se cacher, se fit toute petite. On traversa sans difficulté la place Louis XV ; rue des Champs-Elysées, la comtesse s'arrêta chez le portier de l'ambassade de Russie et Mademoiselle poursuivit sa route jusqu'à la rue d'Anjou. Elle y était à peine que Pozzo arriva et fut introduit dans le salon où elle se trouvait. L'entretien dura fort longtemps et, quand il fut terminé, le baron Pasquier, prévenu que la princesse acceptait de le voir, se rendit auprès d'elle.

En retournant au Palais Royal — dans un mauvais fiacre qu'on avait eu beaucoup de peine à trouver — Mademoiselle fit part à la comtesse de Boigne de ses impressions. Elle semblait fort contente d'avoir vu Pasquier : « On voit, dit-elle, que c'est un homme accoutumé à envisager les questions sous toutes les faces... mais on voit aussi qu'il est peu pressé de s'engager. Évidemment, il s'est trouvé dans bien des révolutions et il les redoute...

« Mais de qui j'ai été enchantée, c'est de notre bon Pozzo. Il est parfait, ma chère Madame de Boigne, parfait, c'est tout à fait un de nous... Il me tarde fort qu'il puisse voir mon frère. J'espère arranger cela pour la nuit prochaine [1]. »

La voiture s'arrêta rue de Valois. Le Palais-Royal semblait dévasté. On avait profité du séjour à Neuilly pour entreprendre des réparations. Les parquets, les meubles, les tentures avaient été enlevés. On croisait « des gens de toutes natures [2] » qui mangeaient dans toutes les pièces ; à tous moments, une délégation venait de l'Hôtel de Ville pour saluer le lieutenant général ; elle défilait sans vergogne dans les salons du palais où « l'on s'embrassait avec fureur [3] ». De la place, parfois, s'élevait une clameur soudaine. Le peuple appelait le duc d'Orléans qui paraissait à une fenêtre, entouré de toute sa famille. On criait : « Vive le duc, vive le lieutenant gé-

1. Cf. Comtesse DE BOIGNE, *Mémoires*, t. III.
2. *Id.*
3. Prince de JOINVILLE.
Une virago en habits d'homme et en pantalon collant fut présentée par les élèves de l'École Polytechnique à Marie-Amélie et à Madame Adélaïde qui durent la recevoir avec bienveillance.

néral, vive la duchesse » ! et la princesse Adélaïde, à la gauche de son frère, saluait, heureuse et fière, car c'était son œuvre qu'on applaudissait. La duchesse, au contraire, se contraignait pour sourire à ce peuple qui mêlait à ses cris d'allégresse des outrages [1] et des blasphèmes [2].

Ensuite une voix entonnait la *Marseillaise* et l'on écoutait tête nue, en silence, l'hymne révolutionnaire dont tout le monde reprenait en chœur l'entraînant refrain. Puis, les clameurs montaient plus fortes ; une délégation passait que chacun voulait accompagner dans l'intérieur du Palais-Royal et, souvent, pour plaire à la multitude, le duc d'Orléans, Marie-Amélie, Mademoiselle Adélaïde, les princes et les princesses embrassaient sur le balcon devant tout le monde les hommes, les femmes, les enfants qui venaient voir chez eux les maîtres qu'ils s'étaient donnés. Alors un frénétique enthousiasme s'emparait de tous. On criait, on acclamait, on battait des mains, on trépignait. Une joie intense emplissait la place d'où mille bras s'élevaient vers le Palais-Royal. Les chapeaux volaient en l'air, les mouchoirs s'agitaient et le lieutenant général jetait[3] à cette foule en délire les exemplaires de la proclamation, affichée le jour même dans les rues de Pa-

---

1. A bas les Bourbons !
2. A bas la calotte !
3. Cf. Une lithographie publiée en 1830 par Engelman. (Bibliothèque Nationale. Réserve.)

ris. Et l'on se bousculait, autour du palais, pour atteindre ces petits carrés de papier, comme dans les villages, les jours de foire, les paysans naïfs, autour de la voiture dorée du charlatan qui distribue des prospectus magiques, promettant la guérison de tous les maux.

Le soir, Paris fut illuminé de lampions et de lanternes aux couleurs tricolores et les mille voix qui dans les rues chantaient *la Parisienne* :

> Soldat du drapeau tricolore,
> D'Orléans, toi qui l'as porté [1]...

ne se turent que couvertes par le fracas de l'épouvantable orage qui éclata cette nuit-là sur la ville.

Mais, on ne pouvait éternellement se réjouir. Les « trois glorieuses » avaient fait de nombreuses victimes. On avait en silence enterré les morts, il fallut s'occuper des blessés. Les hôpitaux en étaient encombrés ; il y en avait 500 à l'Hôtel-Dieu, 100 à la Charité, 200 au Gros-Caillou, 80 à l'hôpital Beaujon, une cinquantaine au Val-de-Grâce [2] ; on résolut au Palais-Royal de leur faire une solennelle visite. La duchesse d'Orléans, Mademoiselle Adélaïde, les princesses Marie et Clémentine se rendirent à l'Hôtel-Dieu. Marie-Amélie, compatissante sans calcul, s'arrêta

---

1. Les paroles de *la Parisienne* étaient de Casimir Delavigne.

2. *Moniteur*, 5 août 1830.

devant les premiers blessés que le hasard plaçait sur son chemin. C'étaient des gardes royaux : « Est-ce pour consoler nos ennemis que ces dames viennent ? » demanda un combattant de Juillet, dont le lit était orné de drapeaux tricolores. Mademoiselle d'Orléans entendit, courut au chevet de ce malade, plus intéressant que les autres : « D'où êtes-vous ? lui dit-elle. — De Randan. — Ah ! tant mieux, j'ai là un château, vous y passerez votre convalescence, n'est-ce pas [1] ? »

La misère était grande dans Paris : la révolution ayant amené l'exode des capitaux, les relations commerciales se trouvaient interrompues et les ateliers pour la plupart avaient fermé leurs portes. « Chaque jour ajoutait à la détresse du peuple [2] » ; déjà le pain manquait. Il fallait des secours et immédiats. La duchesse d'Orléans vendit des inscriptions de rente qui venaient de sa dot et la princesse Adélaïde, plus généreuse encore, fit des emprunts pour venir en aide aux malheureux, mais, soit par mesquinerie de caractère, par prudence ou par un souci outré de l'exactitude, elle exigca un reçu de toutes les personnes qui furent secourues par ses soins [3].

Le matin du 4 août, le général de Latour-

1. Cf. Louis Blanc, *Histoire de Dix ans*.
2. *Id*.
3. Cf. Appert. C'est lui qui était chargé par la princesse de demander un reçu aux personnes secourues.

Fronsac était venu au Palais-Royal. Il apportait l'acte d'abdication de Charles X et du duc d'Angoulême. Une inflexible consigne empêcha l'envoyé du roi d'être reçu par le lieutenant général. Mais, comme M. de Latour Fronsac était chargé de deux lettres, l'une de Mme de Gontaut, l'autre de Mademoiselle d'Artois, adressées à la duchesse d'Orléans, il parvint, après de vives instances, à voir Marie-Amélie qui répéta encore que son mari était un honnête homme et qu'il resterait fidèle à son serment.

Il n'en était rien. Depuis longtemps, depuis toujours, le duc d'Orléans avait « dépouillé tout scrupule ». Il ne balançait même plus pour accepter la couronne, mais il était arrêté par la difficulté de stipuler les conditions du nouveau gouvernement.

Le duc de Broglie et le comte Molé, partisans d'une « quasi-légitimité », proposaient que Philippe d'Orléans fût appelé au trône *parce que* Bourbon ; Odilon Barrot, Laffitte, Dupin surtout, que soutenait la princesse Adélaïde, voulaient briser tout lien entre l'ancien et le nouveau régime et que Louis-Philippe *quoique* Bourbon devînt, non roi de France par la grâce de Dieu, mais roi des Français par la volonté nationale. Ce n'était là qu'une vaine querelle de mots, mais, sous les mots, les libéraux pensaient trouver des garanties. Il n'était guère possible d'ailleurs,

malgré le secret désir du duc d'Orléans, de « renouer la chaîne des temps », rompue par une
révolution qui s'était faite aux cris de : « A bas
les Bourbons ». Déjà, aussi bien, Louis-Philippe
avait laissé afficher sur les murs de Paris qu'il
était un Valois [1] et tous les journaux avaient librement publié, avec les plus immondes outrages contre la duchesse de Berry, l'article paru
en 1820 dans le *Morning Chronicle*, protestant
contre la naissance du duc de Bordeaux [2].

L'opinion de Mademoiselle d'Orléans prévalut
sans peine. C'était la seule raisonnable et qu'appuya du reste le jeune duc de Chartres, arrivé à
Paris le matin du 3 août, à la tête de son régiment, drapeau tricolore déployé.

La monarchie future s'était ainsi concilié l'appui des partis avancés; elle essaya de s'attirer
tous les hommes que Louis XVIII ou Charles X
avaient mécontentés. Mademoiselle fut chargée
par son frère d'une démarche auprès de Chateaubriand. Le vieil écrivain refusa toutes les
charges qui lui furent offertes : « Plaignez-moi,
Madame, plaignez-moi, dit-il à la duchesse d'Orléans, présente à l'entrevue. — Je ne vous plains
pas, Monsieur de Chateaubriand, je ne vous plains

1. Avant la mort de son grand-père, on l'appelait duc de
Valois.

2. *Le Constitutionnel*, journal absolument dévoué au duc
d'Orléans, disait que l'origine du duc de Bordeaux était
« plus que suspecte ».

pas[1] », répondit avec acrimonie la princesse Adélaïde qui ne comprenait point qu'il y eût des scrupules de conscience et une religion du serment.

Le 7 août, la Chambre se transporta en corps au Palais-Royal. Le duc d'Orléans attendait, entouré de toute sa famille : « Je reçois avec une profonde émotion la déclaration que vous me présentez, répondit le duc à M. Laffitte, président de la Chambre, qui venait de lui lire « le bill des droits de la France » ; « je la regarde comme l'expression de la volonté nationale et elle me paraît conforme aux principes politiques que j'ai professés toute ma vie... » Les cris de : « Vive le roi ! » firent retentir les voûtes du palais que le régent avait habité et ces mêmes cris accueillirent, le surlendemain, le lieutenant général à la Chambre des députés[2].

Dans la salle des séances, on avait dressé un trône, ombragé de drapeaux tricolores et surmonté d'un dais de velours rouge. Les princesses[3] étaient dans les tribunes. Les députés, les pairs se levèrent quand entra Louis-Philippe, ayant à sa gauche le duc de Nemours, à sa droite le duc de Chartres. Le canon tonna. Les trois

1. Cf. *Mémoires d'outre-tombe*.
2. Cf. Les journaux : *Constitutionnel, National*, etc...
3. Madame Adélaïde portait une capeline garnie de plumes avec des mentonnières, un grand col retombant sur les épaules et des manches à gigot.

princes s'assirent sur les pliants qui avaient été placés sous le dais de velours. Casimir Périer lut d'une voix ferme la déclaration de la Chambre des députés, Pasquier celle de la Chambre des pairs. Alors Louis-Philippe signa les deux déclarations et monta sur le trône...

Le nouveau roi avait cinquante-six ans. Grand et robuste, il paraissait jeune encore, malgré son extérieur massif, à cause de l'agilité de ses mouvements et de la souplesse de son maintien. Sa figure était large et grasse ; d'épais favoris garnissaient ses joues et, avec de grands yeux à fleur de tête, il n'avait aucune expression dans le regard.

Il affectait un laisser-aller un peu vulgaire et sa tenue était négligée ; aux uniformes chamarrés, il préférait des vêtements civils, un pantalon de nankin à sous-pieds, un habit bleu à boutons d'or, un vaste gilet blanc, un chapeau gris [1] et, seulement au début du règne, le parapluie devenu légendaire. Il avait la mine d'un garde national paisible et les qualités d'un commerçant du Marais. C'était un bourgeois sans grandeur, comme sans noblesse, qui réglait ses dépenses, sinon avec avarice, du moins avec parcimonie. Son amour de l'argent, son goût excessif de la procédure, ses habitudes d'ordre et de travail

1. Cf. Baumont-Wassy, *Salons de Paris et société parisienne sous Louis-Philippe.*

firent sa fortune et il gagna le trône par sa du-
plicité, l'habileté de ses manœuvres et la fausseté de ses flatteries. Il recherchait le bénéfice
des faux-fuyants, savait feindre les sentiments
qu'il n'avait pas, ne reculait jamais pour abou-
tir devant la petitesse des expédients. La confiance qu'il avait en lui-même lui faisait mépri-
ser les autres hommes. Il avait beaucoup de courage, mais aucune fermeté de caractère et plus
de finesse que d'étendue d'esprit. Il était domi-
nateur, autoritaire et voulait paraître conciliant,
libéral ; son scepticisme religieux et les souvenirs de sa jeunesse n'avaient pas effacé en lui
les préjugés de naissance et les vanités de caste.
Il avait le sens droit, la vue nette, mais il manquait de résolution. Il hésitait, temporisait, élu-
dait, s'abstenait, évitait de s'engager à fond. Et,
sans la princesse Adélaïde qui aimait à se dé-
couvrir autant que son frère croyait habile de
s'effacer, qui avait les allures belliqueuses et
l'ambition impatiente, il ne se fût jamais décidé à accepter la couronne après avoir intri-
gué, durant quinze ans, pour essayer de l'obtenir.

Pendant plus d'un mois, tous les soirs, la foule
se réunissait sous les fenêtres du Palais-Royal
et appelait la famille royale qui, chaque fois, se
montrait au balcon. Les délégations de tous les
corps de l'État se succédaient au palais. Le

10 août, au discours de Dupin, bâtonnier de
l'ordre des avocats, qui était venu à la tête du
barreau, le roi répondit qu'il aimait la liberté et
respectait les lois et, comme Dupin prenait congé,
la princesse Adélaïde lui dit, en lui prenant les
mains : « Eh oui, Monsieur Dupin, vous con-
naissez tous nos sentiments ! »

Il y avait table ouverte au Palais-Royal ; deux
ou trois fois par semaine, soixante ou quatre-
vingts personnes de tout rang venaient s'asseoir
au « couvert du roi ». La société y était fort mê-
lée. La table toutefois était parfaitement servie,
« les vins délicieux et vieux et d'une excellente
qualité », écrit Appert avec gourmandise ; « le
roi, ajoute-t-il, s'occupait très bourgeoisement
de ses convives ». A un de ces dîners, le 20 août,
assistèrent les commissaires qui avaient été
chargés d'accompagner la retraite de Charles X.
Ils racontèrent le lugubre voyage. Le roi dépos-
sédé était allé lentement, entouré de sa maison
civile et militaire ; il avait conservé toute sa sé-
rénité et précédait le cortège à cheval, souvent
malgré la pluie battante. Les princesses étaient
tristes, la dauphine surtout et altière aussi, dure,
renfermée, inabordable. Dans la plupart des villages qu'ils traversèrent, les proscrits trouvèrent
pitié, silence et recueillement et, quand ils met-
taient leur tête blonde à la portière, le jeune duc
de Bordeaux et Mademoiselle, accoutumés à en-

voyer des baisers à la foule, étaient accueillis par des bravos [1].

Ce voyage solennel, et que Charles X fut obligé de précipiter pour obéir à l'impatience de son cousin, se termina à Cherbourg. Au moment de s'embarquer, les princesses en sanglotant embrassèrent plusieurs officiers ; le vieux roi salua les étendards, puis, après que le bateau eut levé l'ancre, il monta sur le pont et, avec un grand geste, noble et beau, il envoya son adieu à la France...

Pendant que Charles X s'acheminait solennellement vers l'exil, le nouveau roi, la reine, Mademoiselle d'Orléans — désormais Madame Adélaïde [2] — se réjouissaient de leur victoire. La famille royale se promenait dans Paris, recherchait les ovations de la populace, allait au spectacle où, tous les soirs, la *Marseillaise* et la *Parisienne* étaient chantées par un acteur [3]. Le désir d'être populaire avait « coupé les liens de la famille » et fait oublier le souci des bienséances. C'est ainsi que, malgré la mort du duc de Bourbon, survenue le 27 août, le 29, les prin-

---

1. Cf. ODILON BARROT, *Mémoires*. Odilon Barrot fut, avec le maréchal Maison, de Schonen et La Pommeraie, chargé par Louis-Philippe d'accompagner Charles X jusqu'à Cherbourg.

2. Une ordonnance du 14 août faisait *Madame* la princesse Adélaïde et *duc d'Orléans* le duc de Chartres.

3. Le 25 août Adélaïde était à l'Opéra. Nourrit chanta *la Parisienne*, etc.

cesses, en deuil, mais en grande pompe, assistèrent, au Champ-de-Mars, à la revue de la garde parisienne et à la remise aux troupes des drapeaux tricolores par le roi. Elles restèrent pendant six heures sur le balcon de l'École militaire et ne cessèrent de remercier la foule qui les acclamait.

La fin tragique du dernier des Condé — crime ou suicide, le saura-t-on jamais ? — faisait passer une immense fortune entre les mains de son héritier, le duc d'Aumale [1]. Par quelles sollicitations équivoques, quels moyens détournés, quelles déloyales pratiques, quelles machinations perfides parvint-on à vaincre les préjugés du chef de l'émigration envers celui qui s'enorgueillissait d'avoir combattu à Jemmapes et d'être le fils de Philippe-Égalité ? Les flatteries les plus basses furent prodiguées à la maîtresse du vieux duc. On flagorna la protégée pour plaire au protecteur : Louis-Philippe, Marie-Amélie et Adélaïde se surpassèrent par leur empressement auprès d'une prostituée que l'appât du gain leur rendait chère [2].

1. C'est au baptême du duc d'Aumale dont la princesse Adélaïde était marraine avec le duc de Bourbon que Mme de Feuchères parut pour la première fois au Palais-Royal.

2. La révolution de février a livré trente-deux lettres échangées entre Louis-Philippe, Marie-Amélie, le duc de Bourbon et Mme de Feuchères. L'enveloppe renfermant ces lettres portait, écrits de la main de Madame Adélaïde, ces mots : AFFAIRE DE M. LE D. DE BOURBON.

Mme de Feuchères, quand elle allait à Neuilly ou au Palais-Royal, se voyait réserver la place d'honneur ; elle parvint, grâce aux instances réitérées du duc d'Orléans. de sa femme et de sa sœur, à se faire recevoir à la cour du roi Charles X[1] et les princesses d'Orléans ne lui ménagèrent pas leurs visites. Adélaïde l'allait voir souvent[2]. Elle emmenait avec elle son filleul, le petit duc d'Aumale, qu'elle plaçait sur les genoux de la courtisane à laquelle d'ailleurs elle ne laissait pas d'adresser des compliments de ce genre : « Mon Dieu, qu'elle est belle ! mais, regardez donc s'il est possible d'être plus jolie. »

Après la mort du duc de Bourbon et malgré les soupçons qui pesaient sur elle, Mme de Feuchères continua d'être reçue à la cour du roi des Français[3] et Louis-Philippe, qu'atteignaient indirectement les propos accusateurs qui circulaient, se garda bien de refuser un héritage si longtemps convoité et qui augmentait du reste la prospérité croissante de sa maison.

---

1. Les répugnances du roi furent vaincues grâce à la duchesse d'Orléans et à Adélaïde : « Mme la duchesse d'Orléans et ma sœur, écrit Louis-Philippe à Mme de Feuchères, n'y ont pas été inutiles (à l'admission à la cour de Sophie Daws) ; elles me chargent de vous féliciter de leur part et de vous parler du plaisir qu'elles ont. »

2. Billault de Gérainville donne une lettre d'Adélaïde à Mme de Feuchères, datée du 25 septembre 1829 et Lasalle une réponse que le duc de Bourbon fit à la princesse, le 16 septembre 1829.

3. Voyez CUVILLIER-FLEURY, *Journal intime*.

Tout réussissait en effet aux enfants de Philippe-Égalité. Ils avaient le pouvoir et l'argent. Oubliant ses origines, le roi-citoyen, secondé par la princesse Adélaïde, ne chercha plus qu'à accroître encore sa fortune et à préparer, par des voies détournées, ce qu'on a appelé le « gouvernement personnel ». Le serment obligatoire poussa les légitimistes à abandonner leur siège au Parlement, l'administration fut accaparée, la garde nationale devint maîtresse de la rue et les émeutes du 17 octobre 1830 et du 15 février 1831 furent réprimées avec violence. Pendant ce temps, Louis-Philippe Ier, par sa simplicité feinte, flattait la vanité de la bourgeoisie et, conciliant pour tout ce qui portait atteinte à sa dignité, il se montrait intraitable pour ce qui eût en rien amoindri son autorité ou diminué l'étendue de ses biens. Puis, sans doute « pour renouer la chaîne des temps », il s'installa avec sa famille à Saint-Cloud d'abord, aux Tuileries ensuite [1]. Il est vrai que le jour de l'inauguration de ce palais la princesse Adélaïde avait arboré les couleurs de la Révolution, « une robe bleu de ciel, un cannezou blanc et un chapeau amarante[2] ». Mais le peuple ne se laissait plus prendre

1 La veille du jour où Louis-Philippe s'installa aux Tuileries, il dit à Odilon Barrot : « Ne sait-on pas que sur chacun des murs de ce funeste palais sont écrits les malheurs de ma famille ? » et il ajouta que malgré les ministres il n'y habiterait jamais. (ODILON BARROT, *Mémoires*.)

2. *La Mode*, octobre 1831.

aux formes d'un libéralisme de surface et, voyant
que les journées de Juillet avaient abouti « simplement à un changement dans la personne du
chef de l'État », il s'en vengeait en chantant :

> « On ne peut pas m'en faire accroire,
> Peyronnet valait un Dupin
> Tintin, tintin, tintaine, tintin
> Charles X valait une poire.
> Et Caroline une Atthalin [1].
> Tintin, tintaine, tintin [2].

1. C'est ainsi qu'on appelait dans l'opposition la princesse
Adélaïde. Voir plus loin, 4ᵉ partie, chapitre III.
2. Cette chanson est, dit-on, d'Altaroche.

CHAPITRE III

Popularité de Mademoiselle d'Orléans. — Ses ennemis l'attaquent avec violence. — Les toilettes de la princesse. — — Ses goûts. — Madame Messalin. — Athalie de Bourbon. — Liaison présumée de Madame Adélaïde avec le général Atthalin. Les enfants qu'elle aurait eus de lui. — Parcimonie de Madame. — Sa maison. — Ses aumônes. — L'hospice d'Enghien. — Attachement de la princesse à ses amis. — Elle déteste l'étiquette. — Vie bourgeoise aux Tuileries. — Les enfants de Louis-Philippe. — Madame Adélaïde reproche au duc d'Orléans son opposition au gouvernement du roi.

On n'ignorait pas dans le peuple de Paris la part que Madame Adélaïde avait prise aux journées de Juillet. Quand elle sortait en voiture, elle était acclamée et les nombreuses délégations, qui se succédèrent au Palais-Royal, après les trois glorieuses, demandaient toujours à lui être présentées [1]. Elle entretenait le loyalisme des délégués, donnait des drapeaux tricolores [2], re-

1. Ainsi la délégation de la Seine-Inférieure, celles d'Arc en Barrois, du Puy-de-Dôme, etc. (Voyez les numéros du *Constitutionnel* d'août 1830.)

2. « Le 12 septembre 1830, Mademoiselle d'Orléans a fait don d'un drapeau tricolore aux députations des gardes nationales de Clermont, de Riom et de Saint-Pourçain. » (*Journal des Débats.*)

merciait. Dans les journaux, dans les discours, on ne manquait pas de parler d'elle, et de l'appeler « auguste sœur du roi-citoyen, princesse bienveillante, libérale, si charitable, si bonne, douée de toutes les vertus réunies [1]... » Les députations des départements la venaient saluer à toute heure et, le jour de sa fête, le poste de la garde nationale, de service au Palais-Royal ou à Neuilly, lui offrait des corbeilles de fleurs [2]. Des concerts s'organisaient qui duraient plusieurs heures sous les fenêtres de ses appartements [3]. Des couplets étaient chantés dans les rues en son honneur ; un huitain lui fut présenté « en peau de velin satiné [4] » par M. Kerimadoux de Kerlanflé :

> « O toi princesse, en qui toute sagesse brille,
> Tu surpasses, dit-on, encore ta famille
> En tendresse, en amour pour la liberté *sainte*,
> La bonté, la vertu dont tous tes traits sont *peintes*.
> De la Révolution sincère partisane,
> Ne crois pas que pour ça ma Muse te condamne !
> Et comment autrement cela pourrait-il être ?
> D'Orléans fut ton père et Péthion fut ton maître.

1. Voyez, par exemple, le discours de M. Auguste Barbet qui vint complimenter le roi, le 11 août 1830, à la tête de la députation de la Seine-Inférieure. (*Journal des Débats.*)

2. Le 16 décembre 1830, la quatrième légion de la garde nationale. (Les journaux.)

3. Le 16 décembre au soir, les musiciens des 1er et 25e régiments de ligne ont joué des symphonies sous les croisées de Madame Adélaïde depuis huit heures jusqu'à dix heures. Ils ont été remplacés par la 5e légion de la garde nationale. (*Journal des Débals.*)

4. *L'Esprit des tems.*

Ils n'étaient pas très beaux ces vers, mais leurs rimes naïves — toutes féminines, par égard pour la princesse, disait l'auteur — ou, plutôt, les flagorneries qu'ils contenaient plurent sans doute à Madame Adélaïde, qui les fit tirer à cent cinquante exemplaires et les distribua à ses fidèles.

Mais ces acclamations, ces hommages, ces louanges n'allèrent pas sans leur contre-partie de terribles attaques qui parurent dans les journaux de l'opposition. Les légitimistes surtout — les carlistes, comme disait Madame Adélaïde — se firent remarquer par leur violence. Ils ne pardonnaient pas à la fille d'Égalité sa haine pour les Bourbons et son attitude décisive au lendemain de la révolution qui avait détrôné Charles X. Madame Adélaïde fut bafouée, diffamée, vilipendée. On la railla sans mesure, on la blessa dans sa pudeur de femme, on l'insulta dans son honneur.

Elle ne pouvait sortir sans que ses toilettes, souvent ridicules du reste, fussent décrites avec une ironique complaisance dans les gazettes. Il est vrai qu'elle aimait les bijoux voyants, les panaches et les falbalas et qu'elle ne discernait pas toujours les couleurs qui lui seyaient le mieux. On sait l'accoutrement grotesque dont elle s'était attifée le jour de l'inauguration des Tuileries, en 1831 ; la même année, à l'occasion de la fête de Marie-Amélie, elle était vêtue d'une horrible robe qu'on lui avait vue porter à une des cérémonies du sacre de Charles X, en simple tissu de Barèges, « à rayures mélangées de gros jaune, de noir, de gros rouge et de carmélite ». Avec cela, elle s'était fait coiffer « d'une abondance extraordinaire de plumes [1] » du plus beau violet.

On se moquait de ses boutons sur la figure, du teint rouge brun qu'elle tenait de son père et il n'en fallut pas davantage pour qu'on lui reprochât un amour immodéré pour le vin et les spitueux [2]. De là des plaisanteries grossières que l'on colportait dans Paris et qui s'imprimaient. Tout cela n'était que facéties de mauvais goût et bouffonneries vulgaires, mais elles furent accompagnées de sanglants outrages.

Malgré le jugement à huis-clos, ordonné par le roi contre l'auteur d'une brochure bassement calomnieuse et sa condamnation à deux mois de prison [3], les injures se firent de plus en plus vio-

1. *La Mode*, 1831. « La reine portait une robe en syrnakas blanc, avec un cannezou d'une coupe nouvelle et très distinguée et un chapeau à plumes blanches, légèrement panachées de vert. Les jeunes princesses avaient un costume en organdi sans broderies et sans garniture autre qu'une ceinture cerise pour Mlle de Chartres, bleu de Suède pour Mlle de Valois, blanche pour Mlle de Beaujolais. »

2. Mme Ath... (Mme Adélaïde) a un goût bien particulier ; pour écrire, elle préfère le papier qui boit.

Mme Ath... qui entend souvent parler des pièces de 24 et de 48 demande pourquoi on n'emploie pas dans l'artillerie des pièces de 20. (Journal *la Mode*.)

3. Il ne nous a pas été possible de retrouver les traces de ce procès qui a eu lieu à huis-clos et dont la plupart des journaux parlèrent à la fin de mai 1833.

lentes. On taxa la princesse de mœurs infâmes ; dans tous les libelles dirigés contre elle, elle était appelée Madame Messalin et on osa, sans honte, l'accuser d'une liaison incestueuse avec le roi [1]. Cette calomnie odieuse et lâche fut sans doute de celles qui firent le plus souffrir la princesse Adélaïde, qui avait pour son frère l'affection la plus vive et la plus pure.

Rien d'ailleurs ne semble justifier ces reproches. Madame Adélaïde, qui, sans doute, ne passa point sa vie dans une absolue continence, n'avait pas le caractère d'une grande amoureuse. Elle était surtout « homme d'État », passionnée pour la chose publique et, malgré sa tendresse pour son frère, « elle se révèle plus préoccupée du pays que du souverain [2] ». Son plus grand plaisir était, entourée de ses livres et des meubles austères de son cabinet de travail, de parler politique avec ses fidèles et de discuter avec Talleyrand des difficultés soulevées par le mauvais vouloir de Nicolas Ier ou par l'intronisation de la petite reine Isabelle en Espagne.

Les journaux ne cessèrent jamais pourtant de la comparer à une Messaline et de lui reprocher son inconduite. On l'avait surnommée Madame

---

1. Cf. *La Mode*. GAZEAU DE VATIBAULT, MONTREY, etc...
2. Comtesse DE MIRABEAU, *le Prince de Talleyrand et la maison d'Orléans*.

Atthalin [1] ou Athalie de Bourbon, par une allusion à une union morganatique qu'elle aurait conclue avec le général Atthalin, fascinée par les avantages physiques du « plus bel homme de l'armée française ». Le vrai, c'est que, d'une part, toute la cour parlait de ce mariage secret — et le fait ne fut jamais démenti, comme l'avaient été les bruits qui coururent en 1814, au sujet de Raoul de Montmorency [2] — et que, d'autre part, Atthalin, ayant épousé le 19 décembre 1836, Françoise -Thérèse Lelandais, ne pouvait être régulièrement marié avec Madame Adélaïde [3].

Quel était, aussi bien, le caractère des rapports qui unissaient le général à la princesse ? C'est ce qu'on ne peut préciser ; mais il n'est pas inutile de remarquer que le baron Atthalin avait cinquante-deux ans [4] à l'époque de son mariage avec Mlle Lelandais et que, malgré les médisances, il resta toujours attaché à la cour de Louis-Philippe, où il se faisait remarquer « par sa gravité un peu fière, l'aménité de son langage et sa distinction ». « Il avait le jugement délicat, un goût exquis, un tact infaillible [5]. » Dessina-

1.   « Sœur de Louis-Philippe et femme d'Atthalin
      Altesse jacobine et, qui plus est, catin. »
           (*Bibliothèque de la ville de Paris. Manuscrit*)
2. Cf. Comtesse DE BOIGNE, *Mémoires.*
3. Voyez LEHR, *l'Alsace noble* et *l'Intermédiaire des chercheurs et curieux* du 20 avril 1899.
4. Il était né le 22 juin 1784.
5. CUVILLIER-FLEURY. Article nécrologique publié dans *les Débats*, le 14 octobre 1856.

teur habile, médaillé au Salon de 1819, il fût devenu « un des grands artistes de son pays s'il n'avait été l'un des officiers les plus renommés de son arme [1] ».

Nommé, après 1830, maréchal de camp par Louis-Philippe, il fut placé à la tête de la maison du roi [2]. « Personne, dit Cuvillier-Fleury dans l'article qu'il publia dans le *Journal des Débats*, le 14 octobre 1856, personne ne mêlait moins de flatteries à plus d'amabilité et ne restait indépendant avec plus de bonne grâce. C'était la conscience appliquée à tout, aux petites choses comme aux grandes » et, en cela, il ressemblait encore au maître qu'il représentait, car, disait-on, Atthalin est une médaille à l'effigie du roi.

On a avancé que Madame Adélaïde avait eu plusieurs enfants du général Atthalin [3], mais, à ce sujet, tous les auteurs donnent des renseignements contradictoires. Tel parle d'un fils et d'une fille, tel autre d'une fille seulement, un

---

1. LEHR, *L'Alsace noble*.

2. *La Mode*, en 1831, dans la 13ᵉ livraison du dernier trimestre, dit qu'un factionnaire a refusé l'entrée des Tuileries à une dame qui se présentait à une heure indue seule, sans suite, à pied. Elle avait beau se nommer Mme A., elle serait restée dehors si le suisse n'était intervenu : « M. Atthalin, si intéressé à la chose, devrait donner une consigne plus polie et plus galante aux factionnaires. »

3.   « Elle aimait tant la liberté
          Qu'elle fit trois enfants pour elle. »
          (*Bibliothèque de la ville de Paris, Manuscrit.*)

troisième de deux garçons et d'une fille. La *Quotidienne*, journal légitimiste et la *Mode*, revue hebdomadaire, aux gages de la duchesse de Berry, prétendent même que la princesse aurait accouché en Angleterre en 1793 alors qu'ayant continuellement vécu à Bellechasse, elle n'avait pas encore seize ans [1]. C'est là certainement une confusion voulue, soit avec le chevalier d'Orléans, fils adultérin de Philippe-Égalité et de Mme de Buffon, soit avec un enfant qu'eut à Londres le duc de Montpensier. après 1800.

De nos jours, du reste, ceux qui ont écrit sur cette matière se sont montrés ou trop partiaux ou trop discrets. Dans l'*Intermédiaire des chercheurs et curieux* du 30 mars 1899, on lit sous la signature de *H. T.* que, du mariage secret d'Atthalin et de la princesse Adélaïde, étaient issus un garçon et une fille. Et l'auteur, après avoir donné force détails sur l'éducation mystérieuse de ces deux enfants chez des pêcheurs granvillais, nous apprend que le fils, sous le nom de *Rey,* devint directeur des contributions à Dijon et que la jeune fille, mariée à un richissime auditeur au Conseil d'État, M. Laurent. eut quatre enfants dont l'un aurait à l'heure actuelle

1. « Récompense honnête à qui donnera des nouvelles d'un enfant né à Londres, en 1793, de père et mère réputés inconnus. S'adresser aux Tuileries chez Mme Messalin. » (*La Mode*, 9 mars 1833.)

une haute situation dans la magistrature [1]. On ne peut davantage chercher à plaisir à embrouiller une situation. La vérité est plus simple et moins romanesque. La sœur du général Atthalin avait épousé le colonel Laurent, de Colmar. De ce mariage naquirent une fille qui devint Mme de Dartein, et un fils, né en 1818, qui fut auditeur au Conseil d'État et se maria avec une demoiselle *Rey*, dont il eut quatre enfants [2]. Il hérita avec sa sœur de la fortune du général Atthalin [3].

Philibert Audebrand [4] écrit bien qu'il a connu

1. L'auteur précise davantage.

2. Du mariage du fils du colonel Laurent avec la demoiselle Rey (Elisa-Virginie) naquirent quatre enfants : Gaston-Marie, — celui auquel fait allusion H. T. dans *l'Intermédiaire des chercheurs et curieux*, — Cécile-Marie, Albert-Louis-Philippe et René-Ferdinand.

3. Le général Atthalin n'eut pas d'enfants et traita comme siens les enfants de sa sœur et du colonel Laurent.

4. « La fille de Mme Adélaïde était une femme charmante, d'une figure agréable et d'une très haute distinction d'esprit. Elle avait été élevée en Angleterre d'où, plus tard, elle dut revenir en France et sous un nom que je ne me reconnais pas le droit de révéler ici. Vers 1840, elle s'était mariée avec un artiste de talent dont elle a eu deux fils. Tous deux, étant entrés dans l'armée, ont été officiers. Devenue veuve, elle a convolé en secondes noces avec un chirurgien de la marine dont un prince d'Orient a fait, ensuite, son médecin, en titre. Elle a donc quitté un jour la France pour aller s'installer avec son second mari dans une cour de l'Asie-Mineure. Voilà de ça plus de cinquante ans. Existe-t-elle encore ? C'est ce que je ne saurais dire. Je suis porté à penser qu'elle n'a plus de rapports avec l'Europe.

« Quand j'ai eu l'honneur de lui être présenté, elle résidait, faubourg Poissonnière, à la *villa Lutœtiana*, très belle maison de santé, allongée d'un jardin où, par la tolérance du gouvernement d'alors (celui de Louis-Philippe) on donnait asile aux journalistes condamnés pour délits de presse et aux jeunes femmes du monde qui, après quelque coup de

une dame « d'une figure agréable et d'une très
haute distinction d'esprit », mais il ne nous explique pas comment cette dame se trouvait être,
comme il l'affirme, la fille de Madame Adélaïde.
Et il semble que l'opinion la plus sage soit de
n'en pas avoir sur une question dont peuvent
profiter les pamphlétaires et se réjouir les amateurs de scandales, mais qui n'a pas grand intérêt pour l'historien.

On reprochait aussi à Madame Adélaïde son
avarice et « sa soif immodérée des richesses ».
Ce n'était là, à vrai dire, que ne pas déroger à
une tradition héréditaire et la princesse ne fut

canif dans le contrat de mariage, attendaient en cet endroit
une instance en séparation de corps. Il y avait aussi dans
cette même maison quelques veuves qui y vieillissaient à
l'ombre et dans le recueillement. — Une oasis avec de l'eau
et des arbres !

« Mme X..., très bonne musicienne, passait pour être
protégée par la reine Marie-Amélie. Elle avait ses grandes
entrées aux Tuileries où, trois fois par semaine, elle allait
donner des leçons de piano aux princesses, filles du roi.
De là, un honorable subside qui la faisait vivre et bien tenir
son rang. Il va sans dire qu'elle ne parlait de la famille
royale qu'avec un grand attendrissement et beaucoup de
respect.

« Femme du monde, aimant les arts, les vers, la musique
la belle prose, elle s'était fait un petit salon très simple,
mais suffisamment confortable, où elle recevait une fois la
semaine. En général, sa cour, sans doute modeste, se
composait surtout des pensionnaires de la maison. Chose
curieuse, la majorité y rassemblait volontiers des républicains et des plus hostiles à la dynastie, tels que mon
ami Pierre Joigneaux, le futur sénateur de la Côte-d'Or et
celui qui écrit ces lignes ; mais semblable à Daniel dans la
fosse aux lions, Mme Z... possédait au plus haut point l'art
d'apaiser la colère des fauves » — PHILIBERT AUDEBRAND
(*L'Intermédiaire des chercheurs et curieux*, 22 juin 1899.)

pas douée, à un plus haut degré que la plupart des membres de sa famille, de ces qualités originelles qui permettent d'amasser rapidement, de conserver et de faire prospérer une fortune.

Ses adulateurs l'excusaient : si elle économisait, disaient-ils, c'est qu' « elle se défiait de l'inconnu » et si elle demandait à ses fournisseurs un escompte sur ses achats, c'est que « son esprit exact aimait à se rendre compte[1] ». Ses goûts au reste n'avaient rien de raffiné, ses dépenses rien d'excessif. Vivant chez le roi, elle n'avait aucun luxe, ni de table, ni de voitures et l'on sait que ses toilettes étaient rarement renouvelées.

Quand, en 1824, divers héritages lui permirent de se monter une maison particulière, elle prit pour secrétaire des commandements Alexandre Pieyre, fils d'un drapier, drapier lui-même, un premier gentilhomme, le vicomte du Authier, une dame d'honneur, la comtesse de Montjoie, et une dame pour accompagner, Zéphyrine de la Tour du Pin. Après 1830, elle s'adjoignit un chevalier d'honneur, le comte Alfred de Chastellux, le fils du marquis et une autre dame d'accompagnement, la comtesse de Saint-Mauris[2]. Elle avait

---

1. DUPIN, *Mémoires.*
2. Elle s'adjoignit plus tard la comtesse de Chasterac et Mme de Fézensac (*Almanach royal*, APPERT, etc.).

seulement douze à quinze chevaux pour les personnes de sa suite et une douzaine de femmes de chambre, de valets de pied et de piqueurs [1].

M. Lamy, qui avait remplacé Pieyre, son oncle, avait sous ses ordres trois employés et un garçon de bureau. Il veillait avec beaucoup de soins aux intérêts de Madame. « De bonnes études, une absence totale d'ambition, un respect profond, un humble attachement à S. A. R., une exactitude peut-être extrême à remplir ses fonctions, un esprit très fin, sous des dehors d'une grande simplicité, faisaient de lui un excellent secrétaire. La sûreté de sa caisse avec ses idées de prudence excessive l'occupait beaucoup [2]. »

Chez la princesse Adélaïde, le fond valait mieux que la surface ; sa charité, encore qu'elle fût ordonnée, n'exceptait personne. De ses revenus annuels qui étaient considérables [3], elle distribuait le sixième pour ses bonnes œuvres, pensions, encouragements aux artistes, aux hommes de lettres, pour ses écoles et ses hospices.

Elle fonda à Randan une école d'enseignement mutuel, y fit construire une église [4] ; elle

1. Cf. APPERT, *Dix ans...*
2. APPERT.
3. Appert dit qu'ils s'élevaient à 800.000 francs et elle laissa pourtant 3.000.000 de rente à ses neveux !
4. Qui lui coûta 35.000 francs.

protégeait les asiles pour l'enfance[1], envoyait des secours aux ouvriers sans travail [2]. pensionnait les combattants de Juillet [3], venait en aide aux paysans ruinés par les incendies ou les inondations [4], distribuait d'importantes aumônes aux familles des marins naufragés [5], n'oubliait pas les pauvres [6]...

En août 1830, elle fit faire des distributions de viande et de linge, et pendant le choléra de 1832, elle donna pour plus de 500.000 francs de secours [7].

Elle possédait, du chef de sa tante, un très bel hôtel, rue de Varenne. Dans les dépendances de cet hôtel, la duchesse de Bourbon avait fondé un hôpital. Mademoiselle d'Orléans, voulant don-

1. Le 17 mars 1833, elle donne 1.000 francs pour le soutien des établissements, ouverts à Paris en faveur des jeunes enfants de deux à sept ans ; le 18 juillet 1834, 300 francs à l'asile de Rouen, etc... (Les journaux).

2. 8 décembre 1836, 10.000 francs, 3 mai 1837, 500 francs aux ouvriers lyonnais.

3. Le 18 juillet 1832, elle envoie 2.000 francs au comité ayant pour objet de donner l'instruction gratuite aux enfants des combattants de Juillet ; le 21 août 1834, elle envoie 300 francs à Mlle Lepelletier qui a soigné avec zèle les blessés de 1830.

4. 100 francs, le 18 juillet 1834, aux incendiés de Villars (Seine-et-Oise) et, le 21 août, 300 francs à ceux du Puy-de-Dôme, etc...
Le 12 novembre 1840, elle envoya 50.000 francs aux victimes des inondations (la reine n'avait donné que 25.000 francs).

5. 1.000 francs, le 13 avril 1835, aux familles des marins naufragés dans le bassin d'Arcachon et, le 29 janvier 1842, 500 francs à celles des marins naufragés à la Teste-de-Buch.

6. 300 francs aux pauvres de Compiègne, 3 mars 1837, etc...

7. APPERT.

ner plus d'extension à cette œuvre, acheta à Pic-
pus une grande maison avec un jardin et y établit l'hospice d'Enghien dans de vastes propor-
tions[1]. Quant à l'hôtel, elle le prêtait au maire
du Xe arrondissement, pour y donner des bals
et des repas de corps[2].

Elle était « franche et sincère[3] », mais exclusive dans ses affections, emportée, vindicative
envers ses ennemis, mais elle défendait ses amis
avec zèle. En 1835, Oudart était malade. C'était
un des serviteurs les plus attachés à la maison
d'Orléans. Il n'avait pas une grande instruction,
mais il était « droit, rigide dans l'accomplisse-
ment de ses devoirs, honnête, modeste, probe,
désintéressé ». Madame Adélaïde, venant de
l'aller voir, avait les larmes dans les yeux lorsqu'elle entra dans le salon de la reine : « Je don-
nerais l'un de mes doigts pour le sauver, dit-
elle, c'est un ami dévoué du roi et nous n'en
faisons plus[4]. »

Elle protégea toujours les serviteurs de sa famille, Heymès, Fain, « simple, d'un commerce
facile, extrêmement discret, exact à répondre,
franc et obligeant[5] », Fontaine, un brutal de
génie qu'elle défendait dans ses démêlés avec le

1. Duc de Montpensier, *Mémoires*.
2. Les journaux.
3. Appert.
4. *Id.*
5. *Id.*

roi, lorsqu'il soutenait ses plans avec trop d'indépendance, le docteur Marc qui avait toujours, à la place de pilules, « une petite histoire à conter sur les réunions de tels ou tels grands seigneurs, sur les foyers, acteurs et actrices [1] ».

A Cuvillier-Fleury, elle adressa un jour des reproches « aussi inconvenants par le fond que par la forme », mais un instant après elle trouva le moyen de lui parler avec « un charme inimaginable ». Elle le réconcilia entièrement avec elle et « augmenta l'estime qu'il avait pour ses éminentes et solides qualités [2] ».

Elle fut toujours très bonne pour toutes les personnes qui l'avaient aidée pendant l'émigration. La comtesse de Montjoie, sa dame d'honneur, elle la traitait comme une égale et l'aimait comme une sœur. D'ailleurs, « aussi distinguée par les qualités de cœur que par celles de l'esprit, Mme de Montjoie était attachée à Mademoiselle depuis leur première jeunesse à toutes deux et identifiée de telle façon qu'elle n'avait ni autre famille, ni autres intérêts [3] ».

Les grandeurs n'avaient pas augmenté la fierté de la princesse. Elle détestait l'étiquette et allait simplement à la messe à Saint-Roch avec ses nièces : elles entraient et sortaient comme les

1. APPERT.
2. CUVILLIER-FLEURY, *Journal intime*.
3. Comtesse DE BOIGNE, *Mémoires*

autres fidèles [1]. Elle refusa le titre de *Madame* qu'on voulait lui donner, tenant à ce qu'on le fît suivre de son nom : « Pourquoi pas les anciens titres de dauphin et des menins, » disait-elle. et elle fut froissée de voir « réapparaître la queue des dames, le matin [2] ».

Un jour, on avait insisté pour laisser Mme Angelet, la femme de l'agent de change, dans le premier salon d'attente. Elle raconta son aventure à Madame Adélaïde : « Oui, je sais, dit la princesse, qu'on voudrait nous imposer l'étiquette de l'ancienne cour et fractionner notre salon en deux, mais, tant que j'y serai pour quelque chose, ni moi ni le roi nous ne consentirons à cela, vous pouvez donc être bien tranquille, Madame Angelet [3] ! »

Louis-Philippe et les siens vivaient d'ailleurs plutôt comme de riches bourgeois que comme des princes. A dix heures, toute la famille royale se rendait au déjeuner, sauf le roi qui n'y assistait pas souvent. A onze heures, on passait au salon. « Les princesses se plaçaient, pour travailler, chacune d'elles à son tiroir, dont elle prenait la clef. Le travail était toujours destiné aux pauvres. C'étaient des layettes pour de malheureuses mères de famille [4]. »

1. Les journaux.
2 Cf. Cuvillier-Fleury.
3. Voyez Cuvillier-Fleury.
4. Eugénie Pérignon, *Souvenirs anecdotiques de la famille d'Orléans*.

Souvent on organisait une partie de billard. Marie-Amélie était, dit-on, la plus habile de la famille. « Elle faisait l'office du garçon de billard. On faisait une poule, chacun des joueurs donnait 5o centimes ; l'argent de chaque partie était destiné aux pauvres [1]. »

Les heures de promenade étaient arrêtées avec Louis-Philippe, et les membres de la famille se réunissaient pour sortir ensemble. Vers trois heures, on allait à Neuilly, quelquefois à Versailles ou à Saint-Cloud. A cinq heures, on revenait aux Tuileries. Le dîner avait lieu à six heures ; il y avait en général vingt-cinq à trente couverts. Vers sept heures et demie, on entrait dans le grand salon du roi situé « au premier étage du palais des Tuileries et dont l'ameublement, à quelques exceptions près, était celui de l'Empire et de la Restauration [2] ».

Chaque matin, avant ou après le déjeuner, tous les journaux, brochures politiques et caricatures étaient déposés sur la table ronde du salon. Louis-Philippe et ses fils lisaient tout haut les articles écrits contre eux. Ils examinaient les caricatures et les portaient aux assistants en leur demandant ce qu'ils en pensaient. Cela mettait au supplice le pauvre chevalier de Broval « serviteur affectueux, ami sincère et désintéressé

1. Eugénie Pérignon.
2. Appert.

qui s'identifiait avec la popularité, l'avenir, le bonheur de ses bien-aimés princes[1]» auxquels il cherchait à cacher — à Madame surtout — les articles de journaux, les brochures qui les attaquaient.

Madame Adélaïde aimait les enfants de son frère comme s'ils eussent été les siens. C'est elle qui fit la complète éducation de la princesse Marie et qui enseigna seule à jouer de la harpe à l'aînée de ses nièces.

Mademoiselle de Chartres, la bonne Louise, était « fraîche, couleur de rose et blanc avec une profusion de cheveux blonds[2] ». Elle ressemblait à sa mère par le caractère ; sa raison était au-dessus de son âge et tout le monde vantait sa docilité et sa douceur. « La princesse Marie n'était pas si parfaite que Louise, mais ses sottises étaient si intelligentes et ses réparties si spirituelles qu'on avait presque l'injustice de leur accorder la préférence[3]. » Elle était vive, artiste jusqu'au bout des ongles et « d'une capacité remarquable, malgré son apparente légèreté ». « Etre dans tout, disait-elle, tout voir, prendre part à tout sans s'asservir à rien ; des conversations charmantes, quelquefois, la main dans les grandes affaires de la liberté, des amis

1. APPERT.
2. Comtesse DE BOIGNE.
3. *Id.*

et la maison de ma tante Adélaïde, rue de Varenne, pour les recevoir, ce serait le suprême
bonheur [1]. »

Les deux princesses aimaient fort la politique.
L'aînée, la sœur préférée du duc d'Orléans, se
prononçait sans détour contre le gouvernement
du roi son père, et froissait sa gouvernante,
Mme de Malet, « qui était à l'extrémité opposée
de ses opinions [2] ». La seconde se laissait plutôt influencer par sa tante, dont elle exagérait
du reste les tendances libérales. Un jour, elle
fit sa profession de foi républicaine devant
Mme de Dolomieu, la dame d'honneur de sa
mère, qui en fut scandalisée.

Clémentine, spirituelle et enjouée, était devenue une jolie jeune-fille dont le gracieux visage,
de beaux cheveux châtains et de grands yeux
bleus corrigeaient la rudesse d'un front large.
Elle était intelligente, ambitieuse déjà [3].

En 1830, Totone [4] était encore un enfant. Son
frère, le duc d'Aumale, laborieux, appliqué, suivait les cours du collège Henri IV, et si Madame
Adélaïde se réjouissait des succès scolaires de
son filleul, elle déplorait un peu qu'il fût plus
riche qu'elle.

---

1. Cf. Guizot, Eloge funèbre de la princesse.
2. Cuvillier-Fleury.
3. Cf. *Belles femmes de Paris* par des hommes de lettres
et des hommes du monde.
4. Le duc de Montpensier.

Elle se mirait surtout dans le prince de Joinville[1] : « C'est mon père et moi-même un peu
que je retrouve dans Joinville, disait-elle et voilà
pourquoi je l'aime plus que mes autres neveux. »
C'était, semble-t-il, le mieux doué et le plus aimable, le plus populaire aussi des fils de Louis-
Philippe. Marin et artiste, plutôt que prince, il
se vêtait sans la moindre élégance et buvait, fu-
mait, jurait comme un vrai loup de mer. Il des-
sinait avec beaucoup d'humour et écrivait d'une
façon charmante. Il avait une véritable passion
pour les beaux-arts. Un jour qu'il avait trouvé
à son goût un tableau de Marilhat, il fut pris d'un
vif désir de l'acheter. Il ne réussit à en devenir
l'acquéreur que grâce à la générosité de sa bonne
tante Adélaïde[2].

Pour Nemours, *Tan* ou *Moumours*[3] comme on
l'appelait, c'était un bel adolescent avec des
yeux clairs, un regard effaré, de beaux cheveux
blonds ondulés. Il gagnait à être connu, car
au premier abord il avait un peu de fierté. Il ressemblait étonnamment à Marie-Amélie et à son
aïeul le roi de Naples[4]. Il était renfermé et on ne
savait jamais ce qu'il voulait.

1. On le surnommait dans sa famille : *Hadji* ou *Chagnard*
Cf. *Revue rétrospective ou Archives secrètes du dernier gouvernement*, mars 1848.
2. Voyez : prince DE JOINVILLE, *Souvenirs*.
3. *La Revue rétrospective ou Archives secrètes du dernier
gouvernement*, mars 1848.
4. EUGÉNIE PÉRIGNON.

Marie, Clémentine et Joinville étaient les pré-
férés de Madame Adélaïde, tandis que le duc de
Nemours et la princesse Louise se laissaient influencer par leur frère aîné, le duc d'Orléans.

Ce n'est pas que celui-ci ne fût pas aimé par
sa tante : « Chartres, avait-elle accoutumé de
répéter, est un très bon enfant. Il nous dit tout
ce qu'il pense » et elle le choyait, mais le mori-
génait aussi lorsqu'il s'était laissé entraîner
dans quelque périlleuse aventure d'amour. Les
admonestations de la princesse étaient faites
avec indulgence, et la bonne tante, qui croyait de
son devoir de gronder un peu, pardonnait beaucoup et ne résistait pas longtemps aux câline-
ries de son neveu, *le Biau* [1], comme l'avaient surnommé ses frères. Toutefois, elle lui en voulut
toujours de tendre la main aux hommes qui faisaient de l'opposition au gouvernement du roi et
de donner son avis dans les réunions du conseil
des ministres, où il assistait.

Quelque temps après la révolution de Juillet,
la guerre semblait inévitable. Le roi et sa sœur
résistaient au mouvement. Le prince héritier,
« brave jusqu'à la témérité », combattit, un jour,
dans le salon des Tuileries, la politique de con-
cession et de renoncement adoptée par son père.
La princesse Adélaïde ne supportait pas la con-
tradiction et elle reprocha à son neveu, en termes

---

1. *Revue rétrospective.*

très vifs, de gâter le gouvernement par son opposition : « Après tout, ma chère tante, j'ai quelque droit à me mêler des affaires, j'y suis pour le moins aussi intéressé que vous![1] » répondit-il.

Le prince royal se plaignait, du reste, de se trouver en butte à des attaques, à des défiances inspirées par sa tante qui s'attachait à le représenter comme un démagogue qui compromettait la France à l'étranger et perdrait le trône[2]. Madame Adélaïde, en effet, avait une telle passion pour la politique et une si grande affection pour son frère, qu'elle ne put jamais se résoudre à ce que d'autres influences vinssent contre-balancer la sienne.

1. Cf. CUVILLIER-FLEURY.
2. *Id. Ibid.*

CHAPITRE IV

Le pavillon de Flore. — Les familiers de la princesse Adélaïde. — Influence de Madame sur le roi et ses ministres. — Attentats. — Adélaïde et Marie-Amélie. — Rôle politique de la princesse : la quadruple alliance, les affaires d'Espagne. etc... — Arrestation de la duchesse de Berry. Odieuse attitude de Madame Adélaïde. — Crises ministérielles. — Mariages du duc d'Orléans et du duc de Nemours. — Réjouissances royales. — Mort du duc d'Orléans.

Madame Adélaïde recevait, le matin, dans le charmant appartement qui formait le rez-de-chaussée du pavillon de Flore. Le salon où elle se tenait avait fenêtres sur le pont Royal et sur la grille du jardin des Tuileries. On avait, de ces fenêtres, un admirable coup d'œil sur la Seine et sur les parterres, et, au delà du large fossé qu'avait fait creuser Louis-Philippe, on pouvait voir se dérouler les menus incidents de la rue[1].

Ce salon était orné des meubles rigides de l'époque de l'Empire ou de la Restauration. Les fauteuils, en acajou luisant et épais, rehaussé

1. Voyez : Prince DE JOINVILLE, *Vieux Souvenirs*.

de bronze finement ciselé, étaient garnis de soie
verte [1] : on eût dit d'un cabinet de travail. La
princesse était souvent assise devant la table à
écrire et, lorsqu'elle occupait la profonde bergère
placée auprès de la cheminée, il était rare qu'on
la vît tenir l'aiguille ; elle passait son temps à
lire ou bien à compulser les dossiers que son
frère lui avait confiés. Rien de féminin dans cette
pièce, ni fleurs, ni bibelots, mais des paperasses
et des livres. Parfois, pourtant, l'aboiement de la
petite chienne qui, seule, avait le droit, avec le
perroquet Jacquot, d'interrompre les conversations politiques, rappelait aux visiteurs qu'ils
étaient chez une vieille fille et non chez un ministre d'État [2].

Le général Sébastiani devait à son grand air
un peu distant, à la correction de ses manières [3]
de présider les réunions qui avaient lieu chez la
princesse Adélaïde. Il parlait d'abondance, avec
beaucoup d'esprit et de « brio », mais il fallait
qu'il se tût quand Talleyrand était là.

Madame témoignait au prince de Bénévent une
amitié très vive et se plaisait à le traiter en protecteur. Elle le voyait souvent et, lorsqu'il était
absent de Paris, lui écrivait presque tous les

1. Voyez Dupin, *Mémoires.*
2. Cf. Prince de Joinville.
3. Cf. Beaumont-Wassy, *Salons de Paris et Société parisienne sous Louis-Philippe.*

jours, pour lui demander son avis sur la conduite des affaires de l'État.

Dans les dernières années de sa vie, Talleyrand se faisait porter par deux laquais jusqu'au premier salon d'attente. Madame Adélaïde, dès qu'il était annoncé, se rendait au-devant de lui et l'accueillait « en des termes employés pour lui seul[1] ». Il acceptait ces hommages comme une chose due. Il était pâle, émacié ; « sa cravate blanche montait jusqu'à son menton et les pointes aiguës d'un col très empesé arrivaient au milieu de ses joues flasques... Ses cheveux longs et ondulés semblaient passés au fer[2] ». Sa physionomie était restée imposante et il avait gardé avec son fin sourire, un regard « qui plongeait dans la pensée[3] ». Il se pelotonnait dans le meilleur fauteuil, posait son pied-bot sur un tabouret, à la vue de tous, par coquetterie, et se mettait à parler... Sa conversation était plus grave que spirituelle. Il s'exprimait lentement en courtes phrases sentencieuses, s'arrêtant à chaque instant pour être approuvé. « Cela res-semblait à la dernière révélation d'un mourant[4]. » Il voulait qu'on l'écoutât et on l'écoutait. Il fallait admirer et on ne s'en privait guère.

---

1. APPERT.
2. Comtesse DE MIRABEAU, *le prince de Talleyrand et la maison d'Orléans*. (Préface.)
3. Comtesse de MIRABEAU.
4. APPERT : « Peu d'instants avant la mort de Talleyrand,

Le maréchal Gérard était assidu au Pavillon
de Flore. « Il rappelait le général Guilleminot
par sa simplicité et sa bonhomie [1]. » Il tenait en
grande affection toute la famille royale, mais il
était ferme dans ses idées, franc dans son langage, ce qui n'était pas pour déplaire à Madame
Adélaïde qui « aimait la loyauté politique ». Le
maréchal, au reste, discutait « sans vivacité, ne
cherchait pas à imposer ses sentiments et tolérait les opinions de chacun [2] ».

Les dames d'accompagnement de Mademoiselle d'Orléans s'entretenaient comme elle des
affaires de l'État et la comtesse de Montjoie, la
dame d'honneur de la princesse, avait les mêmes
idées que sa maîtresse. Parfois on discutait Ingres,
Vernet, Delaroche ou l'on donnait son avis sur
les productions musicales en vogue : *le Philtre*
d'Audran, *l'Orgie* de Carafa, *Robert le Diable*,
mais on ne parlait pas de mode au pavillon de
Flore, la politique, la politique étrangère surtout
était appréciée.

Quelques femmes viennent pourtant chez la
sœur du roi : Mme de Valence, la fille de Mme de

le roi et Madame allèrent le visiter, et lorsque S. M. se retira,
le malade... réunit ses derniers efforts pour dire au roi :
« Sire, la visite de S. M. est le plus grand honneur qu'ait
jamais reçu ma maison. Permettez-moi de vous présenter
mon fidèle valet de chambre. » Cet adieu éternel du prince
était peut-être le plus grand orgueil de sa longue vie. »
  1. APPERT.
  2. LA ROCHEFOUCAULD, *Mémoires*.

Genlis, une vieille amie, une compagne de jeunesse, Mme Lehon, la femme de l'ambassadeur. La jolie Mme Liadères s'y égare une ou deux fois, mais ne revient plus. Mme Angelet est heureuse de s'y voir traitée avec des égards par une altesse royale, Miss Opie y hasarde sa bizarre coiffure quakeresse et la princesse Belgiosojo y fait admirer sa beauté remarquable et son teint mat, d'une nuance fantastique [1].

Parmi les habitués, sans compter Flahaut et Lawœstine — « plat courtisan de la princesse, de son perroquet, de son valet de chambre [2] » — on voyait M. de Celle, M. Lehon, le comte de Bondy. Chez Madame Adélaïde, M. de Montalivet faisait oublier sa jeunesse par la gravité de ses ennuyeuses conversations, et le maigre Briffaut, avec le vieux Ballanche somnolaient. Anatole de Montesquiou, le chevalier d'honneur de la reine, Saint-Marc Girardin, Edmond d'Anglemont, Victor de Tracy, les deux Dupin [3], Bro-

---

1. Cf. BEAUMONT-WASSY.
2. Cf. Prince de JOINVILLE.
3. Dupin l'aîné était tout dévoué à Mademoiselle d'Orléans, mais il était souvent de mauvaise humeur. Talleyrand s'en aperçut et s'en plaignit à Madame Adélaïde un jour qu'elle avait envoyé Dupin à Londres auprès de notre ambassadeur. (Voyez la lettre adressée par la princesse à Talleyrand le 22 juin 1834, *le prince de Talleyrand et la maison d'Orléans.*)
Dupin dut à son caractère difficile d'avoir beaucoup d'ennemis, qui ne laissèrent pas de l'attaquer avec la plus grande violence. (Cf. *Histoire du journal la Mode*, par le vicomte E. de GRENVILLE) : « M. Dupin s'étant rendu comme président de je ne sais quelle œuvre à Saint-Acheul pour faire acte de

val, Oudart, Lamy, Fain y rencontraient les grands fonctionnaires, le chancelier Pasquier, le président Séguier, enfin les ministres, « tous fort empressés auprès de S. A. R. à qui étaient adressées le plus souvent les prières destinées à S. M. [1] ».

Le roi avait pour le jugement de sa sœur, pour ses opinions et ses conseils la déférence la plus marquée. Il allait la voir « chaque fois qu'il avait un moment de libre dans la journée » et contrôlait, dit-on, tous les soirs, sa propre pensée par celle de la princesse Adélaïde qui, « ayant les mêmes intérêts, la même fortune ne lui pouvait être suspecte » [2]. Il est vrai que Madame ne vivait que pour son frère et qu'elle veillait sur lui avec l'affection d'une mère.

présence à une cérémonie religieuse, avait été invité par les bons pères à porter un des bras du dais. Le diable s'en était aperçu et en avait été quelque peu étonné. De là ces vers :

> On dit qu'à Saint-Acheul, sous la noire livrée
> Le diable, un jour rôdant dans l'enceinte sacrée,
> Trouva *du pain* béni. Honteux et confondu,
> Quel dommage, dit-il, voilà *Du pain* perdu ! »

Autre allusion à une phase de la vie de M. Dupin beaucoup moins prouvée que la précédente :

> Jadis, dans une cave, au jour des glorieuses,
> *Dupin* était caché. Les foules furieuses
> Criaient : *Du pain, Du pain !*.. Quand il parut au jour
> Chacun voulait avoir *Du pain* sortant du four.
>
> Mais trop aigre au palais, trop amer à la bouche,
> *Du pain* si corrompu gâte tout ce qu'il touche ;
> Peut-être, en le formant, certain esprit malin,
> Fit *Du pain* sans levain, mais non pas sans venin.

1. APPERT.
2. Cf. NETTEMENT, *la Mode*, 6 janvier 1848.

Louis-Philippe ne craignait pas les jours d'émeute, entouré seulement de quelques aides-de-camp, de parcourir à cheval les carrefours de Paris et, dans les nombreux attentats, venus à terme ou avortés, qui furent dirigés contre sa personne, jamais ne se démentit son courage. A l'époque du choléra de 1832, il fallut, pour détourner le roi d'aller visiter les malades dans les hôpitaux[1], toute l'insistance de Madame Adélaïde qui ne réussissait pas toujours, malgré les prières et les menaces même, à empêcher son frère d'affronter le danger. Alors elle demandait et obtenait la plupart du temps de l'accompagner.

En juin 1832, Heymès vint chercher Louis-Philippe à Saint-Cloud pour l'emmener à Paris livré au pillage et au massacre : « Je pars avec toi », dit la princesse et le roi accepta qui, par sa présence, « écrasa dans l'œuf la tentative révolutionnaire[2] ».

Mais cette affection de la princesse Adélaïde pour son frère la rendait plus sensible à tout ce qui touchait à la dignité ou à la sécurité du roi. En 1834, quand elle apprit que Bergeron, qui avait, deux ans auparavant, le jour de l'ouverture des Chambres, tiré un coup de pistolet[3] sur

1. Cf. CUVILLIER-FLEURY.
2. Cf. Prince de JOINVILLE.
3. La princesse Adélaïde se trouva souvent à côté du roi au moment des attentats qui furent dirigés contre lui.

Louis-Philippe, avait été acquitté, elle, « si douce, si patiente, si calme à l'ordinaire, ne put retenir l'expression de son ressentiment très vif [1] » contre la lâcheté du jury. Elle s'exagérait les périls que pouvait courir son frère et parfois elle les prévoyait.

Le 28 juillet 1835, il devait y avoir une revue de la garde nationale et de l'armée. La famille était réunie avec les maréchaux, les généraux, les aides-de-camp dans le salon des Tuileries contigu à la salle du trône. La préoccupation des princesses était telle qu'au moment du départ, Madame Adélaïde, désignant le roi, dit à Thiers : « J'espère que vous nous le ramènerez vivant. » La revue marchait assez bien lorsque, en face du café Turc, éclata «une espèce de feu de peloton, comme la décharge d'une mitraille ». Les colonels Rieussec et Raffet, le maréchal Mortier, le général de Vérigny, le capitaine Willatte, neuf autres personnes avaient été tués sur le coup. Heymès était grièvement blessé et le roi lui-même avait reçu une éraflure au front [2].

Le commandant Boerio courut annoncer l'attentat à la princesse Adélaïde [3] qui commanda

(Attentat d'Alibaud, 25 juin 1836 : de Darmès, 15 octobre 1840 ; de Leconte, le 16 avril 1846.) Cf. TROGNON, *Vie de Marie-Amélie*. Prince DE JOINVILLE, *Vieux Souvenirs*, les journaux, etc.
1. CUVILLIER-FLEURY.
2. Cf. Prince de JOINVILLE.
3. Cf. TROGNON.

aussitôt sa voiture pour aller à la chancellerie,
place Vendôme, où se devait faire le défilé.
Quand le roi descendit de cheval, il y eut un ton-
nerre d'acclamations et il fondit en larmes en
embrassant sa sœur et sa femme. Les vêtements
des princes, le pantalon de casimir blanc de
Thiers étaient couverts de sang[1]. Le roi et la
princesse Adélaïde, avec la reine, allèrent aussitôt porter leurs consolations à la duchesse de
Trévise et, huit jours après, la famille royale accompagna les dix-huit cercueils de ses larmes et
de ses prières.

Madame Adélaïde et la reine « gâtaient le roi
par une abdication presque entière de leur volonté devant la sienne[2] ». C'était le seul lien,
cette affection commune pour Louis-Philippe,
qui unissait entre elles les deux princesses. Marie-Amélie avait subi plutôt que désiré une couronne qu'elle devait en grande partie à sa belle-
sœur, mais, devenue reine, elle chercha à rétablir
l'étiquette, tandis qu'Adélaïde conserva les bon-
homies extérieures dont jusque-là elle avait
usé avec tant de succès. On s'en apercevait bien
aux réceptions officielles des Tuileries. La reine,
couverte de diamants, digne et grave, maussade
le plus souvent, recevait avec hauteur tandis que
Madame, mise simplement, par opposition, était

1. Cf. Prince DE JOINVILLE.
2. APPERT.

fort gaie [1]. Toutes les sympathies de la fille de
la reine de Naples allaient à la branche aînée des
Bourbons et, animée d'une grande dévotion, elle
protégeait en secret les prêtres, dont l'hostilité
passionnée et dangereuse irritait la sœur du roi,
assez indifférente en matière de religion.

La reine du reste ne recherchait pas les conversations politiques au même degré que la princesse Adélaïde [2] qui accueillait avec beaucoup
de bonne grâce tous les hommes publics qui se
présentaient chez elle, depuis le président de la
Chambre des députés [3], les ministres, les ambassadeurs [4], les grands fonctionnaires, jusqu'aux
préfets, aux maires, aux juges de paix [5]. Elle
était avec tous prodigue de paroles et soucieuse
de persuader et de plaire, pour pouvoir dominer. Il était rare qu'elle ne suivît pas le roi à
Versailles à l'époque de la restauration du château et, durant les villégiatures de la famille à
Neuilly, à Eu, à Saint-Cloud, chaque fois que
Louis-Philippe était appelé à Paris, il emmenait
la princesse avec lui. Aussi, prenait-on souvent
la sœur du roi pour la reine. Un jour, un maire
des environs de Lille avait été chargé de com-

1. Voyez CUVILLIER-FLEURY.
2. Voyez APPERT.
3. Thiers et sa femme, 15 avril 1835, etc...
4. Le 3 mai 1834, l'ambassadeur des Deux-Siciles, etc...
5. Elle reçoit M. Bégé, préfet de la Haute-Garonne,
le 17 mai 1837, M. Moureau de Vaucluse, juge de paix, le
15 juin 1838, etc...

plimenter Marie-Amélie à son passage. Madame Adélaïde étant à la tête du cortège, il s'adressa à elle. Le discours est débité avec assurance, écouté avec tranquillité, mais, quand le magistrat municipal arrive au bout de sa harangue, la princesse de lui dire : « Mais, Monsieur, je ne suis pas la reine... — C'est égal, reprend le maire avec bonhomie, j'ai 'fini, je ne recommence pas. Ayez la bonté, Madame, de répéter à la femme du roi tout ce que je vous ai dit [1]. »

Il faut lire les lettres adressées par Madame Adélaïde à Talleyrand [2] pour comprendre l'action décisive que la princesse a exercée sur les événements et l'influence prépondérante qu'elle avait sur les hommes. Aucun agrément dans ces lettres, rien qui rappelle les épîtres charmantes des femmes du dix-huitième siècle, mais le langage simple, clair et précis employé dans les affaires. Mademoiselle d'Orléans s'y révèle à nous telle qu'elle fut en réalité : prompte à comprendre, hardie à se résoudre et ayant sur l'esprit du roi et des ministres le plus grand ascendant. Elle avait tous les défauts et toutes les qualités de son époque, négligeait le brillant pour le solide, les principes pour les intérêts et

---

1. *Le Journal des Débats* (28 janvier 1833.)
2. Comtesse DE MIRABEAU, *le Prince de Talleyrand et la maison d'Orléans*. Lettres.

ne se préoccupait jamais des moyens employés, mais surtout des résultats obtenus. Son seul but fut d'augmenter la puissance de sa famille, c'est ce qui explique sa haine implacable envers les membres de la branche aînée et ses intrigues pour que devienne chaque jour plus entière l'autorité du roi-citoyen.

Ce fut une politique funeste : les injures et les traitements misérables, infligés à la famille de Charles X par celui qui l'avait dépossédée, rendirent aux honnêtes gens la monarchie de Juillet odieuse et la lutte entreprise par le roi constitutionnel, contre les conditions du gouvernement qu'il avait acceptées, lui aliénèrent ceux-là même qui l'avaient élevé au trône.

Cette politique toutefois fut d'abord menée à bonne fin : dans les dernières années de son règne, Louis-Philippe eut entre ses mains la toute puissance et, après l'accouchement de la duchesse de Berry, après le vote de la Chambre *flétrissant* la conduite des députés légitimistes qui étaient allés porter leurs hommages et leurs vœux au prétendant proscrit, le parti du comte de Chambord fut vaincu.

La princesse Adélaïde avait mis tout en œuvre, avec la plus grande habileté, pour que ces résultats fussent atteints. Mais, comme elle avait l'intelligence des affaires, un grand sens politique et qu'elle se trompait rarement sur le mérite des hommes, son action, à l'extérieur surtout, fut toujours utile à la grandeur de laFrance. Si elle fit nommer Talleyrand ambassadeur à Londres, c'est pour que les affaires qu'il avait à résoudre restassent entre *le roi, elle et lui* [1], mais cette nomination eut pour conséquence heureuse la signature du traité de la quadruple alliance [2]. Si, par l'envoi de Mignet à Madrid, elle fit reconnaître Isabelle II, comme reine d'Espagne, c'est parce que le triomphe du prétendant don Carlos, protégé par l'antique noblesse, par les prêtres et par les moines, eût été un acheminement au retour en France du duc de Bordeaux [3]. Mais dans cette affaire, comme dans tout ce qu'elle entreprenait, la princesse fit preuve d'une sage prudence. Thiers propose-t-il une intervention armée en Espagne ? elle s'y refuse obstinément, elle voit « le danger, l'inuti-

1. Lettre de Mme Adélaïde au prince de Talleyrand, datée de Neuilly le 20 mai 1834 :
« *C'est uniquement entre le roi, vous et moi,* » écrit-elle. Voir aussi la lettre de la princesse à Talleyrand, datée du 22 janvier 1834 : « Il est essentiel que toutes les dépêches soient soumises au roi. »
« Il n'y a qu'une politique, disait d'ailleurs Louis-Philippe, c'est la mienne. » ODILON BARROT, *Mémoires*.
2. Signé entre la France, l'Espagne, l'Angleterre et le Portugal contre don Carlos. (Cf. Lettre de Mme Adélaïde à Talleyrand, 22 juin 1834.)
3. « Ce qui me passe, écrit la princesse à Talleyrand, c'est le million que M. de Blacas a fait mettre à sa disposition (de don Carlos), cela prouve qu'ils sont loin de manquer d'argent. » 22 juin 1834.
Cf. pour toutes ces lettres : *le Prince de Talleyrand et la maison d'Orléans.* (op. cit.)

lité, le ridicule d'une déclaration de guerre à don Carlos [1] » et que cette guerre ne ferait qu'augmenter la popularité du prétendant et serait « *désirée* et non *redoutée* par les puissances du Nord puisqu'elle affaiblirait la France sur le Rhin et sur les Alpes [2]. »

Madame Adélaïde prenait facilement son parti des exigences de la politique [3]. Si elle accepte, avec son frère, la nomination d'un Anglais d'adoption, le prince de Saxe-Cobourg, au trône de Belgique, si elle fait refuser par le roi la couronne offerte au duc de Nemours par le congrès belge, c'est qu'elle a déjà négocié le futur mariage de sa nièce Louise avec Léopold. Aucune préoccupation sentimentale ne l'arrête ; peu lui importe que le roi des Belges, déjà veuf, ait vingt-cinq ans de plus que sa femme [4], elle reste indifférente aux larmes de Marie-Amélie, du roi, du duc d'Orléans, des princesses et des princes de la famille, mais elle s'indigne lorsque Léopold, à la mort de son fils aîné, a la prétention de vouloir, *seul* et de *lui-même,* assurer sa

1. Lettre de Madame Adélaïde à Talleyrand, le 25 juillet 1834.
2. Lettre de la princesse Adélaïde à Talleyrand.
3. Cf. APPERT.
4. Le 9 août 1832, eut lieu le mariage à Compiègne : « Louise pleurait, écrit la reine dans son journal. Le roi et Chartres sanglotaient. Il n'y avait pas jusqu'au petit Montpensier qui pleurait à chaudes larmes. »
Léopold avait 45 ans, Louise 20. Le 10 août, il y eut spectacle. On jouait *le Prisonnier :*
« Il faut des époux assortis Jeune femme, jeune mari. »

succession à ses neveux de la maison de Saxe [1]. Elle intrigue, écrit à Talleyrand et fait envoyer par Louis-Philippe [2], sur cette *singulière* matière, une lettre comminatoire [3] où le roi des Français assure à son gendre qu'il ne lui laissera pas *germaniser* la Belgique.

Rien de ce qui touche à la politique ne reste étranger à Madame Adélaïde. Elle regrette le ministre anglais lord Grey [4], elle est « navrée » de ce que Talleyrand soit obligé de se retirer, devant l'arrogance de lord Palmerston [5], elle se réjouit du succès à Saint-Pétersbourg du maréchal Maison [6], le successeur du général Mortier, dont l'ambassade n'avait été qu'une suite de mystifications cruelles, mais, par contre, elle ne fait rien en faveur des patriotes polonais, soule-

1. (Madame Adélaïde au prince de Talleyrand, 23 mai 1834). Le roi des Belges venait de perdre son fils aîné.
2. Lettre de S. M. le roi Louis-Philippe à S. M. le roi des Belges, dont la copie a été envoyée par Madame Adélaïde à M. de Talleyrand. On voit très bien, par la lettre qu'écrivait en même temps la princesse à Talleyrand. (23 mai 1834) que c'est elle qui a mené toute cette affaire et poussé le roi à écrire à son gendre.
3. « J'espère, mon cher frère, que vous allez arrêter le message de vos Chambres dont vous me parlez... Personne n'ignore que la France ne souffrira jamais le retour des Nassau ou l'établissement de la république... Nous résisterons à tout ce qui pourrait porter atteinte à l'indépendance de la Belgique... »
4. Madame Adélaïde au prince de Talleyrand, 15 juillet 1834.
5. Voyez : Les lettres du mois de novembre 1834 échangées entre le prince de Talleyrand et Madame Adélaïde qui insiste pour que notre ambassadeur retire sa démission, qui lui propose l'ambassade de Vienne, etc...
6. Madame Adélaïde au prince de Talleyrand (8 février 1834.

vés en novembre 1830, contre la Russie. C'est que
son amour de la liberté procédait surtout de son
antipathie pour les Bourbons : « J'ai entendu,
écrit La Rochefoucauld dans ses *Mémoires*, rapporter à M. S... qu'étant au Palais-Royal pour
la première fois après la Révolution de Juillet, Mademoiselle d'Orléans l'apercevant vint à lui sur le
champ : « Eh bien, Monsieur S..., que dites-vous ?
— Madame, que le trône de Juillet a, dans la Révolution de Juillet, des ennemis bien dangereux.—
Oh ! reprit vivement Mademoiselle, nos ennemis
ne sont point les libéraux, mais bien les carlistes ! »

Dans sa haine contre les partisans des Bourbons de la branche aînée, dans son désir d'annihiler à jamais leur influence, elle ne craint pas
d'employer les plus viles manœuvres. Quand la
duchesse de Berry fut arrêtée, la princesse
Adélaïde poussa son frère à la traiter durement[1] ;
elle n'écouta pas les prières de Marie-Amélie qui
implorait pour sa nièce et, voulant donner à tous
une éclatante preuve d'estime à Gonzague Deutz,
le 30 janvier 1833, au grand bal[2] que Louis-Philippe donna aux Tuileries pour l'inauguration
de la galerie nouvelle, elle retint

> « *Ce* rénégat, l'opprobre et le rebut du monde,
> *Ce* fétide apostat, *cet* oblique étranger[3] »

1. *La Mode.*
2. Cf. Cuvillier-Fleury.
3. Victor Hugo, *les Chants du Crépuscule*. A l'homme qui
a livré une femme.

pour danser avec elle le premier quadrille[1].

Quand elle apprend l'accouchement de la duchesse de Berry, elle se réjouit de cette aventure et en triomphe avec éclat. Elle accueille les ignobles plaisanteries que l'on déverse chaque jour, dans son salon, sur une femme malheureuse et vaincue, elle approuve Larnac, récitant ces deux vers du *Légataire* :

« ....Le cœur tout gonflé d'amertume
Deux ans encore après, j'accouchai d'un posthume. »

et elle applaudit un courtisan qui, pour se distinguer en bassesse, rappelle les paroles de Charles X à son entrée en France, en 1814 : « Ce n'est rien, ce n'est qu'un Français de plus[2] ».

Madame Adélaïde essaya toujours d'influencer le roi dans le choix des ministres. A la chute de Laffitte, elle proposa Odilon Barrot[3] qui ne craignait point le parti républicain et voulait appuyer le gouvernement « sur cette classe moyenne qui a toujours couvert, défendu et fécondé le sol de la patrie[4] ». Mais le mauvais état des finances et la nécessité de les rétablir firent appeler un homme d'affaires : Casimir Périer, qui avait imposé au roi de dures conditions

1. Les journaux.
2. Cuvillier-Fleury.
3. Cf. *Mémoires de Castellane*.
4. Improvisation d'Odilon Barrot à la Chambre des députés, le 11 novembre 1830.

et voulait être le maître de l'action ministérielle
dont il serait responsable.

Ce choix, comme chacun pense, n'était pas
pour plaire à Madame. Elle se contint toutefois,
essaya même de se concilier les bonnes grâces
du ministre [1] dont elle finit, à force de volonté
patiente, par vaincre l'impétuosité.

A l'occasion des débats sur la liste civile, les
prétentions du roi étaient si excessives [2] que les
Chambres résistèrent : « On veut m'annihiler,
me réduire à zéro, moi et ma femme, mais il
n'en sera rien [3] », disait Louis-Philippe, et sa
sœur, qui pensait comme lui, s'indignait des outrages, déversés chaque jour par un Cormenin
ou un Latouche et surtout de l'ingratitude des
Laffitte, des Mauguin, des Treilhard qui avaient
tous reçu argent et places. Cependant, quand la
loi fut votée, Madame blâma son frère de faire
montre de son ressentiment et elle essaya de le
calmer par de douces paroles [4].

Lorsque le duc de Broglie qui, aussi bien,
manquait de souplesse pour plaire aux Tuileries, dut abandonner le pouvoir, la princesse

1. Cf. Cuvillier-Fleury : « Madame Adélaïde est venue entretenir Casimir Périer fort secrètement et elle était avec lui
depuis une heure quand je suis parti pour l'Opéra. »
2. 18 millions de liste civile, 4 millions de revenus en
terre, 11 palais magnifiques, un mobilier somptueux, 2 millions et demi d'apanage et le domaine privé.
3. Cf. Cuvillier-Fleury.
4. Id.

mit en avant le nom de Dupin. Il fut le premier consulté, mais ce brutal froissa le roi [1] et Louis-Philippe fut obligé, malgré ses répugnances et celles de sa sœur, à prendre de nouveau Thiers, Guizot et Broglie, dans un ministère que présida nominalement le maréchal Soult.

Dès lors, la princesse Adélaïde et le roi ne cherchèrent qu'à diviser les trois ministres influents. Ils y parvinrent sans difficulté et, à partir de cette époque, l'un d'eux, Guizot, se rapprocha de la couronne. En février 1834, après les troubles de Lyon « qui firent sentir la nécessité d'une loi sur les associations [2] », Guizot, la tête haute, le corps frémissant, le bras étendu, enleva de haute lutte, aux applaudissements de toute la cour, le vote de cette loi anti-libérale que Madame avait soutenue, la veille, au salon, avec une grande énergie, contre M. de Laborde [3].

Quand le maréchal Soult, en désaccord avec ses collègues, donna sa démission, Dupin fut encore chargé de former un cabinet. Mais la situation était si difficile que, pour ne pas risquer sa position, il n'accepta pas : « Eh bien! lui dit Louis-Philippe, composez-moi un ministère de votre choix ». Dupin prit la plume sur-le-champ

---

1. Cf. APPERT, LA ROCHEFOUCAULD.
2. Lettre d'Adélaïde à Talleyrand (27 février 1834).
3. Cf. CUVILLIER-FLEURY.

et écrivit[1]. Le lendemain le *Moniteur* contenait le nom des nouveaux ministres : le « brave et bon[2] » maréchal Gérard, un familier du pavillon de Flore, un vieil ami de Mademoiselle d'Orléans, devenait président du conseil. Il n'avait accepté ce poste que par dévouement personnel à Louis-Philippe et à Madame et parce que Dupin lui avait promis « secours et soutien à la Chambre[3] ». Le roi l'avait pris à contre-cœur qui craignait « la raideur que le maréchal apportait aux choses sur lesquelles il avait pris un parti[4] ».

Le « dada » de Gérard, comme dit Cuvillier-Fleury, fut l'amnistie qu'il voulait faire voter pour les accusés d'Avril. Devant l'opposition de Louis-Philippe, qui tenait, au contraire, à ce que ce procès ait lieu[5] et aussi de peur de s'exposer « aux mystifications des doctrinaires[6] », le ministre préféra se retirer et cette démission provoqua des plaintes amères de Madame qui trouva que « la conduite de ces messieurs n'avait pas été bonne[7] » et qui ne pardonna que longtemps après au maréchal Gérard « la droiture de cœur

1. Louis Blanc, La Rochefoucauld, les journaux...
2. Lettre de Madame Adélaïde à Talleyrand (18 juillet 1834).
3. *Id.*
4. La Rochefoucauld *Mémoires* : « Il vous donnera à vous et à moi bien du tintoin », avait dit Louis-Philippe à ses ministres (*La Mode*). »
5. Cf. Cuvillier-Fleury.
6. La Rochefoucauld.
7. Lettre de Madame Adélaïde à Talleyrand (novembre 1834).

et d'esprit [1] » qu'il avait montrée dans cette affaire.

Après le ministère des trois jours [2], le roi et Madame Adélaïde, encore qu'ils ne voulussent point consentir à se faire dicter la loi [3], durent accepter de nouveau Thiers et le duc de Broglie. Ce ministère tomba le 21 février 1835. Thiers prit alors seul la direction des affaires et fut remplacé, quelque temps après, par Molé auquel succéda le maréchal Soult qui s'était adjoint Guizot.

C'est sous le ministère du maréchal que le projet de dotation en faveur du duc de Nemours, qui devait épouser la princesse Victoire de Saxe-Cobourg, fut rejeté par la Chambre. Mais ce vote n'empêcha pas le mariage. Il fut célébré au château de Saint-Cloud, le 27 avril 1840. Déjà, du reste, trois ans auparavant, le fils aîné de Louis-Philippe, repoussé par l'archiduchesse Thérèse, s'était uni à la princesse Hélène de Mecklembourg.

Quand la jeune duchesse d'Orléans était entrée à Paris par les Champs-Elysées, suivie des princes à cheval et des princesses dans les carrosses à la grande livrée d'Orléans, elle avait été acclamée par un public immense. Le 24 août 1838,

1. La Rochefoucauld.
2. Présidé par le duc de Bassano.
3. Madame Adélaïde au prince de Talleyrand (10 novembre 1834).

elle était accouchée d'un fils qu'on appela le comte de Paris et le 9 novembre 1840, naissait le petit duc de Chartres. Le 2 mai 1841 — Monseigneur Affre ayant succédé à l'implacable Monseigneur de Quélen — le comte de Paris fut baptisé en grande pompe à Notre-Dame : c'était la reconnaissance par le clergé de la branche cadette.

Les affaires étaient florissantes dans le pays. Louis-Philippe était parvenu à imposer sa volonté et gouvernait plus qu'il ne régnait. La lyre d'un grand poète [1], rallié à la monarchie de Juillet, retentissait d'hyperboliques louanges et le roi-citoyen faisait des obsèques nationales à l'Empereur [2].

A Compiègne, à Chantilly, à Fontainebleau, à Neuilly, aux Tuileries, les fêtes aux fêtes succédaient. Madame Adélaïde, le 15 avril 1842, offrit à la reine des Belges et à Marie-Christine d'Espagne un grand dîner de cent cinquante personnes dans son ancien appartement du Palais-Royal [3], mais rien ne pouvait surpasser la magnificence des bals, des soirées, des réceptions que le duc d'Orléans donnait au pavillon de Marsan. Les journaux parlèrent longuement du bal costumé « splendide » qui eut lieu chez le prince royal à la

1. Victor Hugo, nommé pair de France par Louis-Philippe.
2. 14 décembre 1840.
3. Les journaux.

fin de janvier 1842. Les représentants de l'aristocratie, des lettres, des arts s'y pressaient en foule. Le prince de Wagram, le duc d'Albufera, Courmont, Morny, les deux Greffulhe, Lamy, Gudin, Raffet, Jadin y assistaient. Mmes Murat, Place, de Contade formaient un trio de voluptueuses hétaïres ; Mme Thiers, par contraste, représentait une grande dame du moyen âge; Mme de Plaisance était une très élégante chasseresse et chacun remarquait Mme de Liadères dans sa ravissante robe à paniers. Boulanger

> « ... avait le manteau, la rapière et la fraise
> Ainsi qu'un raffiné du temps de Louis XIII [1].»

et Henriquel Dupont, Eugène Sue, Tony Johannot étaient semblablement vêtus des costumes de cette époque que les romans et les pièces de théâtre avaient mise à la mode. Wintherhalter avait choisi l'habit des peintres toscans qu'il essayait d'imiter, Horace Vernet était déguisé en Arabe et Eugène Delacroix en Marocain [2].

Le prince héritier, assagi désormais, et qui ne tendait la main aux libéraux que par politique, était l'espoir de la nation et de la famille royale. Il délaissait les affaires et se consacrait tout entier à l'organisation de l'armée.

Le 13 juillet 1842, il avait quitté Neuilly, vers

1. THÉOPHILE GAUTHIER.
2. Cf. Prince de JOINVILLE.

onze heures du matin, pour passer une revue. Quelques instants après son départ, comme le roi, la reine et Madame Adélaïde allaient monter en voiture, un commissaire de police, Trouessart, entra dans le grand salon rouge du château de Neuilly. Il va parler tout bas au général Gourgaud qui, après un geste d'effroi, chuchote quelques mots à l'oreille de Louis-Philippe. Le roi atterré s'écrie : « Ah ! mon Dieu ! » La reine, la princesse Adélaïde l'interrogent et la voix blanche : « Chartres a fait une chute et on l'a porté dans une maison à Sablonville », dit-il. Aussitôt, Marie-Amélie, sans demander à Trouessart d'autres explications, court à pied vers la route de la Révolte. Le roi et sa sœur bientôt la rejoignent en voiture. Quelques instants après, ils entrent tous les trois dans une auberge où, au fond d'une pièce obscure, sur un matelas étendu par terre, le duc d'Orléans râlait. Le docteur Pasquier donna l'ordre d'aller chercher le curé de Neuilly qui administra au prince les sacrements, pendant que toute la famille, à genoux, pleurait et priait. Un moment après le duc rendait le dernier soupir[1].

Cette perte « immense, irréparable[2] » équivalait à une révolution. C'était « le chef de de-

1. Cf. CUVILLIER-FLEURY, *Neuilly, Notre-Dame et Dreux*. journal de Marie-Amélie, cité par Trognon ; journal intime de Cuvillier-Fleury, etc...
2. Prince de JOINVILLE.

main [1] » qui disparaissait, celui en qui espéraient,
non seulement les amis de la monarchie de Juillet, mais encore une grande partie des mécon-
tents. Le trône, désormais, était ébranlé et cette
mort brutale, inattendue, survenait à l'époque
même où la princesse Adélaïde, brisée par l'âge
et la maladie, commençait à ne pouvoir plus s'occuper activement des affaires de l'État [2].

1. Prince DE JOINVILLE.
2. Cf. *La Nouvelle Mode*, 15 janvier 1843. (*La Nouvelle Mode*
était une revue hebdomadaire, inspirée par Madame Adélaïde pour lutter contre le journal *la Mode*, qui attaquait la
princesse avec violence.)

CHAPITRE V

Chagrin de la reine et de la duchesse d'Orléans. — La
princesse Adélaïde et la duchesse d'Orléans. — La duchesse de Nemours. — La princesse de Joinville. — La
duchesse d'Aumale. — Le duc et la duchesse de Montpensier. — Influence de Marie-Amélie sur les membres de
sa famille. — Maladie de Mademoiselle d'Orléans. — Ses
derniers voyages. Arc. Randan. Chantilly. — Ses occupations politiques. — Mort de Madame Adélaïde. Son testament. Ses funérailles. — Conclusion.

La mort du duc d'Orléans fut très cruellement
ressentie par toute la famille royale, par Marie-
Amélie surtout qui augmenta encore les pratiques
pieuses et les mortifications [1] qu'elle s'était imposées après que sa fille, la princesse Marie, se
fut doucement éteinte à Pise [2], entre les bras du
duc de Nemours. Aux joyeuses fêtes de naguère,
avaient succédé la tristesse et le désespoir. Les
événements de chaque jour — l'arrivée du prince
de Wurtemberg, le 17 janvier 1843 — l'inaugura-

1. Cf. TROGNON, *Vie de Marie-Amélie.*
2. La princesse Marie, mariée, le 17 octobre 1837, au
palais de Trianon, avec le duc Alex. de Wurtemberg, mourut
le 2 janvier 1839. Elle laissait un fils, né le 30 juillet 1838.

tion de la chapelle Saint-Ferdinand, le 13 juillet de
la même année — venaient remémorer à la reine
les deuils qui l'avaient si douloureusement frap-
pée. L'éloignement de ses enfants augmentait son
chagrin ; la joyeuse princesse Clémentine, depuis
l'union simple et tranquille qu'elle avait contrac-
tée, selon le désir de son frère défunt, avec le
prince de Saxe-Cobourg [1], vivait le plus souvent
en Allemagne; Joinville s'était embarqué sur la
Belle Poule et le duc d'Aumale l'avait accompagné, qui allait prendre un commandement en
Algérie, sous les ordres du maréchal Bugeaud.
Aussi, quand on apprit au château la prise de la
smalah d'Abd-el-Kader, à la fierté légitime du
roi et de la reine pour leur fils, s'ajoutèrent les
regrets de sentir combien le prince royal manquait aux joies comme aux afflictions de la famille.

La duchesse d'Orléans était inconsolable ; elle
n'avait pas quitté ses voiles de veuve et ses deux
enfants, dans leurs noirs vêtements, étaient toujours auprès d'elle. En décembre 1843, toutefois,
elle voulut bien, pour plaire à la reine, reparaître
au salon, mais elle y rencontra le préfet des
Vosges qu'elle n'avait pas vu depuis Plombières [2]
et on fut obligé de l'emmener tout en pleurs [3].

---

1. C'était le frère de la duchesse de Nemours. Le mariage
eut lieu le 28 avril 1843.
2. La duchesse d'Orléans faisait une saison à Plombières
lors de l'accident mortel dont son mari fut victime.
3. Cf. Cuvillier-Fleury.

Madame Adélaïde, qui comptait sur l'adoucissement que le temps apporte aux douleurs humaines, en voulait à sa nièce Hélène : « Sa tristesse est raisonneuse », disait-elle, et, la voyant se séquestrer complètement du reste de la famille, elle ajoutait : « Son chagrin est opposant[1] ! »

Il est vrai que, comme son frère, Mademoiselle d'Orléans éprouvait une sorte de susceptibilité jalouse envers tout ce qui n'était pas de sa famille directe. Elle faisait peser sa suspicion sur la veuve du duc d'Orléans et craignait l'action que son esprit grave et élevé, que sa très vive intelligence lui auraient permis d'exercer. On le vit bien, quelques jours à peine après la mort du prince royal, à l'opiniâtreté avec laquelle Louis-Philippe et sa sœur soutinrent la loi qui accordait la régence éventuelle au duc de Nemours.

Le roi, néanmoins, témoignait à la mère de l'héritier du trône une grande courtoisie. Quand, au salon de famille, elle se levait pour gagner ses appartements, Louis-Philippe, « toujours poli alors même qu'il n'était pas tendre », quittant la cheminée auprès de laquelle, tantôt debout, tantôt assis, il parlait affaires avec ses habitués et ses visiteurs, allait offrir le bras à sa belle-fille et causer avec elle, en se promenant, de long en large, dans la pièce.

1. *La Mode.*

A la mort du duc d'Orléans, son frère cadet,
le duc de Nemours, était marié. Sa femme n'était
pas l'objet des mêmes soupçons que la duchesse
d'Orléans. Cela tenait à ce que Madame de Nemours parlait peu et, comme son mari, obéissait
aveuglément aux ordres de son beau-père, de sa
belle-mère et de sa tante Adélaïde. La duchesse
de Nemours était belle, avait grand air, un teint
admirable, mais, disait-on, un regard de la duchesse d'Orléans en valait cent des siens [1].

On s'ennuyait au château, comme dans le
pays. Madame Adélaïde, rendue par l'âge moins
souriante que jamais et affectée d'un asthme,
compliqué d'une maladie de cœur [2], ne pouvait
plus que très rarement sortir de son appartement. Elle n'accompagnait plus le roi dans ses
déplacements et, quand elle allait à Eu, à Randan, elle, autrefois si remuante, si active, faisait
ses promenades en chaise à porteurs [3]. Malgré
ses infirmités, pourtant, et par affection pour
Hadji [4], son neveu préféré, elle alla recevoir, le
27 juillet 1843, à son château de Bizy, la jeune
femme que le prince avait ramenée du Brésil,
comme une conquête.

La princesse de Joinville avait de beaux cheveux châtain clair, un front haut et rappelait,

1. Cf. Cuvillier-Fleury.
2. Les journaux.
3. La *Nouvelle Mode*.
4. Le prince de Joinville.

par sa démarche, par ses gestes, par l'expression
de son visage, la malheureuse princesse Marie.
Comme elle, elle était frêle et son regard pur,
sa physionomie grave, presque triste, parfois
rayonnait de gaîté[1]. Elle était vive, aimable,
joyeuse souvent, franche toujours, bavarde un
peu. Elle fut la plus gracieuse et la plus sédui-
sante des belles-filles de Louis-Philippe, mais
on la comparait à une fleur du désert : « Dans le
désert, il n'y a pas de culture, c'est un peu l'histoire de la cour du Brésil.... » Ainsi, le lendemain
de son arrivée aux Tuileries, la princesse chanta
tout haut à la table ronde[2], au grand scandale
de Madame Adélaïde elle-même qui était, de
toute la famille royale, la personne à laquelle
importaient le moins les lois de l'étiquette.

La princesse de Joinville devint mère pour la
première fois[3], au moment même où son mari se
trouvait sous le feu des batteries marocaines et
presque en même temps que le duc d'Aumale, à
la grande joie de la reine, épousait à Naples la
fille du prince de Salerne. Elle était petite, la
duchesse d'Aumale, toute mignonne et menue
comme une statuette Tanagra ; ses traits étaient
fins, délicats et elle parlait avec l'accent mélo-
dieux du pays où elle était née. Très pieuse, elle

1. Cf. Cuvillier-Fleury.
2. Cuvillier-Fleury.
3. 14 août 1844, naissance de l'actuelle duchesse de
Chartres.

plut à Marie-Amélie dont elle était la ~~petite~~-nièce. La reine, d'ailleurs, après ce mariage et celui de son plus jeune fils avec la sœur d'Isabelle d'Espagne, vit chaque jour grandir son influence, sinon sur les affaires de l'État, au moins sur la plupart des membres de la famille royale.

Elle était parvenue à faire de la partie féminine de la cour une sorte de communauté religieuse. Mesdames de Nemours, d'Aumale, de Joinville et de Montpensier — la duchesse d'Orléans échappait, par l'indépendance de son caractère et par sa religion, à la tutelle de sa belle-mère — ne pouvaient sortir sans une permission expresse de la reine qui s'informait toujours de l'endroit où elles allaient, du moment du départ et de celui du retour [1].

Du reste, la piété de Marie-Amélie était tous les jours plus ardente. Elle avait ajouté, aux deux prêtres qui desservaient le château, un troisième chapelain et restait, le matin, de longues heures en prières à l'église de Saint-Roch [2]. Le roi lui-même se laissait davantage guider par sa femme et était devenu dévot [3]. Il habitait avec

1. Cf. Journal *La Mode*.
2. Cf. TROGNON.
3. Cf. La conversation de Louis-Philippe et Cuvillier-Fleury, dans laquelle le roi trouve que l'Université veut tout **accaparer** et qu'il n'y a qu'une éducation morale, l'éducation catholique.
CUVILLIER-FLEURY, *Journal intime*.

Marie-Amélie dans les appartements compris entre le pavillon de Flore et le pavillon de l'Horloge. C'est là aussi que logeaient le duc et la duchesse de Saxe-Cobourg, quand ils venaient à Paris. Le pavillon de Marsan était occupé par la duchesse d'Orléans, le comte de Paris, le duc et la duchesse de Nemours et la galerie, en retour sur la rue de Rivoli, par les Montpensier.

Le duc et la duchesse de Montpensier étaient maintenant les favoris du château. La duchesse avait séduit le roi par ses prévenances, ses manières enfantines, par ses beaux yeux noirs, sa chevelure admirable, son port majestueux. Le duc était le plus jeune des enfants de Louis-Philippe, auquel il ressemblait « trait pour trait »; même tournure d'esprit, semblables habitudes du corps, égale prudence. pareille froideur d'imagination, identique positivisme de pensée. Comme son père, le duc de Montpensier s'exprimait avec facilité, mais plus en homme d'affaires qu'en homme du monde et c'était le seul de la famille qui aimât la représentation. « L'influence de Totone, disait-on, croît comme sa barbe, il empiète tous les jours du terrain sur ses aînés, pendant que le futur régent laisse errer de vagues et confuses pensées vers l'avenir, que Joinville ne songe qu'à reprendre la mer et que d'Aumale calcule et règle ses dépenses [1]. »

1. *La Mode.*

Dans la journée, les petits-neveux de la princesse Adélaïde égayaient le château des Tuileries, mais les soirées étaient d'une triste monotonie. Il y avait deux cours distinctes, la nouvelle, celle des princes et des princesses, l'ancienne, celle du roi, de la reine et de Madame Adélaïde. Pendant les dîners de famille ; Louis-Philippe et sa sœur parlant beaucoup, ce n'était qu'à voix basse que les autres convives pouvaient échanger quelques mots. Après le dîner, on se réunissait dans le salon voisin de la salle du trône. Les princesses allaient s'asseoir devant la grande table à ouvrage. L'étiquette était « très observée ». La reine avait toujours la duchesse d'Orléans à sa droite ; à sa gauche, sa belle-sœur.

Madame Adélaïde devenait chaque jour plus sédentaire ; elle alla bien à Eu recevoir la reine Victoria — gracieuse, mais sans beauté — et le prince consort — un trop joli blond un peu fat — mais elle n'accompagna pas le roi en Angleterre. En 1845, elle emmena avec elle son neveu, le prince de Joinville visiter la terre qu'elle possédait à Arc-en-Barrois [1]. Du château, qui avait appartenu à Vitry, ce capitaine des gardes de Louis XIII qui tua Concini, et qui était passé par héritage au duc de Penthièvre, il ne

---

1. Cf. Prince DE JOINVILLE, *Vieux Souvenirs*.

restait que des ruines. C'était un « vaste et sauvage domaine forestier peuplé de loups et de sangliers », où le grand-père d'Adélaïde aimait à se retirer à l'époque des chasses.

Madame fit aussi quelques séjours à Randan [1] et même, le 26 juin 1847, malgré sa fatigue, elle voulut bien répondre aux instances du duc et de la duchesse d'Aumale et partir pour Chantilly, en chemin de fer, en compagnie de Louis-Philippe et de Marie-Amélie, dans une voiture « remarquable pour le luxe et le confortable [2] ». On avait réuni toutes les brigades de gendarmerie de six lieues à la ronde et on les avait échelonnées jusqu'à Chantilly où les équipages du duc d'Aumale attendaient la famille royale.

Le grand âge et les infirmités de Madame Adélaïde ne l'empêchèrent pas de conserver une grande partie de son influence, mais, comme la princesse était obligée, le plus souvent, à rester dans son appartement, il est difficile de discerner quel fut exactement son rôle ; le roi continuait d'aller consulter sa sœur, mais c'était entre elle et lui que se discutaient les affaires de l'État et, naturellement, il n'est rien resté de ces conversations. On sait toujours que le 3 mai 1843, la princesse alla remercier Guizot du discours qu'il avait prononcé au sujet des fonds secrets et

1. Cf. APPERT.
2. *Journal des Débats.*

qu'assistant à la séance de la Chambre où les députés légitimistes qui étaient allés à Belgrave Square furent *flétris*, elle témoigna son mécontentement de voir Berryer « essayer de se faire remarquer[1]. » Il semble aussi que son action n'ait pas été sans importance en 1846, à l'époque des mariages espagnols[2], qui furent une des conséquences de la « politique de famille » de Madame. En 1847 même, au mois de mai, au sujet du changement de ministère, elle intervint auprès de M. Lacave-Laplagne et « ce nouveau Renaud fut vaincu par une nouvelle Armide[3] ».

D'ailleurs, Mme Adélaïde, confiante dans l'habileté de son frère dont la puissance s'accroissait, croyait que le roi, ayant tout fait pour avoir la paix au dehors et pour sauvegarder dans le pays les intérêts matériels, avait définitivement fondé la dynastie d'Orléans.

Le 30 décembre 1847, il y avait eu réception au château, Madame Adélaïde s'était montrée plus oppressée, plus lasse qu'à l'ordinaire. Dans la nuit, vers une heure du matin, des symptômes alarmants se manifestèrent. Les docteurs Piga-

---

1. CUVILLIER-FLEURY.

2. Isabelle II épousait son cousin François d'Assise et la sœur d'Isabelle, le duc de Montpensier. Ces deux mariages nous brouillèrent avec l'Angleterre : « I'll ressent it », dit lord Palmerston, qui le prouva bientôt.

3. Cf. *La Mode, le Journal des Débats, la Gazette de France,* etc ..

che et Fouquier furent appelés en hâte. Le curé
de Saint-Roch eut à peine le temps d'admi-
nistrer les sacrements à la princesse, qui mourut
à trois heures, dans un étouffement.

Louis-Philippe assista à l'agonie de sa sœur
et, raconte-t-on, au moment suprême, il prit la
main et dit au revoir à celle qui avait été la
fidèle compagne de toute sa vie et l'inspiratrice
de sa politique. Le roi resta toute la matinée
dans la chambre mortuaire A midi, il fit appeler
Gérard Sébastiani et Dupin dans son cabinet et,
suivi de ses fils, Nemours et Montpensier, ter-
rassé par la douleur, il les conduisit au pavillon
de Flore. Madame Adélaïde, couchée sur son lit,
« coiffée de nuit, avec un fichu blanc ramené
par un nœud sur le devant de la tête, le visage
serein, la bouche entr'ouverte, semblait dormir [1] ».

Après qu'on eut jeté l'eau bénite, le duc de
Montpensier ouvrit les tiroirs et trouva une
grande enveloppe qui portait ce mot, écrit en
grosses lettres : TESTAMENT. On dressa
alors l'acte de décès. Puis, dans le salon de la
princesse, sous la présidence du duc de Nemours
assisté du prince de Joinville, de Guizot, président du Conseil, du garde des Sceaux, du maréchal Gérard, de Sébastiani et de Dupin, chef du
conseil privé, on rompit les cachets de l'enve-

---

1. DUPIN, *Mémoires*.

loppe. Le testament se composait de trois parties :

1º Grands légataires.

2º Legs particuliers.

3º Un livre de « souvenirs », trop intimes pour être divulgués [1].

Madame Adélaïde instituait comme légataires universels, son neveu préféré, le prince de Joinville, auquel elle laissait ses terres d'Arc et de Joinville [2] et le futur régent, qui héritait de toutes les autres propriétés de sa tante, à l'exception du château de Randan, légué au duc de Montpensier.

Le 1er janvier, le corps de la princesse avait été embaumé. Le 7, à Dreux, on célébra les funérailles. Dès trois heures du matin, des messes furent dites aux différents autels de la chapelle. Le roi, la reine et les princesses vinrent de bonne heure y assister. Quand arriva la reine des Belges, Louis-Philippe se jeta dans ses bras en pleurant.

Nemours, Joinville et Montpensier avaient été chargés d'escorter le convoi funèbre qui, parti le matin même de Paris, s'arrêta à deux kilomè-

1. DUPIN.
2. Le legs du prince de Joinville équivalait à un million de rentes, celui du duc de Nemours à deux millions. Par un premier testament, le prince de Joinville était seul héritier. Mais après le refus par les Chambres de la loi de dotation, Madame Adélaïde, par un souci politique, avantagea le futur régent.

tres de Dreux. Là, un nombreux clergé, précédé de l'archevêque de Chalcédoine, des évêques de Versailles, d'Evreux et d'Amatta, vint recevoir le corps. Un détachement de la gendarmerie, un escadron de cuirassiers, un autre de dragons, un régiment d'infanterie, la garde nationale du département rendaient les honneurs.

Derrière le char funèbre, recouvert d'ornements blancs et noirs et précédé d'un piqueur de la princesse défunte, s'avançaient à pied le duc de Nemours, le prince de Joinville et le duc de Montpensier. Trois aides de camp de leur père — MM. de Rumigny, Gourgaud et de Chabannes — les accompagnaient, avec MM. de Grave et Chézelle, officiers d'ordonnance du roi. Le lieutenant général Roy, le capitaine de vaisseau Touchard, Vatout, Lawoestine, le baron Fain, Sainte-Aldegonde étaient auprès d'eux, ainsi que le maréchal Gérard, qui sanglotait.

A Dreux, le cercueil fut retiré du corbillard et déposé sur un catafalque. Le roi, alors, vint prendre la tête du cortège et le conduisit dans la chapelle de la Vierge où la reine et les princesses attendaient, agenouillées. A l'issue de la messe, chacun des évêques présents donna l'absoute. Après le *De Profundis*, au moment où l'on descendait le corps de la princesse dans le caveau, Louis-Philippe ne put plus longtemps contenir sa douleur et, très pâle, il s'appuya en pleurant sur ses fils [1].

La mort de Madame Adélaïde laissait la famille royale dans une situation difficile. Voici du reste ce qu'écrivait, le 6 janvier 1848, un légitimiste sincère, Nettement, dans un journal [2] qui s'était fait remarquer par la violence de ses attaques contre la sœur du roi :

« Il aurait mieux valu, nous parlons ici au point de vue de l'intérêt politique de la famille d'Orléans, que Mlle Adélaïde survécût à son frère. Voici pourquoi. Elle avait la tradition de sa politique, elle exerçait une grande influence sur sa famille par l'autorité de ses lumières, de son âge, de sa grande fortune. Elle devait donc puissamment contribuer, dans le cas où son frère viendrait à disparaître, à maintenir l'unité de direction et l'union de sentiments entre tous les princes ses neveux, pendant la transition entre deux règnes. Nous disons ceci sans prétendre insinuer, en aucune façon, que cette unité est détruite ou que cette union est altérée ; mais tout le monde sait que les familles, comme les sociétés, ont besoin d'un chef qui tienne étroitement serré le nœud qui relie le faisceau des volontés particulières : or, les influences de convention ne remplacent jamais

---

1 Cf. *La Presse* du 7 janvier 1848 et les journaux du lendemain.

2. *La Mode.*

qu'imparfaitement les influences naturelles. A ce point de vue surtout. c'est un grave événement politique que la mort de Mlle Adélaïde d'Orléans. »

Il est difficile de présumer ce qu'il serait advenu si Louis-Philippe était mort avant sa sœur et comment la princesse, malade, aurait pu accorder les membres de sa famille, séparés par des opinions différentes [1] et des intérêts opposés [2]. On ne peut dire non plus quel aurait été son rôle, si elle avait vécu lors de la révolution de février. Mais, encore qu'on ait prétendu que sa disparition ait précipité la chute de la royauté, il semble plutôt qu'elle soit morte à propos — *felix etiam opportunitate mortis !* — car, «quoique son courage fût inébranlable, que serait-elle devenue dans l'état d'affaiblissement physique où sa maladie l'avait fait tomber ? [3] »

Certes, il est probable que Madame Adélaïde eût poussé, soit à de franches concessions, soit à la résistance. le roi qui, las, vieilli et tout dolent encore de la mort de sa sœur,

1. Marie-Amélie, toujours attachée à la branche aînée et qui désirait une « fusion » entre les membres de la famille de Bourbon, Joinville qui ne trouvait pas assez libéral le gouvernement de son père (Cf. *Lecture rétrospective ou Archives secrètes du dernier gouvernement*, mars 1848), Montpensier, qui subissait l'influence de sa femme, etc...

2. Le duc de Nemours, régent éventuel, et la duchesse d'Orléans qui avait conservé les relations de son mari et qui n'ignorait pas que les libéraux eussent voulu lui voir confier la régence.

3. Lettre du duc d'Orléans à Dupin, datée de Claremont. (citée par Dupin).

n'essaya même pas de lutter contre l'insurrection ; mais la prudence de Louis-Philippe au
22 février ne fut-elle pas une habileté qui évita
à sa famille la responsabilité d'un 24 juin? Puis,
quoiqu'elle eût fait et, en admettant même qu'elle
fût parvenue à gagner du temps, la princesse
n'aurait pu sauver la dynastie qu'elle avait contribué à fonder. La monarchie de Juillet ne pouvait satisfaire la tradition et était maladroitement
entrée en lutte avec la liberté. C'était un gouvernement transitoire, qui avait été créé par la peur
de la république et par les difficultés de rétablir
l'empire. Mais les républicains et les bonapartistes, qui avaient acclamé le duc d'Orléans en
1830, attendaient depuis longtemps leur tour et
la réunion de leurs efforts devait, plus tôt ou plus
tard, faire s'écrouler dans une émeute une
monarchie qui était née sur les barricades.

Adélaïde d'Orléans, dont on connaît l'initia-
tive hardie pendant les journées de juillet, « liée
avec Louis-Philippe par une longue et étroite
amitié [1] », ne se désintéressa jamais des affaires
de l'État. Ainsi peut-on dire qu'elle contribua à
donner à la nation dix-sept années de prospérité
commerciale et de paix extérieure. Mais, sous le
règne de son frère, les caractères s'amollirent, les
mœurs publiques furent altérées par la propa-

1. Nettement.

gande de la corruption et, plus que jamais, l'ambition des hommes se borna aux seules jouissances matérielles. L'argent prima toute puissance et, pour le peuple de France, dépourvu d'idéal, mais désireux avant tout de « s'enrichir », commença une dégénérescence qui, depuis, n'a fait que s'accroître et dans laquelle surtout, il faut voir la cause de l'affaiblissement moral de notre pays.

FIN.

INDEX ALPHABÉTIQUE

TABLE DES MATIÈRES

DEUXIÈME PARTIE

L'EXIL

CHAPITRE PREMIER

CHAPITRE II

CHAPITRE III

CHAPITRE IV

CHAPITRE V

CHAPITRE VI

TROISIÈME PARTIE

LA RESTAURATION

CHAPITRE PREMIER

CHAPITRE II

CHAPITRE III

QUATRIÈME PARTIE

LA MONARCHIE DE JUILLET

CHAPITRE PREMIER

CHAPITRE II

CHAPITRE III

2-12-07. — Tours, imp. E. ARRAULT et Cie.